千金易得，一将难求

大权要揽，小权分管。

绘本典藏版

你的第一本
管理学和领导学

NIDE DIYIBEN
GUANLIXUE HE LINGDAOXUE

方向东 ———— 编著

江西美术出版社
全国百佳出版单位

图书在版编目（C I P）数据

你的第一本管理学和领导学 / 方向东编著. -- 南昌 : 江西美术出版社, 2017.7（2019.1重印）
ISBN 978-7-5480-5456-6

Ⅰ. ①你… Ⅱ. ①方… Ⅲ. ①管理学—通俗读物②领导学—通俗读物Ⅳ. ①C93-49

中国版本图书馆CIP数据核字(2017)第112553号

你的第一本管理学和领导学

方向东 编著

出 版：江西美术出版社
社 址：南昌市子安路66号　邮编：330025
电 话：0791-86566329
发 行：010-88893001
印 刷：深圳市彩美印刷有限公司
版 次：2017年10月第1版
印 次：2019年1月第2次印刷
开 本：880mm×1230mm 1/32
印 张：10
ISBN ：978-7-5480-5456-6
定 价：36.00元

前 言

管理学和领导学，都是研究如何管人管事的学问，即通过优化整合人力资源，科学配置社会资源，调动一切积极因素，让人、财、物充分发挥作用，朝着组织的预期目标顺利进行，并实现目标价值最大化的学问。在日常工作和生活中，我们往往把管理和领导等同起来，认为管理就是领导，领导就是管理。其实，管理和领导虽然是紧密联系的，但二者在本质上存在很大的差异，绝不能混为一谈。

领导与管理有着泾渭分明的边界。按照《现代汉语词典》的解释，领导就是率领并引导大家朝着一定方向前进，而管理就是负责某项工作使它顺利进行。也就是说，领导是要做正确的事情，而管理是要正确地做事情。被誉为“领导力第一大师”的哈佛商学院教授约翰·科特说：“管理者试图控制事物，甚至控制人，但领导者却努力解放人与能量。”这句话深刻地阐述了领导与管理之间的辩证关系：管理和领导互不相同——管理的工作是计划与预算、组织及配置人员、控制并解决问题，其目的是建立秩序；领导的工作是确定方向、整合相关者、激励和鼓舞同仁，其目的是产生变革，显然，这也正是领导力的运行轨迹。如果说管理侧重技术和手段，侧重过程和方法，那么领导则侧重人文和目的，侧重结果和艺术。具体地说，管理通过整合各种资源、借助各种手段来达到既定的目标，注重做事，即把事情做得既有效率又有效果，也就是我们常说的又快又好，在这个过程中比较注重细节，注重手段，注重技术的应用；而领导通常关注做人，关注人的尊严、人的价值、人的潜能、人的激励和发展，关注意义和价值，关注所要达到的目标是否正确、是否值得。

当然管理和领导之间还存在一些其他重要的区别，总结起来有如下几点。第一，管理是日常性的、非决策性的工作；领导主要是负责方向性的工作，起带领和引导作用。第二，管理者主要凭借正式职位发挥作用，而领导者则主要凭借影响力去发挥作用。管理本质上是一种职能关系，领导本质上则是一种追随关系。第三，管理的科学性大于艺术性，而领导的艺术性大于科学性。管理追求的是精确，领导追求的是生动。第四，管理主要强调控制，侧重从人的行为上进行规范；而领导则更注重从人的内在心理方面去感化人。第五，管理常解决常规问题，具有确定性；而领导则通常处理非常规问题，具有不确定性。第六，管理的功能在于维持秩序；领导的作用在于规划愿景、创新求变。第七，管理比较重视权力的作用，而领导则重视个人魅力的作用、重视影响力等。从上面这些不同可以看出，领导者是决策者，管理者是执行者。

正因为管理和领导在组织的运营中发挥着各自不同的作用，所以，任何一个企业，都必须既有领导又有管理。只有领导而无管理，则领导的意图和目的往往比较难以实现；同样，如果只有管理而无领导，管理的愿望和目的也难以达到。在具体的工作中，因为管理过分而领导不力或是领导过分而管理不力都会造成一定的损失，我们应该要正确、科学地处理领导和管理的关系。为了有效地领导，必须有效地管理，只有将强有力的管理和强有力的领导结合起来，二者相辅相成，才能带来满意的效果，保证组织目标的实现，保证组织长期的可持续发展。

为了帮助读者更好地学习管理学和领导学，在实际工作中既分清二者的界限，把握各自的重心所在，又将二者紧密结合起来，配合发挥各自的功效，从而对组织和企业进行更科学、更高效的管理和领导，我们编写了这本《你的第一本管理学和领导学》。为使本书成为一本既实用又易懂的管理学、领导学读本，我们在编写的过程中努力紧扣管理、领导实际，由浅入深，循序渐进地全面介绍了管理者履行制定制度、沟通交流、激励、惩罚、分配任务、执行落实工作等各项具体管理职能的方法和技巧，以及领导者在修炼人格魅力、做决策、驾驭全局、带团队、打造影响力、识人、用人、授权等方面需要具备的胸襟和气魄。在内容取舍与安排上，本书力争做到体系完整而又突出重点，并注重结合各种管理和领导实践案例，使读者尽可能全面而快速地学会各种管理和领导知识，掌握成功管理和领导奥秘。企事业单位的管理者和领导者如果能每天学习一点，每天进步一点，在广泛阅读的基础上开动脑筋，对现实中的疑惑进行深入思考，坚持学习与运用相结合，知行合一，日积月累，必然能够在错综复杂的局势下左右逢源、如鱼得水，成功地应付各种显露的或者潜在的危机，成为出色的管理者和卓越的领导者。同时，由于管理学和领导学与人们的工作和生活有着非常紧密的联系，应用也十分广泛，因此，在现代社会，每天读点管理学和领导学，对每一个人都具有重要的意义，即使你现在是一个初学者，一个渴望掌握管理和领导能力的普通人，你也能从本书中得到有益的帮助，突破自己现有的格局。

目录
CONTENTS 你的第一本管理学和领导学

上篇　每天读点管理学

下篇　每天读点领导学

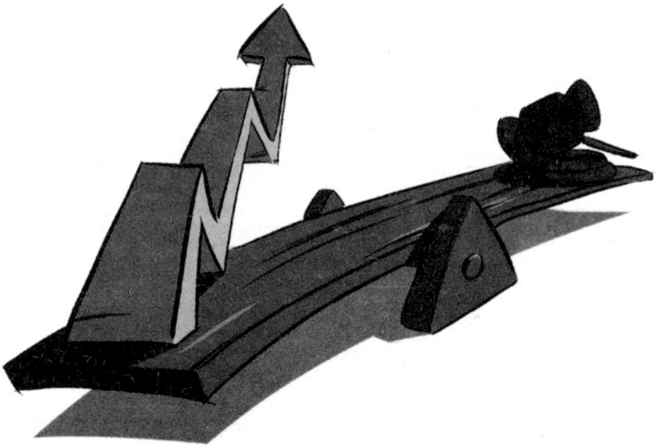

上篇

每天读点管理学

第一章

靠制度管人，用制度办事

俗话说：“国有国法，家有家规。”企业离不开制度，制度应高于一切，管理者靠制度管人，用制度办事。一方面，制度面前，没有人情可讲，任何违反者都应受到制度的判罚，不可姑息；另一方面，制度又要合理公正。只有这样，管理者才能准确地把握管人的尺度，员工才能心服口服地执行制度，也才能在制度的约束下合理竞争，共同进步。

制度的设置应兼顾公平和效率

我们生活在社会组织形式中的个人都是有趋利性的。正如西方哲学家洛克所说的那样：“人的本性是趋利避害的。”然而在企业中，如果任由这种趋势发展，那么企业就会变得一团糟，企业内部的秩序也将无从谈起。因此，为了规范人们由于“趋利”而产生的一些不符合组织利益或他人利益的行为，制度应运而生——它的第一功能就是规范人们的行为，使人们生活在一定的秩序中。

那么，是不是企业只要有了制度就能令所有的问题全部得到满意解决呢？是不是有了制度就能遏制人类“趋利”的本质呢？回答是否定的。从历史的角度观察，制度是人制定的，往往是谁在制定制度的过程中占据了主导权，谁就有可能在制定制度的过程中为自己或自己的利益集团谋利，制度也就变成了某些人的获利工具。尽管如此，我们也不能否认，制度无论怎样制

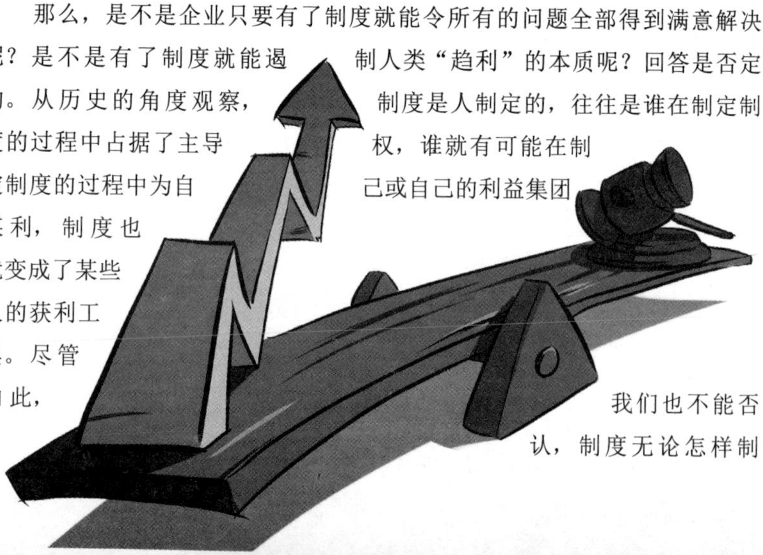

定、由谁制定，它都是企业所必需的，不然，企业内部的秩序就无从保障。因此，如何才能让制度充分发挥其功效就成了最大的问题。而这一问题解决的关键在于，必须为制度的设置确定最基本的原则——公平原则与效率原则。

公平是众多企业一直孜孜追求的目标，然而公平却又是一个完全无法确定的东西，不同的时期，不同的阶段，公平被赋予的意义是不一样的。但如果在“合理设置制度”这一语境里，公平似乎又是确定的，即制度的设置须为大多数人谋利才是合理的。换言之，制度的设置要为企业大多数人所认同和接受，并且毫无例外地被执行。那么，如何才能做到这一点呢？

首先，制度的设置必须符合企业大多数成员的意愿，这是制度公平的基础。正所谓“顺应民心者得天下”，只有制度的设置成为大家的需要，符合企业大多数员工的意愿，它的存在才有普遍而牢靠的基础——至少在精神层面上如此。

其次，制度的设置应该是一个公开、透明的过程，这是制度公平的关键。既然企业成员有了设置制度的意愿，那么，就应该让企业成员参与其中，对设置制度的过程进行监督，让企业成员有表达意愿的机会和渠道，让所有的过程在“阳光”下进行，正所谓“公道自在人心”，公平就不言而喻了。

最后，制度的设置应该是建立在为大多数人谋利并可执行的基础上，这是制度公平的核心。设置出的制度，不应该被束之高阁让人顶礼膜拜，而应该是为民众所执行，为民众谋福利。

然而，公平也存在着先天的不足：妥协性和平均性。任何的公平都是方方面面相互妥协的结果，最终这会使企业成员坐享其成而无视公平的真正含义，让他们产生平均主义的惰性。因此，合理公平的制度又必须兼顾效率。

如何才能在公平的基础上兼顾效率呢？

（1）制度要明确其运行的规则和程序。一旦制度运行的规则和程序确定了，那么，运行时就可以按部就班，从而避免混乱和无序带来的效率低下的后果。

（2）制度的执行者要明确自己的职责。制度最终是要被执行的，执行者就成了制度是否具有效率的关键。为此，要让执行者清楚自己的职责所在，只有责任在肩，执行者才会高效地去完成其执行的任务。

（3）制度要有的放矢，清晰明了。企业制度是通过解决组织中的问题来维系秩序的，有明确的目的性和针对性。因此，制度一定要有的放矢，清晰明了地规划出解决这些问题的措施。

（4）制度要让所有员工明白和理解。制度是个互动的平台，通过这个平台，制度的执行者和被执行者之间产生互动，为了保持这种互动的通畅与效率，除了执行者要明确自己的职责外，被执行者也应该对制度熟知并理解，这样才能保证制度的效率不打折扣。

总之，制度将伴随人类前进的脚步不断发展，直至“世界大同”。无论怎样，制度是人类社会的必需，是社会秩序的保障，兼顾公平与效率的制度将在人类发展的长河中熠熠生辉。

制度不是大路货，必须量身定做

任何一个组织想要生存并且正常地运行下去，都必须有一套切实可行的制度作为保障，企业更是如此。一套好的制度，甚至比多用几个管理人员还有效。

制度的作用在于限定人的行为，并明确地告诉人什么该做什么不该做，怎么做效果好怎么做效果不好，而这些不应该成为管理者每天为之费心的事情，在这方面，管理者唯一应该费心的，就是如何让制度适合自己的企业。

世界上没有万能的制度，任

何一个企业都有它独特的地方，相应的，要让制度在企业中发挥出最大的作用，那么制度本身就必须带有企业的特色。很多管理者因为不想浪费精力而选择照搬同行业其他企业的制度，他们想，反正产品一样，市场一样，制度一样应该就不会出现什么大问题。殊不知，管理者一旦有了这样的想法，把制度看成大路货，认为有一套摆设在那就可以，实在是大错特错了。

一个企业，无论制定什么样的制度，都必须满足两个方面的要求。一是必须为企业量身定做，事前详细了解实际形态，整理分析各类问题，保证制度的每一句话都对应着事实。企业的情况各不相同，如果制定了冠冕堂皇的条文，却与现实情形背道而驰，则无异于一纸空文。二是千万不要以为制度一旦制定就可以一劳永逸，世上没有十全十美的事情，所以任何事情都有改革的必要。况且计划永远没有变化快，想让制度充分地发挥效用，就必须量身定做，符合企业的需求。

一个能把管理做到位的人，首先就要善于为企业量身定做制度，而灵活运用制度管理下属，则是有了合适的制度之后才要考虑的事情，没有合适的制度，制度管人又从何谈起呢？

执行制度心慈手不软

作为企业管理者，在执行制度时，心要慈，手却不能软。但是，什么是“心慈手不软”呢？

要区分的是：“心慈”不是好好先生，得过且过，无所作为；“手不软”不是专横跋扈，冷如冰霜，以粗暴为手段，以处罚为目的。

“心慈”，是要以人为本，制度的执行是实现其他人权利的基础，必须力求处处体现团队的人文关怀和体贴，体现企业的社会责任感；讲公理，讲良心，讲将心比心，体现管理者本人的精神追求和人格魅力。

“心慈”，是对法律和生命充满敬畏之心；是对幸福和美满的珍惜和仰慕；是对所管理的每个人、每件事的尊重和执着。

“心慈”，不是故作高深，是要管理者用积极的心态、创新的思维应对具有挑战性的工作，要致力于创建喜闻乐见的企业文化，提高自己的亲和力和工作影响力，与时俱进，身负重任、饱含感情去工作！

“手不软”，就是齐抓、严抓、敢抓、会抓、抓好，以铁的纪律来锤炼这个团队。

“手不软”，是要一视同仁，不以时期、对象为转移。管理下属一个样，生人熟人一个样，平时节日一个样，要有章必循、违章必究，该出手时就出手。敢对各种违章违纪的行为亮剑，任何借口就是思想上的痼疾和事故的隐患。要对违反制度的人员该罚就罚，追究到底，整改到底，不照顾情面，不迁就客观，不掩盖问题，不逃避矛盾，不搞那种庸俗的“和气”，宁可听骂声，不可听哭声。

“手不软”，就是既对员工正当合理的权利全力争取，又为领导当好哨兵和参谋，理直气壮地向领导提合理化建议。当表扬的要表扬，当批评的要批评，因为管理尽心尽责本身和企业的利益和追求是一致的，一定会获得理解和支持。

“心慈”是善良敦厚，“手不软”是果敢麻利，是执行力；“心慈”是“爱之深”，“手不软”是“恨之切”；“心慈”是想得到，“手不软”是做得到；“心慈”是出发点，“手不软”是持续改进的推动力，因为“心慈”通过“手不软”来真实体现；“手不软”通过“心慈”来从灵魂深处发力，去真正构筑和谐、互动的管理关系，去实现充满人性关怀的高层次的团结！

责任高于一切，成就源于付出，企业中的管理者责任重大，执行制度时，应心慈，手不软，体现一个管理者的能力和尊严！

营造贯彻规章制度的小气候

企业有企业的规章制度，而且最为重要的是，企业制定出来的各种规章制度不能成为摆设。作为管理者，还要营造一种良好的小气候，以利于规章制度这棵“小树”长成支撑企业的“大树”。

为了营造贯彻规章制度的小气候，企业管理者应该采取以下几个明确的

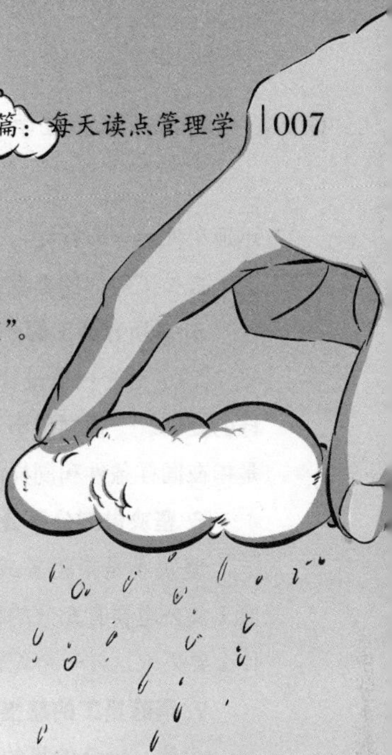

措施：

1. 广泛地进行宣传

许多管理者都想当然地认为“这些规定谁都知道”。但是，新上岗的员工，甚至有时一些老员工，直到他们违反了某条规定时才听说有这么个规定。

国外有些企业管理者会按惯例给每个员工发一份公司规定，并让他们签署一份声明，表示已经收到、阅读并理解了公司的规章。这种做法就很值得我国企业去效仿。

2. 管理者保持镇定

无论违规行为多么严重，作为管理者的你都应该保持镇定，不能失控。如果你觉得自己正在失去冷静，那就应该等一等，直到恢复了镇定之后再去采取行动。

怎样才能恢复镇定呢？闭上嘴巴，待会儿再开口，做些拖延时间的事情。告诉员工半个小时之后再到你的办公室来见你，或者请这位员工与你一起去你的办公室或休息场所，切记千万不要对员工大发雷霆。

3. 调查了解事情的始末

作为管理者，你不应无视违反公司规定的行为。如果你这样做，那就是在向其他员工表明你不打算执行公司的规章制度。你也不应该走向另一个极端，草率地惩罚或处分员工。因此在你行动、做任何事情之前，都必须搞清楚发生了什么问题，以及员工为什么这样做。

4. 私下处分违规的员工

如果公开进行处分，那么受处分的员工会因当众受批评而产生怨恨，形势就可能恶化而起到破坏作用。

关于私下处理的规则仅有一个例外，那就是员工在其他人面前公开与你作对。在这种情况下，你必须当众迅速果断地采取行动，否则就有失去控制的风险。如果你不能果断地行动，你会失去员工对你的尊重，失去控制，大大损伤自己的威信。

5. 对所有员工都一视同仁

制定出的规章是让大家遵守的。当然，并不是每个违规行为都要受到同样的处罚。一视同仁不是说对待所有的员工都要完全一个样。一视同仁的原则是指在同样条件和同样的情形下，应该采用同一种处罚。

6. 坚决做到公平公正

坚决不是指粗暴或仗势欺人。不滥施压力，对员工和公司都要公道。对员工要公道要有充分的根据。它包括解释清楚公司为什么要制定这条规章，为什么要采取这样一个纪律处分，以及你希望这个处分产生什么效果。

7. 消除员工的怨恨心理

记住，处分的目的在于教育，而不是惩罚，是为了避免再犯同样的错误。因此，你应该向你的下属表明你相信他会改正错误。在执行纪律处分后以积极的语调跟员工谈话，将有助于消除员工的苦恼和怨恨的情绪。

制度重于人情

管理中的“管”代表严格的管理制度，管人、管物、管财都要非常严格；“理”代表一种软的手段，是理顺行为、理顺思想、理顺一个人整个的工作行为。

在一个访谈节目中，管理者和下属有这么一段对话：

下属说：“我只是轻微违反了‘八不准’规定，却受到了严肃处理，当时我委屈得一晚上没睡好觉。”这个单位的管理者接过话来说：“你不知道吧，为是否处理你、怎么处理你，我3个晚上都没睡好觉。”

作为公司的管理者，为处理一名违纪的下属，竟然3个晚上睡不好觉，这不难看出执行制度、坚持原则不是一件容易的事。人心都是肉长的，尤其在中国这个讲究人情的国家，处理一个人，常常关系到他未来的成长和前途，如果他工作表现一贯不错，错误性质又不是很严重，就更让人狠不下心来。同时，坚持原则、执行制度有时是得罪人的事，容易招“骂名”。是顾及人情宽容违反制度的人，还是坚持原则，按制度办事，这对管理者是个考验。

社会越发展、越进步，就越强调和重视制度建设。在各项法规和制度越来越趋于完备的情况下，关键是要按制度办事，用制度管人。但是话又说回来，制度是人制定的，自然也要靠人来落实。而执行制度与照顾人情往往又是一对矛盾。面对一些违反制度的人和事，如果管理者陷于人情的羁绊而“心慈手软”，或顾及私利，怕得罪人，结果必将导致纪律松弛、制度废弛。制度只有在被执行的时候才能发挥作用，否则就是废纸一张。

柳传志在联想创立之初，就为联想设立了若干“天条”，这些“天条”成为联想不可触摸的雷区。

在一些人眼中，开会迟到看起来是再小不过的事情了，但是，在联想，

却是不可原谅的事情。联想的开会迟到罚站制度，20 多年来，无一人例外。

联想刚定下开会迟到罚站这个制度时，第一次被罚站的人是柳传志的一个老领导，原计算所科技处的一个老处长。面对自己一直敬重的老领导，柳传志毅然决定必须执行这一制度，柳传志严肃而饱含深情地对老领导说：“老吴，今天晚上我到你们家去，给你站一分钟。但是今天，你非得在这儿站一分钟不可。”

就连柳传志自己，也不搞特殊化，他也曾被罚站过 3 次。其中有一次是因为自己被困在电梯里面，电梯坏了，没有办法请假，被罚站的。

对此，柳传志说：“既然制定了规章制度，就要非常认真地宣传并执行。”

企业做什么事，就怕含含糊糊，制度定了却不严格执行，最害人！管理者要坚持制度，不讲人情，即便要讲，也要讲大的人情，讲维护员工根本利益的情，讲为公司负责的情，讲有利于企业员工健康成长的情。如果站在这个角度处理问题，严格执行制度的行为就会得到全体员工的支持，也使得受到处分的员工心服口服。“为了带出一支过硬的队伍，我必须这么做。”当一位管理者在电视采访中眼含泪光地说完这句话时，现场观众报以热烈的掌声。这掌声，是对他坚持制度的支持，掌声里有民意，掌声里有民心。这掌声，也是对他真正关心员工的赞许，即使对违纪的员工仍然要有一种严中有爱的感情。只有这样，我们的事业才能更加兴旺、更有活力。

一个坑一个萝卜，而非一个萝卜一个坑

在工作中，有些表面上看顺理成章的事，其实不全是合理的。可是，有时候在习惯势力的影响下，我们很少有人去质疑它。

“二战”时，英国一位年轻有为的炮兵军官上任不久，就到下属部队参观炮团演习，发现了一个奇怪的现象。一个班的士兵把大炮安装好，每个人各就

各位，但其中有一个人站在旁边一动不动，直到整个演练结束，他也没有做任何事。军官感到奇怪："这个人是干什么的？为什么他没做任何动作？"班长回答说："教材里就是这样编队的，一个炮班完整编制是11个人，其中一个人站在这个地方。我们也不知道为什么。"

军官回去查阅资料后，才知道这一个人站在那里究竟是做什么的。原来，早期的大炮是用马拉的，在战场上，大炮一响，拉车的马很容易因受惊而失控，这时必须有一个士兵站在炮筒下，他的任务是拉住马的缰绳，防止由于马的动作导致炮口方向改变，减少再次瞄准的时间。到了现代战争，大炮实现了机械化运输，不再用马拉，而那个士兵却没有被减掉，仍旧站在那里，成了一个不拉马的士兵。

类似情形在许多企业里也同样存在。我们知道，一个臃肿的企业，是没有效率可言的。闲杂人多，形成"粥少僧多"的局面，让一个人待在多余的职位上，只能是浪费企业资源。因此，一个企业，用人除了要注意搭配和因材而用之外，还要注意人才使用的效率。企业内职务岗位的设置原则应该是：一个坑一个萝卜，而不是一个萝卜一个坑。职务岗位设立的第一条原则是：每个职务岗位必须有存在的理由和目标，不能因为有了萝卜就必须得找个坑。

也就是说，每一个职位都应该有它明确的职能职责，企业给你高额薪水和高的地位的原因，不是根据你现在所处的地位，而是根据你越来越好的业绩贡献。职位是提高业绩的一种手段，不是为了给你地位与待遇才设置的。

各企业的管理者们，你们仔细想一下，自己管理的部门当中是否也有几个还在"牵马的炮兵"呢？

制定一套更人性化的管理制度

在企业，给予下属福利、良好的人事关系及工作环境，晋升或调任其担任更好的工作，享有购买企业股票的权利、分享利润、定期征询下属意见等，都是企业聚集人才，吸引下属的办法。

许多企业设有积金计划，但是并没有受到下属的普遍欢迎，原因是这些积金计划是从他们的原有薪金中扣了一部分，加上还规定要做满某些年数才能取回，这无疑是一种变相扣押员工收入的行为。

如果企业能在固定的薪金之外，再替下属积蓄每年薪金的1/10，一方面不损害下属的基本收益，另一方面也是一种额外利益。需要注意的是，这些资金宁可由其他方面抽调，也不能让下属有被剥削的感觉。

在上班时间之外，应该尽量不去烦扰下属。一些企业为了让员工最大限度地投入工作，不让下属有一刻空闲，不管其时间、能力是否足够，就把大量工作推给下属。其结果是下属每天超时工作，而企业又明文规定没有超时补贴或补假的制度，令下属不堪重负。

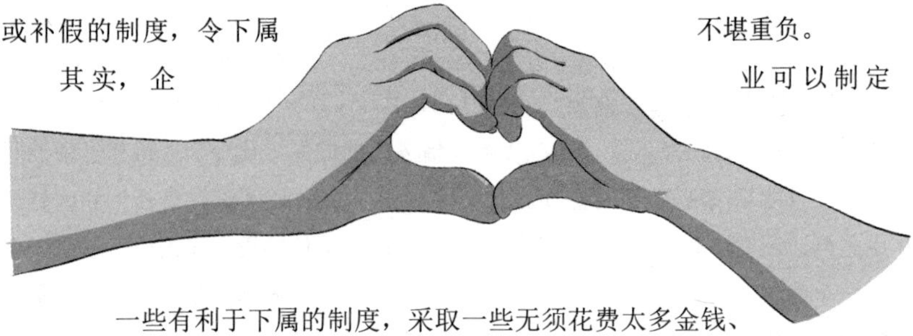

其实，企业可以制定一些有利于下属的制度，采取一些无须花费太多金钱、却能收到很好效果的办法，例如给予富有挑战性的任务、公开表扬下属、赋予更高的头衔，记下每位下属的生日，在当天送他一点小礼物、蛋糕之类，让下属感动之余主动投入工作。此外，在员工忙碌不堪时，企业也可以提供一些短暂的援助，设些咖啡点心之类的食品供员工享用等，增加员工更深的归属感。

另外，管理者还应该给员工一些费用较多的福利，例如：

（1）交通费、餐费补助。

（2）提供房屋部分免息贷款。

（3）适当的加班费。

（4）提供旅游优惠计划。

（5）供应免费的报纸杂志。

（6）除法定节假日外，在下属完成一项颇艰难的工作后提供额外的个人休假。

（7）为额外的工作提供额外报酬。

（8）分享企业利润，如企业赚钱愈多，员工分红愈高。

总之，制度是用来管人的，也是用来保护人的，制度制定得更为人性化，有利于企业聚集人才。

制度管理决不能一成不变

企业要在激烈的竞争中生存和发展，制度就不能一成不变。管理者必须适时进行制度管理创新，使企业内各要素在质和量上发生新的变化，产生新的组合，以适应新的形势需要，从而推动企业向更高、更深层次发展。

1. 观念要创新

必须从企业管理者的观念入手，紧跟当前形势的变化，树立全新的制度管理理念。

（1）知识制度管理。

知识制度管理的实施在于建立激励员工参与知识共享的机制，设立知识总监，培养公司的集体创新能力。

知识制度管理思想是全新的制度管理思想，既继承了人本制度管理思想的精髓，又结合知识经济这一新的经济形态的特点予以创新。

（2）人本制度管理。

人本制度管理意味着企业制度管理由传统的“管事”和“管人”向“激发人”转变。企业员工素质高低和才能发挥程度决定着公司的成败，人将是公司中最重要的资本，如何充分调动员工的积极性和创造性成为公司制度管理的关键。

2. 战略要创新

企业经营战略与环境密切相关，随着市场竞争的日益加剧，企业的经营战略面临创新，这就要求管理者做好以下工作：

（1）确立全球一体化的企业发展战略。

随着现代信息技术的不断发展，全球沟通越来越顺畅，市场已经走向国际化、全球化路线。面对各种挑战和机遇，企业战略制度管理模式和观念都必须发生变化。管理者不能将视野局限于某一区域，而必须考虑整个市场和技术发展的趋势。

管理者必须了解全球性战略环境，结合自身竞争条件和目标，做出战略决策。同时，参与全方位的竞争。

（2）企业必须从适应市场转向创造市场。

企业的经营战略必须适应市场环境，但等环境变化了再去适应就会处于被动地位，因此，管理者应主动创造市场，引导消费。在进行战略创造时，应密切注意相关产业的发展动向，积极寻找可以利用的机会，把新生事物的创立、新技术的开发、新市场的开拓等战略课题列入企业战略之中，为企业的未来环境创造良好的条件。

3. 制度要创新

制度创新就是通过调整和优化企业所有者、经营者和劳动者三者的关系，使各个方面的权利和利益得到充分的体现。

企业制度主要包括产权制度、经营制度和管理制度 3 个层次。产权制度是决定公司其他制度的根本制度，是有关经营权的归属及使用权的条件、范围、限制等方面的原则规定，它构成企业的“法人治理结构”，包括目标机制、激励机制和约束机制。

没有一个创新的制度，企业的其他创新活动就不会有效和持久。这要求管理者调整组织结构和完善内部的各项规章制度，以及使用权内部各种要素的合理配置，使之发挥最大限度的效能。

在激烈的市场竞争中，谁胜谁负关键在于创新，创新已成为企业的生存之本。企业必须将创新体现于企业制度当中，更好地发挥生产者，甚至消费者创新的积极性。

4. 组织结构要创新

随着技术革命特别是信息的网络化，企业内组织结构也在向扁平化发展，原来承担上下级沟通联络的中间管理层将大大减少，企业内组织结构变为以分权为特征的扁平化的横向网型组织结构。

企业内必须进行组织结构创新，保证最好、最快的信息迅速地在企业内部传递，使员工成为自主学习、有自主管理能力的人，并可以在自己的职责范围内独立工作，承担责任。

5. 制度管理方法要创新

随着信息技术的发展，企业的制度管理方法日趋新颖、多样，计算机、互联网在企业的制度管理中广泛应用。

企业要在激烈的竞争中求得生存和发展，必须建立快速、先进、智能化的信息传输和处理系统。

任何制度都需要不断完善和不断创新，纵观古今中外的改革或革新，从

一定意义上都是对制度的重整、再造和创新，不论国家，不论企业，每一次制度上的成功改革或创新，都会带来一次质的飞跃。所以，国家要强盛，企业要发展，就必须在制度上狠下功夫，求新，求实，求进步，制度好，人心顺，万事兴。

击败裙带“关系网”

在现代社会中，无论是企业还是单位，都存在一定的裙带关系。企业在创业初期，裙带关系确实具有使成员之间形成较高的认同感、减少企业管理过程中的内耗、降低控制难度和管理成本等优点。

然而，一旦企业完成初始的资本积累，进入到发展阶段，裙带关系对管理的负面作用就会显露出来，具体体现为：

1. 难以获得最优秀的人才

企业要做大，要发展，仅靠在亲朋密友中选拔人才是不行的，近亲繁殖，排斥外部的新鲜血液，使管理者对人才的选择面越来越窄，有能力的人会越来越少。

2. 形成专制的管理风格

管理者依靠裙带关系，选择亲朋密友作为自己的合作伙伴、下属的一个重要原因，就是他们愿意顺从自己的意愿，不轻易与自己唱反调，这有利于形成快速、有效的决策反应体系。然而，一个公司如果没有了反面意见的制约，长此以往，就会助长专制的管理作风，管理者会变得封闭、自负，总觉得自己是正确的；而这种自负的心态又反过来使管理者更加喜欢那些听自己话的人，排斥异己。

3. 信任圈会变得狭小

裙带关系使管理者在自己的周围形成一个圈子，与自己关系密切的在圈内，与自己关系不密切的在圈外。这种内外有别的管理结构会天然地对外界产生一种排斥性，它是封闭的、难以对外开放的，限制了管理者充分地利用外部资源，也限制了他的视野。

4. 重人治，轻法治，忽视公司制度建设

裙带关系还往往导致管理者用亲情替代企业规章，私交先于原则，无法用企业的制度来约束那些与管理者有裙带关系的人，企业的制度失去了效力。当企业规模发展壮大，管理者的个人能力无暇顾及全局的时候，企业的管理就会因为没有制度的约束而渐渐失控。

5. 导致企业内部出现错综复杂的人际关系、特权与等级制

由于血缘关系和亲密私人关系的介入，那些与管理者有裙带关系的人理所应当地受到更多的照顾，得到更多的特权，造成企业内部的不平等、不公正的工作氛围。比如提拔人员不是根据业绩好坏而是按照他们是否听管理者的话来判断；员工的收入不是按照他们工作成绩的大小，而是按照与管理者的亲疏远近来分配；赏罚不明，规章不行，造成上下阻隔，士气低落，不满情绪蔓延，最终会影响企业的工作效率和效果等。

裙带关系是企业的毒瘤，对一个企业的发展非常不利。因为在这样的一个环境下，企业所用的人员都是比较特殊的人群，这就对整个企业的发展产生了一种制约的条件。所以，裙带关系是企业发展中的大忌，一个成熟的企业一定不能受裙带关系的困扰。企业击败裙带关系最好的办法就是严格执行制度。

战国时期法家的代表人物韩非曾经说过这样一句话："法不阿贵，绳不绕曲，法之所加，智者弗能辞，勇者弗敢争……"这句话的意思是说，无论贵族平民，还是智者勇士，在法律面前都一律平等。建立权威、公正的规章制度是管理者摆脱裙带关系困扰的一个有效办法。

制定规章时要基于企业的实际情况，做到务实、有理、公正；在制定规章之前还要广泛地听取下属的意见，虽然下属的意见不一定都会被采纳，但是先让他们把自己的意见、不满表达出来，会比强制推行一个制度的效果要好得多。制定完成后要当着下属的面正式宣布，这样才能够保证它的权威性。最后，还要奖惩严明、及时，对于那些违反规章的人，应该予以惩罚。做不到奖优惩劣，规章制度也就失去了威慑力。

第二章

管理就是沟通：下属的干劲是“谈”出来的

管理离不开沟通，沟通渗透于管理的各个方面。现代企业，管理者绝不是高高在上、不可一世的，要想让下属有干劲，并使管理卓有成效，就需要不断跟下属进行有效沟通。这是管理获得成功的重要保证。

沟通可以解决一切问题

管理者在工作中，时常会听到员工这样那样的抱怨：认为个人的工作成绩没有得到应有的承认和肯定；其合理化建议没有得到应有的重视和采纳；工作环境压抑、人际关系紧张，甚至一个办公室内彼此间不相往来……其实，这些抱怨都会严重影响员工的工作积极性和工作热情，从而影响到企业的效率和效益。这些抱怨究其根源均在于沟通不够、沟通无效或沟通存在障碍。

诺基亚公司董事长兼首席执行官沙玛·奥里拉在自己的管理箴言中这样写道：“我觉得有两个技能很重要。第一是沟通能力，第二是人才管理的能力。但没有好的沟通能力，一切都无从谈起。”日本松下电器公司创始人松下幸之助也认为：“企业管理过去是沟通，现在是沟通，未来还是沟通。”

沟通是信息交流的重要手段，是管理的生命线，因此，对于企业管理者来说，沟通能力极为重要。管理者每天所做的大部分决策事务，都是围绕沟通这一核心问题展开的。管理者必须经常依赖员工的大力支持和合作，才能完成任务。有两个数字可以很直观地反映沟通在企业管理中的重要性，就是两个 70%。

第一个 70% 是指企业的管理者有 70% 的时间用在沟通上。开会、谈判、谈话、做报告是最常见的沟通形式，撰写报告实际上是一种书面沟通的方式，对外各种拜访、约见也都是沟通的表现形式，管理者大约有 70% 的时间花在此类沟通上。

第二个 70% 是指企业中 70% 的问题是由于沟通障碍引起的。比如，企业常见的效率低下的问题，往往是有了问题后，大家没有沟通或不懂得沟通引起的。另外，企业里执行力差、领导力不强的问题，归根到底，都与沟通能力的欠缺有关。比如说管理者在绩效管理的问题上，经常对下属恨铁不成钢，年初设立的目标没有达到，工作过程中的一些期望也没有达到等。为什么下属达不到目标的情况会经常出现？在很多调研中都发现，下属对管理者的目的或者期望事先并不清楚，当然无法使其满意，也导致对年度的绩效评估不能接受。这不管是管理者表达的问题，还是下属倾听领会的问题，都是沟通造成的问题。

因此，卓越的沟通能力是管理者必备的素质之一。但是，现实中却有很多企业管理者不重视沟通管理，他们认为，管理者与被管理者之间不能有太多的平等，没有必要告之被管理者做事的理由。“民可使由之，不可使知之。”他们片面强调被管理者应无条件地服从，“理解的执行，不理解的也必须执行”，从而认为除了告知对方做什么、做到什么程度之外，再告之其他相关信息都是多余的，更不用说就对方的态度、情感，　　　　通过沟通达成理解和认同。

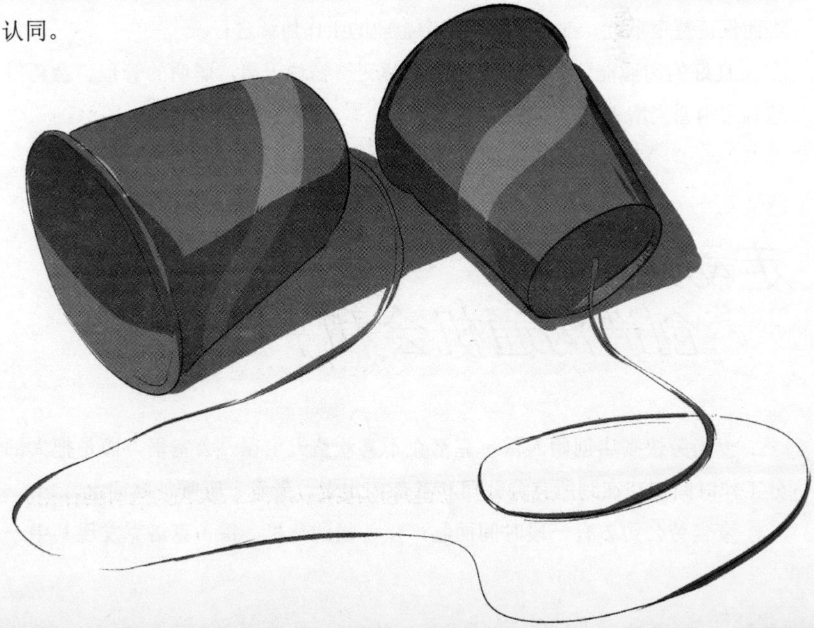

没有充分有效的沟通，员工不知道做事的意义，也不明白做事的价值，因而做事的积极性也就不可能高，创造性也就无法发挥出来。不知道为什么要做这个事，所以他也就不敢在做事的方式上进行创新，做事墨守成规，按习惯行事，必然效率低下。

一个希望有所作为的管理者，就绝不会轻视管理沟通工作。总结起来，沟通在管理中的作用主要有以下 3 点：

（1）良好的沟通是保证员工做好工作的前提。只有通过沟通让员工明白了他的工作目标要求、所要承担的责任、完成工作后的个人利益之后，才能使他确知做什么、做到什么程度，自己选择什么态度去做。

（2）良好的沟通是激发员工工作热情和积极性的一个重要方式。管理者与员工经常就其所承担的工作，以及他的工作与整个企业发展的联系进行沟通，员工就会受到鼓舞，就会使他感觉到自己受到的尊重和他工作本身的价值。这也就直接给员工带来了自我价值的满足，他们的工作热情和积极性就会自然而然地得到提升。

（3）良好的沟通是员工做好工作的一个保障。只有通过沟通，管理者才能准确、及时地把握员工的工作进展、工作难题，并及时为员工工作中的难题的解决提供支持和帮助。这有助于他的工作按照要求、及时、高质量地完成，进而保证整个单位、部门，乃至整个企业的工作协调进行。

良好的沟通能让人与人之间的了解变得畅通无阻，聪明的管理者会巧妙地利用沟通来增进对员工的了解。

走动式管理：创造沟通机会和平台

麦当劳快餐店创始人雷·克洛克不喜欢整天坐在办公室里，而是把大部分工作时间都花在到所有分公司和各部门走走、看看、听听、问问上。

麦当劳公司曾有一段时间面临严重亏损的危机，雷·克洛克发现其中一个重要原因是公司各职能部门的经理有严重的官僚主义，习惯躺在舒适的椅背上指手画脚，把许多宝贵时间耗费在抽烟和闲聊上。于是一个大胆的想法在他的脑海中形成了，那就是：将所有经理的椅子靠背锯掉，并立即实施。

开始很多人骂雷·克洛克是个疯子，但后来不久，大家就体会到了他的一番“苦心”。经理们纷纷走出办公室，深入基层，及时了解情况，现场解决问题，终于使公司扭亏为盈。

这种管理模式就是走动式管理。该管理理念最早是由彼得斯提出的，它的核心是管理者要融入员工之中，而不是在员工面前摆谱。走动式管理不是待在办公室里翻阅各种数据和报告，而是走到员工中间、客户中间以及供应商中间去，和他们面对面地进行交流沟通。在走动中，管理者的主要角色是倾听者。通过倾听，管理者可以从员工、客户和供应商那里得到准确的第一手信息。在面对面的交流中，管理者可以用现场解答和阐述的方式，把公司的价值观念传递给员工、客户和供应商，促使他们认同和接受公司的价值理念。

走动式管理不是视察活动。它的目的是要发现员工的工作进展如何以及他们在工作中都遇到了什么样的麻烦，通过询问来指导他们做一些重要的事情。可见，走动式管理的前提假设是估计到员工在工作中可能会有一些东西妨碍他们完成任务，因而需要管理者通过走动去了解、帮助员工解决困难，指引员工而不是命令、干涉、剥夺员工的自主权来解决问题。

走动式管理不是管理者越俎代庖，剥夺员工的权利，而是提供一些有助于扩大员工自主空间的建议。它也不是命令员工应该干什么，应该采取什么样的具体措施，而是提高员工的自信心和自制力。在走动式管理中，管理者不是担任指挥者的角色而是参谋的角色。总之，优秀的走访者会在公司愿景下扩大员工的自主权而不是使之缩小。

在企业中，应把走动式管理作为一种经常性的管理活动，而非“国事访问”。它不需要提前通知被走访者，不需要做准备，因为它就是针对那些有意无意隐蔽起来的真实情况而来的。要使走动式管理听到组织的真实声音，最好的办法就是管理者经常性走动。这样做可以有效地消除“礼节性拜访”或者“恩赐式关怀”的缺陷，达到与员工面对面交流的目的，也是获得真实信息、强化公司共同愿景的良药。要扩大走动式管理的效力，不在于宣传，而在于管理者身体力行。只有管理者养成走动的习惯，让员工了解管理者会随时到自己身边来，员工才能感觉到管理者一直与自己同在，也才能让员工对管理者产生信赖，进而愿意与之沟通。

选择正确的沟通渠道

一般而言，企业内部的沟通渠道不外乎两种。一种是正式沟通，另一种是非正式沟通。所谓正式沟通，就是通过固有的组织和结构按照规定的方式交流和传达信息。比如，传递公文、通知相关信息、召开会议和谈话等。这种沟通方式由于对信息的传达途径、格式及对象有具体性，所以这种沟通的优点是效果好、保密性高、有较强的约束力，但是，这种方法又有过于刻板，沟通的速度很慢，而且缺乏相应的反馈和互动的缺点。而非正式沟通，包括除了正式沟通之外的所有信息交流和传达方式。员工往往会通过非正式渠道获取和反馈很多信息，而企业如果能在此时进行合理的利用和疏导，就可以帮助企业管理者获得许多从正式渠道无法获得的信息，借此解决潜在的问题，从而在最大限度上提升企业的凝聚力。没有沟通，就没有成功的企业，企业内部良好而正确的沟通文化可以使所有员工真实地感受到沟通的快乐和绩效。加强企业内部的沟通管理，既可以使管理层工作更加轻松，也可以使普通员工大幅度提高工作绩效，同时还可以增强企业的凝聚力和竞争力。

尼尔是一家医学软件制造商塞纳公司的首席执行官，他平时非常热衷于用电子邮件与人联络。有一次，尼尔很不满员工的工作道德，他迫切地希望表达他的不满，于是他选择了他最热衷的写邮件的方法。他写了一封言辞激烈的电子邮件给公司的几百名管理者。信中写道："在目前的文化中，在本首席执行官实施其他的员工利益之前，我们必须彻底解决这些该死的问题……我们在堪萨斯城的员工大多数每周工作不到40小时。停车场早上8点还是稀稀疏疏的，在下午5点也是这样。作为管理者，你要么不知道你的员工在干什么，要么就是你不关心。你必须解决掉你面临的问题，否则我就炒了你……你们管理者的所作所为让我恶心。”

这封信中还建议管理者的工作例会安排到早上7点，下午6点和周六的上午；同意裁员5%，以及实行打卡上下班。信中甚至还提到，如果员工未经批准就缺勤，要在假期中补回来。

在这封邮件发出的几个小时内，复件就被放到了网站上。之后，仅仅3天，公司的股票价格就下跌了20%。尽管有人会为尼尔信中所讲述的行为是否应该而争论，但尼尔错误地选择了信息传递的渠道！这一点毋庸置疑。

错误的沟通渠道不仅不能让沟通顺畅，还会阻碍已有的沟通水平。因此，沟通渠道是否正确才是能否进行有效沟通的最大关键。

通过调查，沟通渠道的选择在表达

信息的能力上会有差异。有的沟通渠道丰富性较强，能处理更多的信息，能及时提供反馈，而且极具人性化。比如面对面谈话，它能一次传递很多信息，并且能够迅速得到反馈。电话也是一种丰富性较强的渠道，但是它就没有面对面谈话来得丰富。再比如布告、一般的报告、电子邮件和备忘录等，它们的沟通都不够丰富。在现代信息经济时代背景下，网络沟通的渠道模式称得上是所有企业管理沟通渠道模式中一种较为理想的模式。企业在保持适合企业业务发展需要的组织管理结构下，向网络型管理沟通渠道模式靠近，从而使本企业适应经济信息化、知识化、全球化趋势，使企业的组织管理结构与管理沟通渠道具备更多网络型组织管理结构的特征，使企业能成为信息化企业。

研究结果显示，媒介的丰富性与过去 10 年内的组织趋势和方法相一致。越来越多的管理者利用会议的形式来沟通，同时走出与员工隔绝的办公室实行走动管理。但是无论是哪一种沟通渠道都有它存在的理由，正因为如此，才需要管理者在工作中能抓住一切机会，主动引导与下属的沟通，有意识地去促进成员之间信息交流的顺畅，重视和改善沟通管理，才能进行有效的沟通，创造出无限的价值。

少说、多听、常点头

管理者拥有一副伶牙俐齿，“口吐莲花”，固然是一件好事。但是千万不要把这一本事用过了头，时时处处指手画脚，喋喋不休。常言道:“会说的不如会听的。”当你与下属沟通时，若能灵活运用“少说、多听、常点头”这一处世良策，管住自己的嘴巴，竖起自己的耳朵，少说多听，就会让沟通更为顺利。

“少说”不但可以“导引”下属多说，还可以避免流露出自己的内心秘密，更可以避免说错话，让下属难堪。少说，你就成为一个冷静的旁观者，一切都会在你的掌握之中。

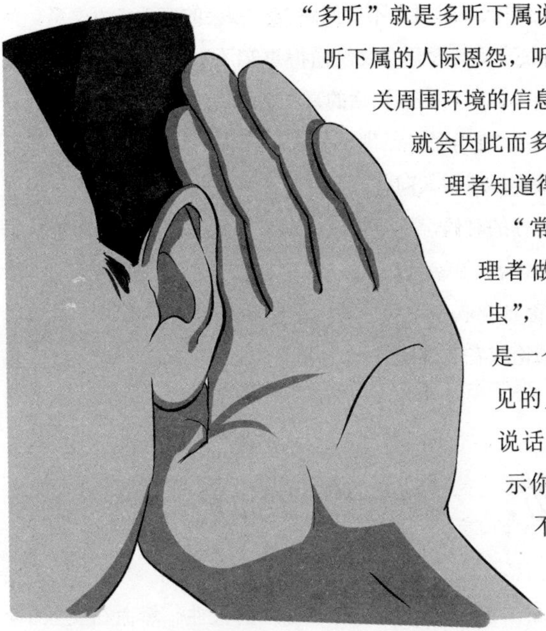

“多听”就是多听下属说，听下属的做事经验，听下属的人际恩怨，听下属话语透露出来的有关周围环境的信息……管理者多听，下属就会因此而多说；下属说得越多，管理者知道得就越多。

“常点头”，这并不是要管理者做个没有主见的“应声虫”，而是避免让下属认为你是一个高高在上只顾自己意见的人。也就是说，听下属说话时，管理者多点头，表示你的专注和附和，如果有不同意见，也要先点头再提出。无关紧要的事，不必坚持己见。这样，就没有走不通的道路。

“少说、多听、常点头”是沟通过程中一种非常好的方法，它一可以给人留下深藏不露、稳重含蓄的权威印象；二可以充分了解下情，掌握大量事实材料，有利于制定领导决策；三可以使你建立一个好人缘。

可见，管理者在与下属沟通时，管住自己的嘴巴，打开自己的耳朵是非常有利于沟通的办法。不过，要让“少说、多听、常点头”的沟通方式产生最大的效果，还应该努力遵守以下这些注意事项：

（1）对别人讲的话要感兴趣，要充分地关注对方。当你在听下属对你讲话时，要全神贯注。

（2）看着对方说话。你不要在房间里东张西望，或是看地板，或是望窗外。如果你的眼睛转来转去，这也表明你的心思也会是这样的。

（3）防止走神。要一心一意地注意下属在说什么。

（4）不要被个人好恶所支配。有时你可能不喜欢某人说话的方式，或是不喜欢某人的说话声音。这些偏见可能使你听不进正确的意见。作为管理者，你需要正确地理解意见交流中的内容，不应该让个人好恶妨碍你。

（5）努力理解难懂的想法或材料，不要回避难于领会的东西。

（6）努力理解对方言辞及其含意。仅仅懂得事实还不够，既要用耳朵去听，还要用心去听，这样才能明白别人说话的真正含意。

（7）提问题不要犹豫。要确保自己理解他人正在说的话。不要因外部干扰（如机器噪音，电话铃声，或别人向你打招呼）而漏过了话中的含意。当这种分心的事情确实打扰了你的时候，不要怕问问题。下属往往觉得与你谈话非常重要，因此，他们欢迎你表示兴趣和关心。

（8）不要轻易下结论。听取并接受下属所讲的话，要用心去听下属的言语和想法，不要轻易下结论或者准备反驳。

多一些鼓励，少一些批评

无论年龄长幼，贫富贵贱，爱听鼓励的话是人的天性。然而在企业中，当员工工作执行不到位、消极怠工或者犯错误时，不少管理者都喜欢通过批评员工来树权威、耍威风，更有甚者，还喜欢在员工犯错误时发脾气，殊不知这样弊远大于利。一味用批评和尖锐的意见面对员工，很多时候会扼杀员工的创新性，使员工产生挫折感。批评往往会使自己情绪恶化，员工会因此而产生逆反心理，会消极怠工，更会破坏工作场所的氛围。而且对于管理者而言，他们也会被认为是不合群、人际关系有问题。批评只是管理的手段而不是目的。光靠批评不仅无助于问题的解决，还会使问题恶化。员工在接受批评后会产生紧张感、挫折感，而这些负面情绪都不利于问题的最终解决。

一天，公司赵总突然接到刚工作不久的员工妮妮的电话，“我买了机票，我要去旅行，现在想向你辞职。”赵总接到这样的电话不免感到惊讶，但他还是尽量平和地说：“我给你两周的时间，旅行完之后再回来上班。”妮妮说：“不用了，即使回来，我也不想回到这里上班。”

赵总听到这样的回答感到很气愤，但他依然没有忘记反思问题出现的原因。他终于想起，前几天妮妮曾经交给他一份企划案，当时他看了十分不满意，还训斥她："你怎么可以做出这样的东西，竟然还好意思交给我，你是大学毕业生吗？"

妮妮因为赵总的一句严厉的批评而辞职了。妮妮工作时间不长，很明显，妮妮抗挫折的能力比较差，赵总在跟她打交道时，有必要使用一定的技巧。员工犯错后，管理者应该做的是向员工提出解决问题的建议，避免他以后再犯。很多时候，新进员工犯错误都是由于管理者没有给他们正确的建议。

例如，某员工说："我不想做了，实在是没有什么前途。"这说明他正处于情绪不稳定的状态，此时管理者最好的做法是采用迂回的策略，先让他的情绪稳定。管理者可以先把员工的话润色加以重复："你的意思是，你觉得在这里的表现或者发展不是很满意，是吗？"然后稍等片刻，暗示对方你已经明白了他的意思。如果，员工的情绪依然低落，对你说："是呀，我觉得这里很糟糕。"那么这时候管理者可以继续跟他聊，直到他平静下来。最后，员工可能会询问你该怎么办。这时管理者就掌握了谈话的主动，可以询问员工的想法。如果通过沟通发现他

之所以会如此沮丧是因为对自己太过悲观的缘故，那么管理者有必要举例让他知道其实他已经做得非常好。

当然，这里说管理者应多些鼓励和建议，并不意味着对员工的错误视而不见。有时候，批评也是必需的，只是批评也要有艺术。

比如，如果一个员工之前的工作表现都很好，但是后来却怎么都没有办法达到管理者的要求。这时候批评就有必要了，但是作为一名管理者，如何批评才不会起反作用呢？

作为管理者，如果对员工提出质疑说:“你是怎么搞的，为什么没有把事情做好？”那在员工看来，就很可能会认为管理者讨厌自己，而不能就事论事。所以，一名优秀的管理者，在批评时一定要注意 4 点。

（1）要跟员工讲清楚事实，比如:“你这份企划书，为什么没有按时交给我？”

（2）要明确告诉员工你自己的感觉，比如告诉员工:“我对你现在的表现很失望。”

（3）管理者要明确自己的管理目标，让员工接收到肯定的词汇，而不是否定的词汇，比如，不说“你以后交企划不要迟到”而说“我希望你以后能按时交企划”。

（4）要运用“说服的艺术”。也就是用建议的方法而不是用意见。要说服员工做事，要让员工有自己判断的机会，所谓“晓之以理，动之以情”就是这个道理，要让员工知道你的建议是正确的。你不是在对员工的行为挑刺，指出他的错误，要用“诱之以利”的方式让员工认识到自己的问题，并选择正确的方式解决问题。

在企业管理中，管理者要做的是多些鼓励与建议，少些批评与意见。如果管理者能用真诚的鼓励和正确的建议对待员工，特别是一些有知识、有文化、有思想的员工，那么企业的管理水平肯定会有一个质的飞跃，员工在这种激励下能增强工作的信心，就可以在保证质量的情况下超额完成任务。一个聪明的管理者会从员工的立场出发，采用最恰当的方式，让员工接受并乐于服从自己的建议。

恰到好处地运用身体语言

管理者在与员工沟通的过程中，除了用有声语言外，还可以充分利用身体语言。凡是通过手势、姿态、眼色和面部表情来进行信息传递、思想沟通、感情交流的活动方式，都是身体语言。身体语言虽然并不是由口腔发出声音的语言，但是在沟通过程中却可以起到极大的辅助作用。管理者要实施自己的管理行为，准确有效地表达自己的意向和感情，就必然运用身体语言。这里我们着重介绍面部和手部的身体语言。

1. 微笑

据统计，微笑是所有的交际语言中最有感染力的身体语言，是放之四海而皆准的人际交往语。管理者在交往中要学会笑，笑暖人心，又能体谅人心，给人以幸福感、自由感。

往往一个微笑就能令人如沐春风，放松神经，表达出你的善意、愉悦，缩短与员工之间的距离。因此有人说微笑是最廉价的宝物，它常常会让人有意外的收获。

微笑就像一种情绪的调和剂，更是沟通过程中的一种润滑剂。但是管理者在运用微笑传情达意的时候，要注意做到以下几点：

（1）笑得真诚。

微笑既是自己愉快心情的外露，也是纯真之情的奉送。真诚的微笑让对方内心产生温暖，有时候还可能引起对方的共鸣，使之陶醉在欢乐之中，加深双方的友情。

（2）笑得自然。

微笑是发自内心的，是美好心灵的外现。要笑得自然，笑得亲切，笑得美好、得体。要注意不能为笑而笑，没笑装笑。

（3）笑的对象要合适。

对不同的沟通对象，应使用不同含义的微笑，传达不同的感情。不然，难免会有适得其反的情况出现。

（4）笑的程度要合适。

微笑是向对方表示一种礼节和尊重。但是如果不注意程度，微笑得放肆、过分、没有节制，就会有失身份，引起对方的反感。

（5）要笑在合适的场合。

对人微笑要看场合，否则就会适得其反。当你出席一个庄严的集会，或是讨论重大的政治问题，自然不宜微笑。当你同对方谈论一个严肃的话题，或者告知对方一个不幸的消息时，或者是你的谈话让对方感到不快时，也不应该微笑，或者要及时收起微笑。

2. 巧用手势

在与下属沟通时，管理者除了要有自然流利的口才外，还要有与之相配合的体态和手势。手势的妙用在沟通中具有独特

的作用，手势的运用是否恰当，会直接或间接地给语言以不同的影响。恰到好处的手势会让你的语言更具有说服力，也会使你的个人形象更具魅力。

经验表明，手势的运用也要恰到好处才能发挥作用。一般而言，手势必须是内在情感的自然表露，而不应是生硬的做作。做手势是为了帮助表情达意，如果达不到这个目的，

就是画蛇添足、毫无意义了。有的管理者认为有手势比没有手势好，手势多比手势少好，何况手势还可以掩饰自己紧张的情绪。这其实是一种误解，令人眼花缭乱的手势只能显露出自己的慌乱和无礼，毫无任何意义。

一些人认为："为了强调某个重要的观点，手势能缩短你和听众之间的距离。"管理者说话时采用的手势应与谈话的主题相适应，打手势也要注意空间的大小。而且，管理者应该明确对方手势的含意：手指敲桌子可以表示谢谢；平掌摇动通常表示不同意；双手搓动可表示高兴或着急。

管理者亦可以在谈话中借助手势加强语意。不过打手势时切忌幅度过大，过于夸张。

手势有多种复杂的含义。手向上、向前、向内时往往表达希望、成功、肯定等积极意义的内容；手向下、向后、向外，往往表达批判、蔑视、否定等消极意义的内容，如空中劈掌表示坚决果断，手指微摇表示蔑视或无所谓，双手摊开表示无可奈何，右手紧握拳头从上劈下表示愤慨、决心等。

关于手摆放的位置，一些专家还特意设计了不同的方案，不过在运用时，不能太拘泥，只要自然得体就可以了。但是切忌把手插到衣袋里，显得对人不尊重，而自己也好像"被捆住了一样"。

以下是几种常见的手势，供参考：

（1）仰手式。

即掌心向上，拇指张开，其余几指微曲。手部抬高表示欢欣赞美、申请祈求；手部放平表示诚恳地征求下属的意见，取得支持。

（2）推手式。

即指尖向上、并拢，掌心向外推出。这种手势常表示排除众议，显示坚决和力量。

（3）覆手式。

即掌心向下，手指状态同上，这是审慎的提醒手势，能抑制听众的情绪，进而达到控制场面的目的，也可表示否认、反对等。

（4）包手式。

即五个手指尖接触，指尖向上，就像一个收紧了开口的钱包。这种手势一般是强调主题和重要观点，在遇到具有探讨性的问题时使用。

（5）切手式。

即手掌挺直全部展开，手指并拢，像一把斧子飕飕地劈下，表示果断、坚决、快刀斩乱麻等。

（6）啄手式。

即手指并拢呈簸箕形，指尖向着听众。这种手势具有强烈的针对性、指示性，但也容易形成挑衅性、威胁性，一般不要过多使用。

（7）伸指式。

即指头向上，单伸食指表示专门指某人、某事、某意，或引起听众注意；单伸拇指表示自豪或称赞；数指并伸表示数量、对比等。

（8）握拳式。

即五指收拢，紧握拳头。这种手势有时表示示威、报复；有时表示激动的感情、坚决的态度、必定要实现的愿望。

（9）抚身式。

即用手抚摸自己身体的一部分。双手自抚表示深思谦逊、诚恳；以手抚胸表示反躬自问；以手抚头，表示懊恼、回忆等。

另外，手臂的动作也可以是一种语言暗示。手臂交叉表防御；手臂交叉握拳表敌对；手臂交叉放掌表示有点紧张并在努力控制情绪；一只手握另一只手上臂，另外一只手下垂表示缺乏自信，等等。

对员工傲慢是一种“犯罪”

管理者高抬着脑袋，用不屑的眼神扫过员工的脸孔，用透着鼻音的不屑音调跟员工沟通，不难想象结果如何。如此傲慢，得到的只是员工的怒气和反感。想让员工对自己说的话有所反应，就要收起这种傲慢，让自己先对员工的话有所反应。这就好比在别人说了一个笑话时，不管这个笑话好不好笑或者是否听过这个笑话，管理者都应该尽量报以真诚的微笑，这才是最合适的反应。

管理者对员工的行为及时做出反应就必须做到以下 3 点：

1. 要合乎时宜

管理者对员工的行为做出反应要相机行事。如果员工刚刚受到挫折，那么管理者可以通过赞美来激励其斗志。但是如果员工取得了一些成就，已经被赞美声包围并对赞美产生抵触情绪时，为避免他骄傲，管理者应该给他泼些冷水，而不是一味赞美。

2. 要雪中送炭

在日常生活中，难免会遇到挫折。而人们却往往只记得把最真诚的赞美给予那些功成名就的胜利者，然而这种胜利者毕竟是极少数，大多数人都是平凡普通的人，随时都可能遭受挫折。管理者所需要面对的人，很大程度上都是这类人。

因此管理者对员工的反应很可能对于他来说是雪中送炭。管理者适时地对员工做出反应，往往能够让他们把管理者当作知心朋友来对待。

3. 要谦虚做事

管理者在进行管理的过程中，千万不要存在任何的优越感。管理者必须谦虚地做事情，即使自己取得了很大的成就，也要牢记这些成就是与员工们的努力分不开的，因此管理者不应该有优越于员工的表现。

用一种居高临下的姿态与员工交谈会让管理者很快陷入不利的境地，进而失去交往的机会。管理者并不比员工优越，在整个管理过程中，管理者必须和员工形成良好的关系才能将管理工作做好。

一些管理者认为自己的能力十分突出，甚至觉得自己的能力完全可以掩盖员工的能力，于是在管理的过程中，总是喜欢滔滔不绝地发表意见，不断地和员工争辩甚至反驳员工的意见，这些都是认为自己有优越感的表现。殊不知真正决定管理是否有效的不是管理者的优越感，而是员工的配合。优越感太强的管理者是很难得到员工的认同的。

优越感太强的人往往容易虚伪，这样的管理者往往会制造出种种成绩来维护自己的优越感，以便将这种“比别人优越”的假象永远保持下去。殊不知在这种假象面前，他已经失去了员工的信任。也因此，我们说，对员工的傲慢就是一种“犯罪”。

第三章
这样激励最有效：让员工自己奔跑

管理者的主要任务就是管人治事。有人认为，“管人”其实就是施展手中的权力，凭借三寸不烂之舌让人“俯首称臣”，其实不然，管人是一门很高深的谋略。善管人者，指挥若定，得心应手，被管的人也很心甘情愿，心悦诚服。善于管理的管理者会把员工的能力变成一种动力，让员工自己主动奔跑！

最有效的13条激励法则

员工是企业生存与发展的基石，企业要发展，就必须依赖员工的努力。因此，激励员工发挥所长，贡献其心力，是管理者的首要责任。

以下介绍13种激励法则，帮助员工建立信任感，激励员工士气，使员工超越巅峰，发挥他们的创造力、热情，全力以赴地工作：

（1）不要用命令的口气。好的管理者很少发号施令，他们都以劝说、奖励等方式让员工了解任务的要求，并去执行，尽量避免直接命令，如“你去做……”等。

（2）授权任务而非“倾倒”工作。“授权”是管理的必要技巧之一。如果你将一大堆工作全部塞给员工去做，便是“倾倒”，这样员工会认为你滥用职权；而授权任务则是依照员工能力派任工作，使他们得以发挥所长，圆满地完成。

（3）让员工自己作决定。员工需要对工作拥有支配权，如果他们凡事都需等候上司的决策，那么他们就容易产生无力感，失去激情。不过员工通常并不熟悉作决定的技巧，因此管理者应该告诉员工，不同的做法会有哪些影响，然后从中选择。

（4）为员工设立目标。设立目标比其他管理技能更能有效改善员工表现，不过这些目标必须十分明确，而且是可以达到的。

（5）给予员工升迁的希望。如果公司缺乏升迁机会，管理者最好尽量改变这种情况，因为人如果有升迁的希望，可激励他努力工作。假如你不希望以升迁机会提高人事成本，起码也要提供一些奖励办法。

（6）倾听员工的意见，让他们感觉受到重视。尽可能每周安排一次与员工聚会，时间不用很长，但是借此机会员工可以表达他们的想法与意见，而管理者则应用心记录谈话内容，以便采取行动。

当然，你未必同意每位员工的要求，但你不妨用心倾听，因为员工会因为你的关心而努力工作，表现更好。

（7）信守诺言。好的管理者永远记得自己的承诺，并会采取适当行动。如果你答应员工去做某些事，却又没有办到，那将损失员工对你的信赖。

因此，你不妨经常携带笔记本，将对方的要求或自己的承诺写下来，如果短期内无法兑现，最好让员工知道，你已着手去做，以及所遇到的困难。

（8）不要朝令夕改。员工工作需要连贯性，他们希望你不要朝令夕改，因此如果政策改变，最好尽快通知，否则员工会觉得无所适从。

（9）及时奖励员工。每当员工圆满完成工作时，立刻予以奖励或赞美，往往比日后的调薪效果好。赞美与惩罚比例，应该是4∶1。

（10）预防胜于治疗，建立监督体系。每天检视公司动态与员工工作进度，以便在出现大问题以前，预先了解错误，防患于未然。

（11）避免轻率地下判断。如果管理者希望员工能依照自己的方法工作，必然会大失所望。因为，每个人处理事情的方式不同，你的方法未必是唯一正确。所以，最好避免轻率地断言员工犯错误，否则会影响对他们的信任感，甚至做出错误的决策。

（12）心平气和地批评。批评也是激励的一种方式，然而批评必须掌握方法，激烈的批评只会让员工感染到你的怒气，并产生反抗情绪，只有心平气和的批评才能让员工了解自己的失误，并感受到你对他的期待，才能对员工产生激励的效果。

（13）激励员工办公室友谊。让员工们在工作中有机会交谈，和谐相处。因为许多人愿意留在一个单位工作，是他们喜欢这个环境与同事。因此，不妨经常办些聚会，增进员工间的感情。员工们在人和的气氛下工作，必然会更有创造力，更有活力。

建立完善有效的激励机制

强化工作动机可以改善工作绩效，诱发出员工的工作热情与努力。这里强调的是管理者所做的一切努力只是一个诱发的过程，能真正激励员工的还是他们自己。

要想冲破员工们内心深处这道反锁的门，你必须要好好地谋划一番，为你的激励建立一个有效的机制。那么，一个有效的激励机制应该具备哪些特征，符合什么样的原则呢？

（1）简明。激励机制的规则必须简明扼要，且容易被解释、理解和把握。

（2）具体。仅仅说“多干点”或者说“别出事故”是根本不够的，员工们需要准确地知道上司到底希望他们做什么。

（3）可以实现。每一个员工都应该有一个合理的机会去赢得某些他们希望得到的东西。

（4）可估量。可估量的目标是制订激励计划的基础，如果具体的成就不能与所花费用联系起来，计划资金就会白白浪费。

一个高效激励机制的建立，企业的管理者需要从企业自身的情况，以及员工的精神需求、物质需求等多方面综合考虑，更新管理观念与思路，制定行之有效的激励措施和激励手段。具体来说，应该做到以下几点：

1. 物质激励要和精神激励相结合

管理者在制定激励机制时，不仅要考虑到物质激励，同时也要考虑到精神激励。物质激励是指通过物质刺激的手段来鼓励员工工作。它的主要表现形式有发放工资、奖金、津贴、福利等。精神激励包括口头称赞、书面表扬、荣誉称号、勋章……

在实际工作中，一些管理者认为有钱才会有干劲，有实惠才能有热情，精神激励是水中月、镜中影，好看却不中用。因此，他们从来不重视精神激励。事实上，人类不但有物质上的需要，更有精神方面的需要，如果只给予员工物质激励，往往不能达到预期的效果，甚至还会产生不良影响，美国管理学家皮特就曾指出："重赏会带来副作用，因为高额的奖金会使大家彼此封锁消息，影响工作的正常开展，整个社会的风气就不会正。"因此，管理者必须把物质激励和精神激励结合起来才能真正地调动广大员工的积极性。

2. 建立和实施多渠道、多层次的激励机制

激励机制是一个永远开放的系统，要随着时代、环境、市场形式的变化而不断变化。因此，管理者要建立多层次的激励机制。

多层次激励机制的实施是联想公司创造奇迹的一个秘方。联想公司在不同时期有不同的激励机制，对于20世纪80年代的第一代联想人，公司主要注重培养他们的集体主义精神和满足他们的物质需求；而进入90年代以后，新一代的联想人对物质要求更为强烈，并有很强的自我意识，基于这种特点，联想公司制定了新的、合理的、有效的激励方案，那就是多一点空间、多一点办法，制定多种激励方式。例如让有突出业绩的业务人员和销售人员的工资和奖金比他们的上司还高许多，这样就使他们能安心现有的工作。联想集团始终认为只有一条激励跑道一定会拥挤不堪，一定要设置多条跑道，采取灵活多样的激励手段，这样才能最大限度地激发员工的工作激情。

3. 充分考虑员工的个体差异，实行差别激励的原则

企业要根据不同的类型和特点制定激励机制，而且在制定激励机制时一定要考虑到个体差异：例如女性员工相对而言对报酬更为看重，而男性员工则更注重提升能力、得到升迁；在年龄方面也有差异，一般 20~30 岁之间的员工自主意识比较强，对工作条件等各方面要求比较高，而 31~45 岁之间的员工则因为家庭等原因比较安于现状，相对而言比较稳定；在文化方面，有较高学历的人一般更注重自我价值的实现，他们更看重的是精神方面的满足，例如工作环境、工作兴趣、工作条件等。而学历相对较低的人则首先注重的是基本需求的满足；在职务方面，管理人员和一般员工之间的需求也有不同。因此企业在制定激励机制时一定要考虑到企业的特点和员工的个体差异，这样才能收到最大的激励效力。

4. 管理者的行为是影响激励机制成败的一个重要因素

管理者的行为对激励机制的成败至关重要。首先，管理者要做到自身廉洁，不要因为自己多拿多占而对员工产生负面影响；其次，要做到公正不偏，不任人唯亲；再次，管理者要经常与员工进行沟通，尊重支持员工，对员工所做出的成绩要尽量表扬，在企业中建立以人为本的管理思想，为员工创造良好的工作环境。此外，管理者要为员工做出榜样，通过展示自己的工作技术、管理艺术、办事能力和良好的职业意识，培养下属对自己的尊敬，从而增加企业的凝聚力。

建立有效的、完善的激励机制，除了做到以上几点之外，还要注意两方面的问题：

（1）要认真贯彻实施，避免激励机制流于书面。

很多管理者没有真正认识到激励机制是其发展必不可少的动力源，他们往往把激励机制的建立“写在纸上，挂在墙上，说在嘴上”，实施起来多以“研究，研究，再研究”将之浮在空中，最终让激励机制成为一纸空文，没有发挥任何效果。管理者一定要避免这种情况的发生，将激励机制认真贯彻实施。

（2）要抛弃一劳永逸的心态。

企业的激励机制一旦建立，且在初期运行良好，管理者就可能固化这种机制，而不考虑周围环境的变化和企业的变化，这往往会导致机制落后，而难以产生功效。管理者应该根据时代的发展、环境的变化不断改革创新激励机制。

人才是企业生存与发展的关键，如何在企业有限的人力资本中调动他们的积极性、主动性和创造性，有效的激励机制是必不可少的。因此，管理者一定要重视对员工的激励，根据实际情况，综合运用多种方式，把激励的手段和目的结合起来，改变思维模式，真正建立起适应企业特色、时代特点和员工需求的有效的激励机制，使企业在激烈的市场竞争中立于不败之地。

与员工共享成果

人人都有名利心，这是无可否认的事实，管理者也是凡人，也会向往名利，这也无可厚非。关键是在追求名利的过程中不要超过“度”，不要把员工的功劳据为己有。

管理者向上请功时，正确的做法是与员工分享功劳，分享成功的幸福和喜悦，而不应该独占功劳。假如管理者是个喜欢独占功劳的人，相信他的员工也不会为他卖力。因为喜欢独占功劳的人，往往会忽视员工的利益，让他的员工一无所获。这样的管理者，其行为可能会激起民愤。

有人常在私下里会说管理者：“功劳是他的，荣誉是他的，好房由他住着，而我们什么也没有得到。”

这种情况很普遍，现代企业中一些管理者把员工的工作成果占为己有，又不能适当奖励他们，让员工觉得管理者偷取了他们的工作成绩。其实人人做事都希望被人肯定，即使工作未必成功，但终究是卖了力，都不希望被人忽视，不希望自己的果实被别人占取。

一个人的工作得不到肯定，是在打击他的自信心，所以作为管理者，切勿忽视员工参与的价值。

例如，在某大公司的年终晚会中，经理刻意表扬了两组营业成绩较佳的团队，并邀请他们的主管上台。第一位主管，好像早有准备似的，一上台便滔滔不绝地畅谈他的经营方法和管理哲学，不断向台下展示自己在年内为公司所做出的贡献，令台下的经理及他手下的员工，听了非常不满。

而第二位主管，一上台便多谢自己的员工，并庆幸自己有一班如此拼搏的员工，最后还邀请他们上台接受大家的掌声。当时台上、台下的反应如何不言而喻。

同样的管理，不同管理者的表现却有如此大的差别，像第一位那种独占功劳的主管，不但员工对其不满，经理也不会喜欢这种人。而第二位主管能与员工分享成果，令员工感到受尊重，日后有机会自会拼搏。而经理也会尊敬、敬重这种人。其实功劳归谁老板最清楚，不是你喜不喜欢与他人分享的问题。

因此，管理者应该经常轻松地提供令员工满意的回馈，如一句简短的鼓励或一句赞美的话。然而在许多例子中，有些领导者根本不愿意提供给员工任何工作表现良好的回报。当管理者不能给予员工适当的回馈时，员工便无从设计未来，他们会问自己的贡献受到肯定了吗？他们应该继续为这位领导者贡献心力吗？他们是否需要改善工作态度或能力，怎样才能有所改善等。

正如某公司的员工所说："我不觉得受到了重视。我的领导从不会对我斥责，也不批评，即使在工作中做出了很大的贡献，他也从来不会赞美只把功劳占为己有。有时我怀疑他是否在乎我的感觉。我不能确定工作做得好坏有何影响，只能混天度日，拿死工资，这严重影响了我的工作情绪。"

可见，让员工分享企业的成功，把他们的利益与组织的成败直接联系起来，让他们对组织产生一种归宿感，这是领导员工的高境界，也应该是每个管理者都遵循的原则。因此，管理者要尽量做到：

1. 当上司表扬时，不忘举荐手下员工中的有功之臣，在上司面前赞扬他们

一句衷心的赞扬，不仅使上司感觉到本公司英才比比皆是，也会让他认为你不居功自傲，懂得体贴下属，无形中，加深了其对你的好感，以后对你会更加关注，同时你的员工也会很感激你。

2. 在员工面前，一定要谨慎谦虚，不可张扬

一旦有成绩便居功自傲，必然会被员工讨厌，不愿再为你拼命效力。分享是对员工的最大激励。管理者一定要牢记此训，把成果与员工共享。这样做，一方面可以鼓舞员工的积极性，一方面还可以向所有的人展示自己的高风亮节，淡泊名利。赢得了崇高的威望，你的工作无疑也会更加出色。

培养员工的自信心

作为一名聪明的管理者，要想让自己的团队保持团结一致，高效运转，就要调动员工的积极性，就要让员工在能够培植自信心的气氛中工作。因为自信心是一个有良好素质的员工不可或缺的创造源泉，也是影响一个人工作能力高低的重要因素。

自信心是一种奇妙的东西，它的提高会在人的内心产生一种能动的力量，促使个人发展完善，并因此让人把握住一条正确的途径。一个人如果丧失了自信心，那他整个人就会显得萎靡不振、毫无活力，而且是永无长进。

安东尼是一个性格内向的小伙子，平时沉默寡言，不擅长交际。参加工作后仍然如此，不管领导给他任何工作或任务，他的表现都不尽如人意。安东尼的经理为了恢复他的自信心，在对他进行一番详尽的了解后，经常对他进行鼓励和夸赞，并用心去发掘他不易被察觉的长处。

“你很不错，只是你自己没有发觉，你以前曾做过 ×× 事，那时候你的表现真是好极了。”

“不要管别人对你的看法，只要你不感到愧对自己就行，要堂堂正正地挺起胸膛来。”

正是经理经常找出安东尼的优点，激励他勇往直前。安东尼才慢慢恢复了自信，工作也做得有声有色。

作为一名管理者，在培养员工的自信心时，最大的“阻碍因素”莫过于员工的自卑感了。不论哪个公司，总是存在着两三位有自卑感的员工。一旦自卑感作祟，他们就会丧失自信，使其本身能力降低。有自信的人会不断地提出方案，积极主动地面对工作。而有自卑感的人，因过于注重他人的言论，总顾忌着自己的一举一动是否惹人注意，会不会受到他人耻笑，因此总是不敢发表意见。他们总是跟着自信者的脚步，以他人的意见为意见，于是对自己愈来愈丧失自信，愈来愈自卑，最后竟然完全没有了个人思想。这样的员工是很难在工作上有所突破，很难干出优异的成绩来的。

因此，管理者要指导员工克服自卑心理，产生自信心。要在本单位、本部门消除上述现象，必须从以下几个方面加强训练：

（1）使其早日适应工作与团体组织。如果无法适应就无法产生自信，这点对新进员工尤为重要。

（2）赋予他较高的目标，让其独立完成。他如果成功了，从此便会信心大增。

（3）训练他们掌握自动解决问题的方法。只有依靠自己的力量解决问题才能产生信心。

（4）训练他们从事较高水准的工作。他们完成高水准的工作后，在兴奋之余就会产生自信心。

（5）称赞他。当人受到称赞时就会产生信心。当然，这种称赞应当是切合实际的，否则会起到相反的作用。

自信，可提高个人的工作意念。管理者一定要努力培养员工的自信性格，从而帮助员工时刻保持轻松的心情，敢于直面各种困难的考验和挑战。

赞美是一种很好的激励

人们之所以工作，是为了能够更好地生存和发展，因此我们会有拥有金钱和提升职位等方面的愿望。除此之外，人们更加追求个人的荣誉。一份民意调查结果表明，89% 的人希望领导能给自己以好的评价，只有 2% 的人不在乎领导的赞美，认为领导的赞美无所谓。当被问及为什么工作时，有 92% 的人选择了“个人发展的需要”。人对发展的需要是全面的，不仅包括物质利益方面，还包括名誉、地位等精神方面。在公司里，大部分人都能兢兢业业地完成本职工作，每个人都非常在乎上司的评价，而上司的赞扬是下属最需要的激励。

常言道：“恭维不蚀本，舌头打个滚。”管理者学会赞美，必然能赢得员工的心。

管理者赞美下属有下列3个作用：

（1）管理者的赞美可以使员工认识到自己在群体中的位置和价值。

在很多公司，员工的工资收入都是相对稳定的，人们不会在这方面费很多心思。但人们都很在乎自己在上司心目中的形象，对上司对自己的看法非常敏感。上司的赞美往往具有权威性，是确立自己在同事中的位置的依据。

有的管理者善于给员工就某方面的能力排座次，使每个人即使按不同的标准排列都能名列前茅，可以说这是一种皆大欢喜的激励方法。

比如，齐立阳是本单位第一位硕士生，赵然是单位计算机专家，王瑞是本单位“舞”林第一高手等，人人都有个第一的头衔，人人的长处都得到肯定，整个集体几乎都是由各方面的优秀成员组成，能不说这是一个人才济济、奋发向上的集体吗？

（2）管理者的赞美可以满足员工的荣誉和成就感，使其在精神上受到激励。

管理者的赞美是最有价值的激励，它不需要冒多少风险，也不需要多少本钱或代价，就能很容易地满足一个人的荣誉心和成就感。

比如某位员工经过一个多星期的昼夜奋战，精心准备和组织了一次大型会议而累得精疲力竭时，或者经过深入调查取得了关于企划案丰富的调查报告时，或者经过深思熟虑而想出一条解决双方纠纷的妥协办法时，他最需要什么？当然是上司的赞美和同事的鼓励。

如果某位员工很认真地完成了一项任务或做出了一些成绩，虽然此时他表面上装得毫不在意，但心里却默默地期待着上司来一番称心如意的嘉奖，而管理者一旦没有关注、不给予公正的赞美，他必定会产生一种挫折感，对上司也产生看法，“反正他也看不见，干好干坏一个样”。这样的管理怎能调动起大家的积极性呢？

管理者的赞美是员工工作的精神动力。同样一个员工在不同管理者的指挥下，工作劲头判若两人，这与管理者善用还是不善用赞美的激励方法是分不开的。

（3）赞美员工还能够消除员工对管理者的疑虑与隔阂，有利于上下团结。

有些员工长期受上司的忽视，上司不批评他也不表扬他，时间长了，下属心里肯定会嘀咕：上司怎么从不表扬我，是对我有偏见还是妒忌我的成就？于是同上司相处不冷不热，注意保持距离，没有什么友谊和感情可言，最终形成隔阂。

管理者的赞美不仅表明了对员工的肯定和赏识，还表明管理者很关注员工的事情，对他的一言一行都很关心。

人都喜欢听赞美的话，聪明的管理者应该大方一点，不要吝啬自己对员工的赞美：“这个意见非常好，就照你说的做吧！”“真有你的，你给我提供了一个好办法！”这样，下一次员工便会更努力地去工作，为公司创造更大的价值。

试一试“蘑菇管理”法

“蘑菇定律”指的是初入职场者因为特长没有显现出来，只好被安排在不受重视的部门干跑腿打杂的工作，好比蘑菇总是被置于阴暗的角落，要受到无端的批评、指责、代人受过；好比蘑菇总是莫名其妙地被浇上一头大粪，得不到必要的指导和提携；好比任蘑菇自生自灭。据说，“蘑菇定律”是 20 世纪

70年代由一批年轻的电脑程序员“编写”的，这些独来独往的人早已习惯了人们的误解和漠视，所以在这条“定律”中，自嘲和自豪兼而有之。

卡莉·费奥丽娜从斯坦福大学法学院毕业后，第一份工作是在一家地产经纪公司做接线员，她每天的工作就是接电话、打字、复印、整理文件。尽管父母和朋友都表示支持她的选择，但很明显这并不是一个斯坦福毕业生应干的工作。但她毫无怨言，在简单的工作中积极学习。一次偶然的机会，几个经纪人问她是否还愿意干点别的什么，于是她得到了一次撰写文稿的机会，就是这一次，她的人生从此改变。这位卡莉·费奥丽娜就是惠普公司前首席执行官，被尊称为世界第一女首席执行官。

可见，其实有这样一段“蘑菇”的经历，并不一定是什么坏事，尤其是当一切刚刚开始的时候，当几天“蘑菇”，能够消除我们很多不切实际的幻想，让我们更加接近现实，看问题更加实际。

“蘑菇”经历对成长的年轻人来说，就像蚕茧，是羽化前必须经历的一步，如果将这个定律落于实处，需要从企业和个人两方面着手。

1. 企业

（1）避免过早曝光：他还是白纸，有理论难免会纸上谈兵。过早对年轻人委以重任，等于揠苗助长。

（2）养分必须足够：培训、轮岗等工作丰富化的手段是帮助人力资本转为人力资源的工具。

2. 个人

（1）初出茅庐不要抱太大希望：当上几天“蘑菇”，能够消除我们很多不切实际的幻想，让我们更加接近现实，看待问题也会更加实际。

（2）耐心等待出头机会：千万别期望环境来适应你，做好单调的工作，才有机会干一番真正的事业。

（3）争取养分，茁壮成长：要有效地从做“蘑菇”的日子中汲取经验，令心智成熟。

总之，“蘑菇管理”是一种特殊状态下的临时管理方式，管理者要把握时机和程度，被管理者一定要诚心领会，早经历早受益。

第四章
惩罚只是手段，而不是目的

在管理中，要是员工犯了错，批评和惩罚是应该的。通过惩罚，可以规范员工行为，使员工在规章制度的约束下，集中精力工作。但是，惩罚毕竟只是手段而不是目的，因此管理者要让员工明白，惩罚不是专门对人，而是对事的。

事前弄清真相，以免“错杀”好人

作为管理者，当听到某人犯了一个严重的错误，或是违反了什么规章制度，或是让你失望了，你的自然反应就是认为他确实做了你所听到的事情，从而立即采取措施。这样的反应是错误的，因为在这之前你首先必须弄清楚事实的真相。

在某个企业，那些真正努力工作的好职员显得非常兴奋。原来，公司里调来了一位新主管，据说是专门被派来整顿业务的厉害角色。可是日子一天天过去了，新主管却毫无作为。每天一到公司后，他就躲在自己的办公室里不出门。于是，那些本来紧张得要死的“坏分子”，变得比以前更猖獗了。

“坏分子”们窃笑：他哪里厉害嘛！根本是个老好人，比以前的主管更容易“对付”！

几个月过去了，就在真正努力的好职员对新主管感到失望时，新主管却发威了！他以雷厉风行的姿态将“坏分子”一律开除，能干的员工获得晋升。下手之快，断事之准，与几个月来表现保守的他，判若两人。

年终聚餐时，新主管在酒过三巡之后致辞：

“相信大家一定对我刚到任时的无所作为，以及后来的大刀阔斧很不理解。我现在讲个故事，各位就明白了。

“我有个朋友，买了一栋带着大院子的房子。他一搬进去，就将那院子全面清理，杂草树木一律清除，改种自己新买的花卉。一天，原来的房主来访，一进门就大吃一惊地问：‘那株最名贵的牡丹哪里去了？’

“我的这位朋友才发现，他竟然把牡丹当作杂草给铲了。

“后来，他又买了一栋房子，虽然院子更加杂乱，但他并没有急于清理它。果然，冬天以为是杂树的植物，春天繁花似锦；春天以为是野草的，夏天花团锦簇；半年都没有动静的小树，秋天里却红叶满树。直到临冬，他才真正认清哪些是无用的植物，并统统铲除，同时使所有珍贵的草木得以保存。”

说到这儿，主管举起杯来：“让我敬在座的每一位，如果咱们办公室是一个花园，那么，你们就都是其间的珍木，珍木是不可能一眼就看出来的，只有经过长期的观察才能认得出来！”

当你不能清晰地判断谁努力工作，谁是敷衍了事，谁是混日子的人时，且慢作决定，否则难免会“错杀”好人。

管理者们所犯的一些最严重的错误，往往是因为他们还没有了解全部有关事实的情况下就做出决定。

是的，在质询一位员工时，他说的可能不是事实，员工也可能会在你同他谈话前慌忙掩饰自己的过错。但是每次面对类似的情况时，你最初得到的信息都往往会欠缺关键的事实。

如果依据这种不完整的信息行事，就难免会做出错误的举动。要想弄清事情真相，可遵循下列步骤：

步骤一：告诉自己，要先弄清楚事实的真相，因为有可能你对事情的了解还不够，并不足以使你做出判断。

步骤二：不要让感情占据上风。面对员工的错误，不要让愤怒支配自己的情感，先冷静下来，保持理智。因为一旦你的决定错误，要想抚慰便成了一件吃力不讨好的事情。

步骤三：如果不是有特别的原因要相信听说的事情，就应先从有利于员工的方面提出质疑。这样做，就能为了解事实打好基础，或许还能帮助你更快地平静下来。

步骤四：与那位员工面谈，告诉他你听说的事情，然后给他一个解释的机会。仔细倾听他的解释，积极思考，并向他提出问题。既不要简单地接受他说的话——他的理由可能与事实相差甚远——也不要让他觉得你是在逼供。而是要给他们足够的时间，耐心地听他的解释。

步骤五：有必要的话，获取更多的事实。你可以通过其他员工或途径从侧面进行详细的调查。

当然，这并不意味着，管理者不能严格地对待自己的员工。也不是让管理者只顾忙于分析，在得到必要的事实后仍不停手。这只是说，管理者应该做出明智的决定——为此就应该了解必要的事实。至少这对员工而言，是公正的。

发火后要正确“善后”

无论哪一个团队，当下属犯下不可原谅的错误时，身为上司不免有生气发怒的时候。发怒，足以显示领导的威严和权势，对下属构成一种令人敬畏的风度和形象。应该说，对那种“吃硬不吃软”的下属，适时发火施威，常常胜于苦口婆心。

当然，发怒也有发怒的技巧。有经验的管理者在这个问题上，既敢于发火震怒，又有善后的本领；既能狂风暴雨，又能和风送暖；既能使下属警醒于自己的错误，待他的愧疚心平息下来，又能恰当地给他一点甜头，引导他朝正确的方向走。

著名的松下公司创始人松下幸之助被称为“经营之神”，殊不知这位“经营之神”经常在工作中责骂部下。但是他的责骂方式是非常巧妙的，其秘诀在于他责骂之后的处理方式。

后藤清一曾在松下公司任职，某一次，因为一个小的错误，他惹恼了松下先生。当他进入松下的办公室时，只见松下气急败坏地拿起一只火钳死命往桌子上拍击，然后，对后藤大发雷霆。后藤正欲悻悻离去，松下说道："等等，刚才因我太生气了，不小心将这火钳弄弯了，所以麻烦你费点力，帮我弄直好吗？"

后藤无奈，只好拿起火钳拼命敲打，而他的心情也随着这敲打声逐渐归于平稳。当他把敲直的火钳交给松下时，松下看了看说道："嗯，比原来的还好，你真不错！"然后高兴地笑了。

责骂之后，反以题外话来称赞对方，这是松下用人的高明之处。然而，更为精彩的还在后头呢！后藤走后，松下悄悄地拨通了后藤妻子的电话，对她说："今天你先生回家，脸色一定很难看，请你好好照顾他！"

本来，后藤在挨了松下一顿臭骂之后，本来决定辞职不干，但松下的做法，反使后藤佩服得五体投地，决心继续干下去，而且要干得更好。

作为管理者，当你在"气头"上责骂了你的下属，过后一定要采取妥当的善后措施。发完火之后还要做好善后工作，消除被骂者的怨气与委屈，并赢得他对你的尊敬与忠诚。

有一次，某领导在审阅一个重要材料时，发现许多数字核对不上。他当即打电话，严厉批评了负责该项工作的那位同志，使那位同志感到很惭愧，思想上也有较大压力。令人意想不到的是，第二天，这位领导在与大家共进午餐时，亲自斟满两杯酒，站起来走到前一天他批评过的那位同志面前，递给那位同志一杯酒，并微笑着说："昨天我批评了你，以后要细心一些嘛！不要把这些重要的数字搞错！现在我敬你一杯酒，祝你今后工作得更好！"就这样，领导简单自然地讲了一席话，敬了一杯酒，一下子缓和了气氛，解除了那位同志的思想负担。

如此这一番诚心诚意的话使那位同志得到很大的安慰，心中的愧疚也消失了，并且由于心中充满感动，工作也更为努力了。

俗语说“打一巴掌揉三揉”，这里的“揉”指的就是采取善后措施。善后要选时机，看火候，过早了对方火气正盛，效果不佳；过晚则对方郁积已久的感情不好解开。因而，宜选择对方略为消气、情绪开始恢复的时候为佳。

正确的善后，要视不同对象采用不同的方法，有人性格大大咧咧，是个粗人，上司发火他也不会往心里去，则善后工作只需三言两语，象征性地表示就能解决问题；有的人心细明理，上司发火他也能谅解，则不需要下大功夫去善后；而有的人死要面子，对上司向他发火会耿耿于怀，甚至刻骨铭心，则需要善后工作细致而诚恳，对这种人要好言安抚，并在以后寻机通过表扬等方式予以弥补；还有的人量小气盛，对这种人则不妨使善后拖延进行，以日久见人心的功夫去逐渐感化他。

善后还应体现出明暗相济的特点，所谓“明”是上司亲自登门进行谈心、解释甚至“道歉”，对方有了面子，一般都会顺势和解。所谓“暗”是指对器量小者发火过了头，单纯面谈也不易挽回时，便采用“拐弯抹角”或“借东风”法，例如在其他场合，故意对第三者讲他的好话，并适当说些自责的话，使这种善后语言间接传入他的耳中，这种背后好言很容易使他被打动、被感化。另外，也可以在他遇到困难的时候暗中帮忙，这些不在当面的表示，待他明白真相后，会对你由衷感激。

在企业中实施“热炉法则”

“热炉法则”又称惩处法则，规章制度面前人人平等。罪与罚能相符，法与治可相期。它最早源自西方管理学家提出的惩罚原则，它的实际指导意义在于有人在工作中违反了规章制度，就像去碰触一个烧红的火炉，一定要让他受到“烫”的处罚。

管理者执行和落实惩罚制度虽然会使人痛苦一时，但绝对必要，如果在执行赏罚时优柔寡断、瞻前顾后，就会使制度成为摆设，失去其应有的作用。

为了在市场竞争中长期站稳脚跟，华西希望集团坚持“严厉和宽容”。希望集团的治厂方针是“用钢铁般的纪律治厂，以慈母般的关怀善待员工”。它在执行规章制度时不允许搞下不为例，不允许打折扣，甚为严厉。曾有人建议希望集团的总裁陈育新将“严厉”改为“严格”，但遭到了一向从善如流的陈育新的拒绝。他认为，只有将严格上升到严厉的程度才能表达他“钢铁般”的本意。

希望集团的严厉体现在制度的制定、执行和检查上。在数年前，希望集团美好食品公司，还是一个连年亏损几百万元的公司，在直接归属陈育新掌管后，第一年就转亏为盈，之后连年赢利以千万元计，显示出强劲的发展势头。靠什么？总经理杜诚斌道出真谛：靠员工“十不准”戒规。这些戒规条款几近苛刻，但正是对它的严格执行培养员工形成了良好的工作习惯，保证了公司高效率运转。

严厉体现胆识，宽容则体现胸怀。严厉要体现公平，通过严厉不但可以消除不良现象，保证公司高效率运行，而且还可以发现人才、造就人才。但宽容的前提是企业领导人的头脑必须清醒，糊涂的宽容非但达不到目的，还会对违反规章制度的行为造成包庇和纵容。必须让员工明白，宽容是有限度的，并且宽容只会发生在提高认识之后。陈育新强调，他 18 年的企业管理经验证明：在严厉基础上的宽容效果才好，在宽容之后的严厉才更有力度。

这就是企业对“热炉法则”的运用。在企业中实施“热炉法则”，还要坚持 4 大原则：

1. 警告性原则

众所周知，热炉外观火红，不用手去摸，也可知道炉子是热得足以灼伤人的。为让员工趋利避害，企业管理者就要经常对下属进行规章制度的教育和宣传，以警告或劝诫员工不要触犯规章制度，说明罚款的种类和额度。如果企业把规章制度束之高阁，谁都不知道里面规定了什么内容，等到员工违规后，才拿出来作为罚款的依据，显然是难以服众的。

2. 验证性原则

用手触摸热炉，毫无疑问地会被烈焰灼伤。谁如果明知企业有相关规定，还要以身试“法”、触犯单位的规章制度，那企业就一定要对其进行处惩，以明纪律，以儆效尤。

3. 即时性原则

碰到热炉时，立即就被灼伤。惩处必须在错误行为发生后立即进行，决不拖泥带水，决不能有时间差，以便达到及时改正错误行为的目的。

4. 公平性原则

不管谁碰到热炉，都会被灼伤。管理者应该是罚款制度最直接的体现者，对自己倡导的制度更应该身体力行。如果处罚还因人而异，那么罚款制度有不如无，甚至比没有更糟糕。

此外，企业在制订罚款制度时，还必须遵守合情合理的原则。比如说，员工在禁烟区内违规吸烟，你即使罚他一二百元谁都没有话说，但如果提出罚款一万元，那就是暴政。在这方面，中国法律也有明确规定：企业对员工的罚款金额，不得超过职工工资的 20%。

当然，热炉法则的作用也是双向的，它既惩罚违反制度的人，也会给遵守制度、切实执行的人带来益处。只要大家与其保持适当的距离，就可以不受其害了。

淘汰不能胜任工作的员工

企业留住人才是必要的，但是留住表现不佳的员工的成本却异常高昂。长期以来，许多企业都被“庸才流不出，人才进不来”的怪现象所困扰。其实，管理者并不要认为解除这些员工会打击他人士气，相反这些员工留在组织中就会腐蚀其他员工的工作热情和组织的凝聚力，甚至会迫使高生产力的员工选择辞职。因为，其管理者或搭档的无能会使那些优秀员工丧失通过有效配合来发挥长处和获得成就的机会。开放的市场中，一个缺少淘汰机制和手段的企业，最后留下来的只会是劣等人才。

企业管理者不但要知人善任，还要知人善免，在企业中真正形成能者上、庸者下、劣者汰的用人机制，这就要不可避免地将一些不胜任工作的人淘汰下来。只有善任才能使企业人才队伍充满生机和活力。

我国国有企业是各类人才相对集中的地方，由于机制相对不活、分配制度相对呆板等多种原因，一度人才流失严重。但改革中，一些企业却是通过淘汰庸才稳住了真正的人才。

宁波三星集团，有雇员8500名。为了保持企业竞争力，企业实行了人事“双向流动”管理，即一方面通过实施“资源向人才倾斜”的用人政策，吸引高素质人才“流进来”；另一方面通过实行竞争性用工制度，促使不称职人员“流出去”。为使“流出去”有效进行，三星制定了一系列激励、淘汰方案及实施细则，以“要用的人一个都不能少、不要用的人一个都嫌多”为指导思想，以本职工作、责任心、廉政建设、基本技能4个方面作为考核标准，对员工进行量化，依据量化的综合评审来进行员工的优胜劣汰。三星集团的“双向流动”不仅没有使三星产生人才流失，反而吸引了各类人才纷至沓来，使企业人才结构进一步得到优化，从而保证了企业的勃勃生机。

公司里的人员流动属于正常现象，每年公司里都有新员工加入和不称职的员工离开。企业应该形成优胜劣汰的员工流动机制，以激发职工的工作激情。市场就是战场，战争是残酷的，为了赢得主动，在用人问题上管理者不能被感情所羁绊。不称职的人，就得让他走。

在实际工作中，淘汰员工却不是那么容易，还有许多阻力和障碍需要加以克服。一是受传统观念的影响。许多人认为，只要不背离原则，不违法乱纪，即使有些人能力差，也还是要给他个位子。二是受个人感情的羁绊。有的管理者对一些资历长、任职久、感情深的同学、老乡迁就照顾，宽容纵短，即使责任心退化，使命感弱化，奋斗意识淡化，也不好免职。三是受习惯势力的牵制。在人才使用上，仍有论资排辈的习惯势力作怪。一些有胆识、有魄力、有作为的年轻人才，敢说敢干，独当一面，能够打开工作局面，但由于有棱有角，于是被说成自高自大、盛气凌人，不予使用；而那些能力平平，老实听话，善于拉关系、做人情的却受到重用。

管理者要在管理的过程中克服这些阻力和障碍，做到知人善任，优胜劣汰。比如比尔·盖茨就在微软公司内部推行了达尔文主义："适者生存，不适者淘汰"，不以论资排辈的方式决定员工的职位与薪资待遇，而向能够提供高生产效率的员工提供高额的薪水；员工的提拔升迁完全取决于个人成就。同时微软公司采取严酷的定期淘汰制度，每半年考评一次，并且淘汰 5% 的员工。

正因为以上种种措施，微软公司在 20 多年的激烈市场竞争中始终保持着活力，飞速发展。

俗话说"请神容易送神难"，解雇不称职的员工，解雇图谋不轨的员工，安排以功臣自居的创业元老，对管理者来说往往是一件头痛的事。这里提醒你，作为管理者，万万不可心慈手软，"炒鱿鱼"时手不要哆嗦，一定要坚决果断。

批评下属时不要贬低对方，也不要翻老账

批评是做人的思想工作的一种方式，而人都是有自尊心的。在当今社会主义和谐社会构建时期，随着物质文明、政治文明和精神文明的不断发展，以人为本的人性化、人本化领导理念正在形成，在组织活动中，同事之间、上下

级之间的人格都是平等的。比起一些具体的言行来，下属对自身的人格、能力等看得更重。如果管理者的批评含有贬低下属能力、人品的意味，容易激怒下属；如果管理者在肯定下属能力、人品的前提下指出其某一个方面的具体错误，下属往往容易接受。如“按你的能力，这件事本来可以做得更好些”，“以你的为人，不该说出这种伤人的话”，等等，都是批评人而不伤人的批评用语。

贬低他人，也就意味着自己的渺小。贬低他人，就会损伤他人的自尊心。现实生活中，有些人往往由于自信不足，从而有意无意地通过寻找别人的缺陷来满足自己的自尊。不过有的时候，当下属的错误损害了自己及组织机构内其他人的利益时，领导者就要促其改变，而不是一味地放纵之；如果领导者不是出于贬低下属的目的，同时又能正确运用批评的方法，那么这样的批评就会收到意想不到的效果。

俗话说：“打人不打脸，揭人不揭短。”管理者的批评只能针对下属当时的错误言行，而不能翻老账。如果管理者习惯于用“你怎么总是……”之类的话语批评下属，是不会取得好效果的。因为这样的话语往往给人“你旧习难改”的暗示。正确的做法是，管理者的批评应该能够让员工感到自己的错误很容易改掉，这样下属才会有信心去改正错误。

账的做法会让下属感到反感。一两件事可以归因于偶然，许多件事则更可能归因于人品，所以翻老账等于在贬低下属的人品，是不可取的做法。

为了避免批评时出现尖酸刻薄的话，管理者在批评下属时可以选择较为婉转的批评方式。

华盛顿有一位年轻秘书，一天早上这位秘书迟到了。秘书很不好意思，企图以手表出了毛病为自己辩解。华盛顿对他说："恐怕你得换块手表了，否则我就得换一位秘书了。"华盛顿是高明的，他没有直接点破秘书的谎言，而是借"手表"点题，婉转暗示和警告对方下不为例。

这种不正面批评的方法，既维护了对方的面子，又让对方在思想上引起重视。用较为婉转的方式批评，更能利于人与人的和睦相处，何乐而不为呢？

严苛的批评
只会迫使员工采取防卫的行动

很多企业对待员工常以严苛的批评、惩罚及负面警示为主，以热心的鼓舞、奖励和正面引导为辅，动不动就批评处罚。很多管理者认为"员工犯了错误，领导者当然会生气，批评他们也是应该的"！于是他们喜欢通过批评员工来树权威、耍威风。管理者在员工犯错误时进行批评，这无可厚非。毕竟有时候批评也是能起到一定作用的。然而，研究表明，正面激励的作用比负面警示的作用大得多。在职场中，员工的挫折感产生的主要或者直接原因就是源于管理者的批评。曾经受雇于美国钢铁大王安德鲁·卡内基、年薪百万的职业经理人施考伯有一句名言："世界上极易扼杀一个人雄心的就是他上司的批评。"

"人非圣贤，孰能无过？"如果一个人不饶人，那他就是一个典型的霸道之人，在得理的时候，也要能饶人就饶人。作为一个管理者也同样如此，不要以为员工是你可以随意挖苦和谩骂的对象，兔子急了都会咬人，更何况是人呢？

有一家出版公司被另一个更大的出版公司购并了。购并后，新公司高层做出的第一个决定，就是解雇原来的执行长。这位遭到解雇的执行长觉得非常意外，因为他一直认为自己做得不错，本以为新公司会留任他。百思不解的他就去问公司的高层。最后，终于有一个人向他坦白："我们在购并前，曾经仔细观察了你一段时间，我们发现你对员工非常严苛，常常因为一些并不严重的问题而发怒，用很尖锐的方式责骂、批评别人。所以我们决定对你不留任。"这位执行长还是不解："别人犯了错，我能不管吗？"对方告诉他："在过去的年代，企业走威权领导风格，很多主管都会用那种严苛的手段进行管理，用带军队的方式来带企业。但是现在带人要带心，外面竞争这么厉害，你动不动就责骂同事，对他们进行很激烈的批评，这样的领导风格，很难获得同事由衷的合作。"对方认为，如果这位执行长还留下来，底下的员工就不愿意在工作上冲刺，因为上司太过于严苛，无论怎么做，都可能挨骂，所以最好"自扫门前雪"。公司的竞争力无形中在流失，所以必须请这位执行长走了。

所以管理者不能轻易责怪员工，而是要怀着宽恕之心，试着去了解他们，弄明白他们为什么会那么做，这样比批评更为有益，而且这样做还能产生同情、容忍以及仁慈。

然而，在员工出错的时候，如果管理者真的要对员工的错误进行一些必要的提示和纠正的时候，一定要从客观的角度去分析，要真正地知道员工的错误点在哪里，最好要用实际的例子，然后有的放矢地提醒和教导员工，让他下次不要再犯。而不是不分青红皂白，轻信自己的判断能比对方高明，轻易就批评别人。严苛的批评是没有意义的，它只会迫使被批评者采取防卫的行动，使他为自己的行为寻找合理的解释。这种批评是危险的，因为它会直接伤害到一个人的自尊，引起他的反叛意识。为防止这种反叛意识的滋长蔓延，德军中就有一条军纪，明文规定遇到有不满的事情，绝对不准当场发作，一定得忍过一个晚上，待心情平静下来之后，再提出讨论。

已故美国实业家约翰·华纳克曾经说过："早在30年前，我就懂得苛责他人是一件愚蠢至极的事情。因为光是怨上帝没赐给我过人的智慧，使我必须独自奋斗，克服天分上的缺点，就已经够我忙的了！"华纳克年纪轻轻，就已经深谙这层道理，这或许是他比普通人更成功的原因所在。

适当沉默比批评责难更有力量

身为管理者，在与员工交流时常需要多开口，但是你可能没有想过，你的过于“健谈”可能已经引起了员工的不满。

其实很多时候，言简意赅地传达对员工们的要求和期望更有效。只要确定员工已经了解了注意事项，那么保持沉默更有利于员工的工作。管理者多留一些时间给员工考虑具体的步骤，当他们的想法不够准确圆满时，管理者再适当地给予补充指导，这样一来就不会剥夺你的员工发言与思考的机会，让员工充满激情。

在批评员工时也是同样的道理。管理者适当的沉默、宁静可以起到“此时无声胜有声”的作用。通常来讲，当管理者在批评员工时，他的情绪波动是很大的。每个人都有自尊心，都很看重面子。也许管理者只是想苦口婆心地劝导他一番，并无他意，但是却可能无形中伤了他的自尊心，让他觉得颜面挂不住，索性产生了“破罐子破摔”的心理，那管理者的批评岂不是得不偿失了？因此，管理者最好不要让四处都充满你的斥责声，在适度批评之后保持一个沉默的空间，让他有时间冷静地想想自己的所作所为，相信这更是一种对当事人的威慑。一方面，员工会因为你的“点到为止”感谢你为他保留了颜面，另一方面也显示出了你宽广的胸怀。你的默不作声并非是对错误的迁就，而是留给了对方一个自省的余地。

在一座寺庙里，有一位德高望重的长老，他手下有一个非常不听话的小和尚。这个小和尚总是深更半夜越墙而出，早上天未亮再越墙而入。长老一直想批评这个小和尚，但苦于没有证据。

这一天深夜，长老在寺庙里巡夜，在寺院的高墙边发现了一把椅子。他知道必定是那个小和尚借此越墙到寺外。于是，长老悄悄地搬走了椅子，自己就在原地守候。

午夜，外出的小和尚回来了。他爬上墙，再跳到“椅子”上。突然，他感觉“椅子”不似先前硬，软软的甚至有点弹性。落地后的小和尚才知道，椅子已换成了长老，小和尚吓得仓皇离去。

在以后的日子里，小和尚觉得度日如年，他天天都诚惶诚恐地等候着长老对他的惩罚，但长老依旧和从前一样，对这件事只字未提。

小和尚觉得再也无法忍受，他不想每天都在煎熬中度过。于是，他鼓起勇气找到长老，诚恳地认了错，哪知长老宽容地笑了笑，说：

“不用担心，这件事只有天知地知你知我知，你还怕吗？”

小和尚从此备受鼓舞，他收住心，再也没有翻过墙。通过刻苦的修炼，小和尚成了寺院里的佼佼者。若干年后，老和尚圆寂，小和尚成了长老。

“响鼓不用重槌敲。”管理者的权威，不是由“婆婆妈妈”“絮絮叨叨”碎嘴声塑造的。语言也有苍白的时候，如果一个管理者珍惜自己的语言，该讲的话讲完之后不再重复，不絮叨，适当地保持一定的沉默，反倒会收到良好的效果，既可保持上级应有的威严，又可使下级感到自己被信任。

第五章

以业绩为导向，向管理要效益

员工没有绩效，企业就没有利润。在市场竞争中，取得主导地位的总是那些高绩效的团队。企业要取得快速发展，有赖于专业的管理，而管理者的能力又会在业绩中体现出来。因此，企业应以业绩为导向，向管理要效益。

业绩目标：让员工跳一跳，够得着

大多数人可能都有过打篮球的经历，也都知道与踢足球相比，进一个球要容易很多。这其实与篮球架的高度有关。如果把篮球架做两层楼那样高，进球就不那么容易了。反过来，如果篮球架只有一个普通人那么高，进球倒是容易了，但还有人愿意去玩吗？正是因为篮球架有一个跳一跳就够得着的高度，才使得篮球成为一个世界性的体育项目。它告诉我们，一个“跳一跳，够得着”的目标最有吸引力，对于这样的目标，人们才会以高度的热情去追求。因此，要想调动一个人的积极性，就应该设置一个“跳一跳，够得着”的目标。在企业管理中，领导者要想提高企业绩效，就要好好地利用这些特点和优势，为员工制定一个跳一跳就能够得着的目标。

俄国著名生物学家巴普洛夫在临终前，有人向他请教如何取得成功，他的回答是：“要热忱而且慢慢来。”他解释说“慢慢来”有两层含义：一是做自己力所能及的事；二是在做事的过程中不断提高自己。也就是说，既要让人有机会体验到成功的欣慰，不至于望着高不可攀的“果子”而失望，又不要让人毫不费力地轻易摘到“果子”。“跳一跳，够得着”，就是最好的目标。

有这样一个故事：

在很久很久以前，有一位导师带着一群人去远方寻找珍宝。由于路途艰险，他们晓行夜宿，十分辛苦。当走到半途时，大家累得发慌，便七嘴八舌地议论开了，纷纷打起了退堂鼓。导师见众人这样，便暗施法术，在险道上幻化出一座城市，说：“大家看，前面是一座大城！过城不远，就是宝藏所在地啦。”众人看到眼前果然有座大城，便又重新鼓起劲头，振奋精神，继续前行。就这样，在导师的苦心诱导下，众人终于历尽千辛万苦，找到了珍宝，满载而归。

作为一名管理者，我们也要学会“化城”的艺术，不断地给员工“化”出一个个看得见而且跳一跳就够得着的目标，引导集体不断前进。

某县一个再生资源公司的经理，在刚上任时，接手的是一个乱摊子，企业连年亏损，员工士气低落。上任伊始，他就给每一个分支机构定了一个力所能及的月度目标，然后在全公司开展“月月赛”。每到月末，他都亲自给优胜部门授奖旗，同时下达下个月的任务。这样一来，全体员工的注意力都被吸引到努力完成当月任务上来了，没有人再去谈论公司的困境，也没人抱怨自己的任务太重。半年下来，全公司竟然扭亏为盈。如今，这家公司已经成为在市内小有名气的先进企业了。

由此可见，在管理工作中，管理者要为员工制定一系列“跳一跳，够得着”的阶段性目标。要是这些都完成了，成功也就不远了！

找到绩效不佳的常见原因

以业绩为向导，进行绩效管理的价值在于帮助员工改善绩效、构建管理者和员工之间的绩效合作伙伴关系。那么，如何才能发现员工绩效不佳的原因，找出影响员工绩效的真正原因，并制定针对性的改善措施，是管理者必须认真对待的问题。通常，影响员工绩效不佳的常见原因往往出现在管理者和员工身上。

1. 管理者管理不当造成的

（1）管理者放任员工的行为。

郝咪担任部门主管已经 3 个月了，但她发现部门里有些员工似乎缺乏最基本的技能，有时候他们甚至并不知道自己应该做些什么。自己不得不手把手地教给他们，而且必须不停地督促他们。员工的表现让郝咪想到了前任部门主管张乐，郝咪认为这一定是张乐的一些管理方法出了问题。于是，郝咪在请张乐吃饭的时候聊到了这个问题。

郝咪说："请您说说您是怎么指导他们的工作的，遇到问题的时候您又是怎么处理的，或许能给我一些启发。"

"这没什么大不了的，"张乐说，"有时候他们需要有人帮他们将所有的工作组织起来，有时候他们则需要有人鼓励他们，去和该会面的顾客打交道……我就是这样，在他们需要的时候，就站在他们身边，来做那个帮助他们的人。"

听了张乐的话，郝咪知道了自己遇到的问题不在自己身上，而在前主管张乐的管理方法上。很显然，张乐以前对员工的要求太过宽松，他放任他们，和他们妥协，在他们遇到困难的时候，第一个站出来帮他们，他以为这样做会使那些员工易于管理，不会横生枝节。其实，这样对管理者和员工而言都很不利。对管理者而言，需要超负荷地工作；对员工而言，没有得到锻炼，工作技能得不到提高。最终结果是双方都费力不讨好：工作绩效不理想。

（2）缺乏和员工的沟通。

在工作过程中，管理者很少和员工沟通，任务布置下去了，就任由员工自我发展，对过程不关心、不过问，只是在最后要结果。当截止期限到来的时候，才发现工作结果和自己心中期望的结果相去甚远，但是员工这时候就不这么认为了，他认为自己一直是在按照管理者的要求做。由于缺乏工作过程中的沟通，就导致了管理者和员工对工作结果的不同理解。

所以，管理者要加强和员工的沟通，把工作任务分解为几个小阶段，在一些关键阶段上，进行适当的沟通，了解员工的进展情况，并加以辅导，调整员工的工作方向，使之朝期望的结果前进，这样就不至于造成两者最后的结果相去甚远的尴尬了。

（3）管理者指示不明。

小张的稿子一直不被上司王玫认可，她总是不明白小张写来写去想要表达的中心思想是什么。而小张在修改稿子的时候，同样也是心情沮丧，他认为自己的稿子很完美，不需要修改，但上司王玫却一直不满意。

对小张修改后的稿子，王玫还是不能认可，所以决定自己修改，王玫的举动更是打击了小张的工作热情，直到下班，小张还一直沉浸在沮丧中。

其实，出现这种情况并不只是小张自己的原因，王玫也有不可推卸的责任。有可能是她在交代工作的时候根本就没和小张进行沟通，没有向他传达清楚稿件的主题。在面对小张稿子有问题的时候，王玫选择自己修改，而忽略了对小张的指导和帮助。要知道，王玫作为管理者的这种行为不仅不会帮助小张提高，反而会深深地打击小张的信心。

2. 员工本身的一些问题导致的

（1）员工工作方式不当。

员工是否按照规定的程序工作会影响到工作绩效。有的员工自主性很强，可是工作绩效却很低。这就可能是因为他们本身的工作方式不当引起的。尤其是一些有既定程序、工作方式的工作，如果不按照工作程序进行，就会对绩效造成影响。

（2）员工的私人问题的影响。

员工的身份都是双重的，既是有着职位的员工、经理、上司、下级，也是别人的父亲、母亲、丈夫、妻子，所以，员工绩效不佳很重要的一个原因可能是被私人问题所困扰。比如，一个员工和妻子关系不和，正在闹离婚，这个时候，员工的工作情绪自然很差，很多工作可能被拖延，至少也是无法保证质量。

（3）员工的工作态度恶劣会影响绩效。

有些员工可能工作能力很好，但绩效却很低。这有可能是因为其对别人的建议抱有抵触的情绪，并不从心里接受他人的建议，这样的工作态度也会造成员工的绩效不佳，因此不可忽视。

作为管理者，你要和员工沟通，了解员工的情况，对员工表示关心，同时，要明确地告诉员工："我很理解你的处境，我可以尽我的力量帮助你，但是，作为你，同时有两个工作，一个是公司里的事情，一个是家里的事情，这两件事情都要处理好，在工作时间里，你要把应该做好的工作完成。"这样，员工就会认识到虽然自己遇到了麻烦的事情，但工作还是要照样开展的，绩效也会因此改善。

一般来说，员工绩效不佳都不是管理者或员工单方面的原因，了解了造成员工绩效不佳的原因，可以帮助管理者有效改善员工的绩效。

重视对员工的绩效评估

公司年终的绩效考评终于结束了，张经理所带领的A部门的绩效比王经理带领的B部门的绩效差了很多。张经理怎么也想不明白，我的员工同样都是每天工作8小时，为什么结果会相差这么多呢？张经理为了解开这个困惑，便主动找到B部门王经理取经。

王经理听明张经理的来意后，笑眯眯地从抽屉里拿出一份绩效评估表递给张经理。

王经理说："我的员工之所以能够取得优异的成绩完全依靠了这份绩效评估表。"

这一席话说得张经理更是一头雾水了，这表能有这么大的作用？看出了张经理的迷惑，王经理接着说："其实这份表很重要，但更重要的是从这份表中获取的东西。每个月我都会把员工的工作情况详细地记录下来，给予评估，并每月组织员工就这一评估讨论一次。从这每一次的评估和讨论中，员工们有什么工作上的困惑都会得到解答，而且工作方法也能得到改进，更重要的是每个员工之间还能有竞争，谁也不甘落后。通过这一方法，业绩自然提升得很快。”

听完王经理的解惑，张经理也决定在A部门中开展绩效评估。3个月后，张经理带领的A部门的业绩上涨了30%，虽然没能赶得上B部门，但这一成绩已经足以令人刮目相看了。

很多企业忽视对员工的绩效评估，认为这样会打击员工的信心，给员工造成一定的心理负担。然而正是由于企业这种片面的想法，才使企业年终的业绩不容乐观。所以，企业一定要重视对员工的绩效评估。

不过，在对员工进行绩效评估的时候还应注意以下几个方面：

1. 评估不能只做表面文章

一些管理者对考核的重要意义没有认识清楚，以为不过是个形式，自己的意见不会起什么作用，打分自然也就不会那样慎重。

另外，中国传统的“好人主义”也严重影响了考核的严肃性和现实意义。有些管理者奉行中庸之道，凡事追求不偏不倚，对员工的评估抱着“差不多就行了”的态度，对所有员工的评估如出一辙。

还有一些企业直接将成功企业的绩效考核办法完全“拿来”为我所用，自以为找到了一个有效的管理“武器”，但在实际操作中却走了样，无法起到应有的作用，从而造成绩效考核走过场，流于形式。

这些只做表面文章的考核对企业来说没有任何实质性的作用，绩效评估不能为了评估而评估。评估是手段，不是目的，如果评估不能激发员工潜力，不能成为推动员工发展以及推动公司成长的驱动力，那就失去了其存在的意义。

因此，管理者在对员工进行评估的时候，不要只做表面文章，在评估过程中，要秉承严肃、认真的态度，只有这样才能真实反映公司员工的情况。否则，一个连真实情况都搞不明白，连员工在工作中有哪些问题都看不出来的管理者，又如何能带领员工创造更高的业绩呢？

2. 随时对员工的工作进行评估

许多管理者平时对员工们的表现不作任何评价，只是在年终回顾绩效的时候才进行绩效评估，这种毫无预警的评价要么就毫无作用，不能让大家从讨论中获得任何益处；要么会让员工感到不满。

要避免这种情况，管理者最好随时对员工的工作进行评估。正如杰克·韦尔奇所说："做出评价对我来说无时不在，就像呼吸一样。在管理中，没有什么比这更重要。我随时都要做出评价——不论是在分配股份红利的时候，还是在提升谁的时候——甚至在走廊里碰到某个人的时候。"

随时对员工的绩效进行评估，这样员工既有足够的机会改善工作中不足的地方，管理者又可以顺便和员工讨论一下员工对绩效的努力目标，还能使员工在年终绩效评估时，不至于对结果感到意外，甚至怨气满天飞。

通过经常性的绩效评估，员工可以常常纠正自己工作中的缺点和不足之处，这是提高员工业绩的有力保障。

3. 不要过分重视员工是否满意

管理者在评估的时候往往神经比较"脆弱"，员工一旦有所不满就忐忑不安。虽然奖惩不是考核的目的，但是绩效评估结果的运用往往会触及部分员工的利益，没有人钱袋子瘪了还能开怀大笑，这时员工有所不满也属正常。这时，管理者应该做的就是要弄明白员工的不满到底来自哪个方面，是自己的工作没做好，还是其他的原因？而不是一味地重视员工满不满意。只一味地重视员工的满意度，就表示管理者只是一味地承认员工的成绩而忽略员工工作中的不足，在这种一味肯定成绩的企业，员工的业绩是不会得到提升的。

考核一定要实事求是

先讲一个曾在名古屋商工会议所发生的真实故事：

日本西铁百货公司社长长尾芳郎，把自己特别欣赏的一个朋友介绍给名古屋商工会议所，因为该所急需一名管理分部的主任。

名古屋商工会议所主席土川元夫和这个人面谈后，立即告诉长尾芳郎说："你介绍来的这个朋友不是个人才，我很难留他。"

长尾芳郎听完以后非常吃惊，接着便有点生气地说："你仅仅和他谈了20分钟的话，怎么就知道他不能被留任呢？这种判断太草率，也太武断了吧！"

土川元夫解释说："你的这个朋友刚和我见面，自己就滔滔不绝地说个没完，根本就不让我插嘴。而我说话的时候，他似听非听，满不在乎，这是他的第一个缺点。其次，他非常乐意宣传他的人事背景，说某某达官贵人是他要好的朋友，另一个名人是他的酒友等，向我表白炫耀，似乎故意让我知道，他不是一个一般人。第三，在谈业务发展时，他根本说不出来什么东西，只是跟我瞎扯。你说，这种人怎么能共事呢？"长尾芳郎听完土川的话后，也不得不承认土川的分析很有道理。

就这样，土川元夫没有顾及老朋友的情面，拒绝了他的推荐。后来，经过努力寻找，土川元夫终于找到了一个真正有才能的人。

这个故事中，土川元夫无疑给我们做了一个榜样——管理者在对员工进行考核时，一定要实事求是，行就是行，不行就是不行，绝对不能存有任何的私心偏念，否则，只会给企业带来损失。

赵靓从学校毕业后，应聘到某公司策划部。赵靓属于那种聪明好学，刻苦钻研，能力又非常强的人，因此很快就适应了工作。在做好自己本职工作的同时，她还经常向主管提出一些富有创意的想法。

但是，赵靓的主管并没有因此而赏识她；相反，却十分妒忌她的才能。在工作中，处处压制她，总是抓住她的一些小毛病不放。

两年过去了，当初和赵靓一起进公司而且能力不如她的同事，一个个都升了职，加了薪，而她却还是一个普通员工。无奈之下，赵靓只好辞职去了另一家广告公司。在那里，她得到了经理的重视，并且很快就能独当一面了。

正是由于赵靓的出色表现，这家广告公司的业务越做越大，和许多企业都建立了合作关系，这其中有相当一部分是赵靓原来公司的客户。后来，原来公司老总知道了这件事，一怒之下，辞退了那个“妒贤嫉能”的主管。但是，公司由于失掉赵靓这个人才而遭到的损失却是无法弥补的。

对员工的工作进行考核是管理者应尽的职责，更是一项挑战。如果管理者能够实事求是地做好这项工作，那么对企业、管理者及员工都有利，可以达到“共赢”的效果，反之，则对各方都不利。那么，管理者怎样才能做到实事求是呢？

1. 避免光环效应

当某人拥有一个显著的优点时，人们总会误以为他在其他方面也有同样的优点。这就是光环效应。在考核中也是如此。如：某员工工作非常积极主动，管理者可能会认为他的工作业绩也一定非常优秀，从而给他较高的评价，但实际情况也许并非如此，因为积极主动并不等于工作业绩。

所以，在进行考核时，管理者应将所有被考核员工的同一项考核内容进行考核，而不要以人为单位进行考核，这样就可以有效防止光环效应。

2. 避免感情用事

人是有感情的，而且不可避免地会把感情带入他所从事的任何一项活动中，绩效考核也不例外。管理者喜欢或不喜欢（熟悉或不熟悉）被考核员工，都会对被考核员工的考核结果产生影响。人们往往有给自己喜欢（或熟悉）的人较高的评价，对自己不喜欢（或不熟悉）的人给予较低评价的倾向。

针对这种情况，管理者可以采取集体评价的方法，去掉最高分和最低分，取其平均分，避免一对一的考核。

3. 避免近因误导

一般来说，人们对最近发生的事情记忆深刻，而对以前发生的事情印象浅显，管理者对被考核员工某一阶段的工作绩效进行考核时，往往会只注重近期的表现和成绩，以近期印象来代替被考核员工在整个考核期的绩效表现情况，因而造成考核误差。如：被考核员工在一年中的前半年工作马马虎虎，等到最后几个月才开始表现较好，但却能得到较好的评价。

管理者要避免近因的误导就要明白，绩效考核应贯穿于管理者和员工的每一天，而不是考核期的最后一段时间。管理者必须注意作好考核记录，在进行正式考核时，参考平时考核记录方能得出较客观、全面、准确的考核结果。

4. 避免自我比较

管理者往往会不自觉地将被考核员工与自己比较，以自己作为衡量他们能力的标准，这样就会产生自我比较误差。若管理者是一位完善主义者，他就有可能会放大被考核员工的缺点，给被考核员工较低的评价；若管理者有某种缺点，则无法看出被考核员工也有同样的缺点。

这就要求管理者将考核内容与考核标准细化、明确，并要求管理者严格按照考核的原则和操作方法进行考核。

如何收集考核的信息

考核是对员工业绩进行评价的主要手段。那么，管理者依据什么对员工进行考核呢？是考核信息。

假如，一名主管要对某一员工进行考核，但他却没有任何关于该员工的信息，即他对该员工平时的表现、跟同事的人际关系、对工作的投入度以及对公司的忠诚度都没有一个准确的认知，那么，他将无法准确判断该员工是否是一个好员工、是否适合公司的需要、是否能为公司的发展做出贡献。

也有一些管理者对员工的考核信息掌握不全面，常常以为自己看到的就是该员工的真实情况。在考核的时候，又往往忽略其他员工对该员工的看法，于是，对该员工做出了不符合事实的考核结果。这样做不仅得不到一个真正意义上的好员工，还有可能造成其他员工的怨言，对企业的凝聚力产生一定的影响，最终影响企业的发展。

那么，管理者应该如何收集考评信息，才能保证信息的全面呢？管理者可以通过以下 3 种方法对员工信息进行收集：

1. 资料统计法

这种方法是对员工的各种资料进行收集，是各种信息的主要来源，比如，工作记录、考勤记录等。这些信息主要分散在公司的各个职能部门，需要管理者进行人工收集和整理，通过这种信息的收集，管理者可以了解员工在日常工作中的表现。

2. 客户调查法

这种方法是通过企业有意识地对客户进行调查，来获取客户意见的一种方法。常用的调查方法有电话调查、填写调查问卷等。无论何种调查方法，对问题的设计都需要具有一定的技巧。只有那些经过精心设计并不断被完善的调查，才能获取到对管理者真正有价值的信息，同时还不会引起客户的厌烦。

3. 多向沟通法

这种方法是管理者与上下级或员工本人之间所进行的信息交流，可以分为横向沟通和纵向沟通两大类：横向沟通是来自平级同事之间的信息交流；纵向沟通是加强公司上下级与员工本人之间的信息交流。

（1）来自上级自上而下的反馈。

上级是最经常被作为绩效信息来源的人。人们通常认为管理者对于下属所从事的工作的要求具有全面的了解，并且他们有充分的机会对员工进行观察。也就是说，上级管理者有能力对他们的员工做出评价。一般来说，从上级那里收集到的主要是关于员工工作业绩的信息。

（2）来自下属的自下而上的反馈。

在对管理者进行评价的时候，员工是一种特别有价值的绩效信息来源。员工往往是最有权力来评价上级管理者是如何对待他们的。

（3）来自本人的反馈。

自我评价作为绩效评价信息的一个来源是很有价值的。员工是最有机会对自己的工作行为进行观察的人，而且他们通常也能够获得与他们的工作结果有关的信息。

但这种评价方法容易导致个人夸大对自己所做出的绩效评价，使评估有失偏颇。

（4）来自平级同事的反馈。

绩效信息的另外一个来源是被评价员工的同事。如果管理者无法有足够的机会观察员工的行为，那么，被评价员工的同事就是一个很好的绩效信息来源。被评价员工的同事不仅通晓工作的要求，而且也是和该员工最接近、最有机会观察该员工日常工作活动的人，他的评价较为客观。

适当加压，促进业绩的提升

压力是促进员工提高业绩的有效方法之一。例如，微软公司内部实行的就是独树一帜的达尔文式管理风格：“适者生存，不适者淘汰。”微软公司不以论资排辈的方式来决定员工的职位及薪水，员工的提拔升迁取决于员工的个人成就。这一点给员工带来了压力，也带来了很大的动力，促使他们更加努力地工作。

科学家验证，人的脑细胞利用率至少可开发到20%，但实际上，一般人终其一生也只能用掉10%的脑细胞。究其原因，就是因为缺少足够的压力，所以人们自然都不愿主动释放出更多的精力和能量。

于是，许多管理者都认为培养人才是一件非常困难的事情，然而事实并非如此。因为人才都是逼出来的，越多的挑战、越重的任务，就越是能够加速逼迫下属成为有用的人才。因此，不利的环境、繁重的任务反而是最佳的人才培育所。

在美国西海岸的一处山脚下有一家为军方及民间的飞行员制造氧气面罩及其他救生设备的小公司，全公司只有350名员工。商海沉浮，这家公司的营运突然间就陷入了困境，主要原因是它的工资较高，所有按钟点计酬的工作、加班费也比同行业多出一倍。但最大的问题还是在公司上下每个人全都用“平常心”做事。从经理到工人，各人做各人的事。如果公司有麻烦，那是别人的事，他们只要做好分内的工作，或者是他们自认为做好就是了。后来，公司陷入困境。没有了现金，也就无法生产，最后连薪水都发不出来，各种问题纷至沓来。这家公司的管理层到处找有这方面经验的能手，希望能使这家公司起死回生。但有谁愿意负这么大的责任？又有谁有这种高度的自信，敢保证在这种恶劣的条件下成功呢？最后，好不容易找到一位名叫艾隆·布鲁姆的年轻人。

布鲁姆接受了新的任务后，第一件事就是辞退300名员工，然后就是召集剩下的50名员工训话，他宣布："每天自上午8时至下午5时，各人做自己分内的事。你是秘书，就做秘书的事；你是经理，就做经理的事；你是设计工程师，就做设计的事。但在5点以后，从秘书到我自己，全都加入生产线，协助装配工作。你们和我都得听生产线领班的命令。没有加班费，只有一块三明治当晚餐。"

一些员工后来询问布鲁姆，为什么会接受这样一个眼看就要破产的企业的邀请。布鲁姆说："我们的意愿是要使这家公司恢复正常，生产救生设备拯救生命，以合理的价钱销售良好品质的产品。另外，我们也需要我们的工作。我知道我们做得到，否则我也不会来了。"

仅过了两年的时间，这家小太空装备公司就又恢复了正常，甚至营运得比以往还要好，员工的士气为之大振，公司也开始赚钱了。

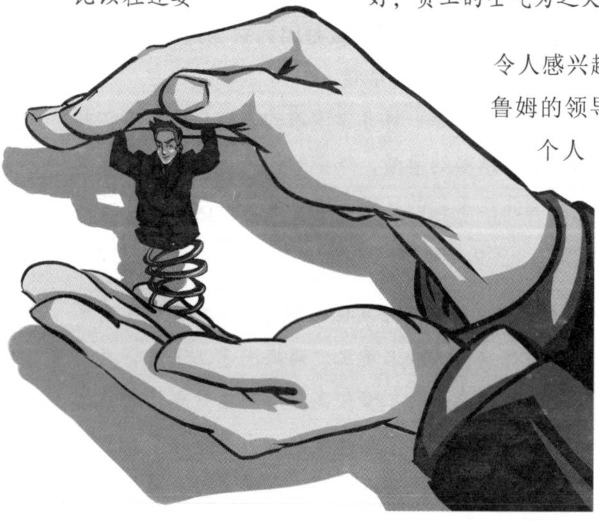

令人感兴趣的问题是，为什么在布鲁姆的领导下虽然没有加班费，每个人却都愿意辛勤加班？

另外一个更有趣的问题是：为什么在公司未走上破产之路以前，大家不会这样做？假如大家早这样做的话，公司也许就不会周转不灵了，为什么要等300名员工离开以后，让公司压力达到前所未有的严重时，他们才肯这样做？又为什么 50 个人能比以前 350 个人做更多的事？

这些问题很值得我们分析。因为之前的 350 名员工并不明白他们可以改变困境，同时他们也不在乎要不要改变。而布鲁姆来了之后，他让剩下来的 50 位员工明白了这一点，使他们在乎——如果不这么做，我们也必须像那 300 名员工一样离开。因此，他们完成了看似不可能完成的任务。

作为管理者，一定要善于运用自己所掌握的权力，对员工适当施加压力，从而使其充分发挥潜能，成长为出色的人才。一个管理者，应该有胆有识，不拘泥于条条框框的限制，敢于放手使用员工。这时他会发现，生产部的人一样也可以担当谈判大任，而秘书科的人也未必只会端茶倒水或者只是打打字而已。

如果管理者能让员工都有一试身手的机会，就可以从中择优而更好地达到人才利用效率的最大化。

不过，管理者通过施加压力来逼出人才的时候，应注意以下两点：

1. 善于选择施压的对象

并不是每个员工都有抗压能力。只有那些精力充沛，没有压力就会满足现状，不思进取，时间一长更会惰性大发，不但个人成绩平平，而且还会影响整个组织的工作效率和干劲的员工才有足够的抗压能力。对于这样的员工，管理者一定要给他们施加压力，用掉他们的过剩精力。

这样做一来可以提高公司效率，二来可以满足员工个人的成就感，堪称“一石二鸟，一箭双雕”。

2. 注意适度施压，适可而止

人毕竟不是机器，抗压能力再强的人也有一定的生理和心理承受力。如果只顾一味施压，却没有把握好适度的原则，那就会“过犹不及”“欲速则不达”，既不能达到提高效率的目的，又会落一个“暴君”的恶名，不但搞臭了自己的名声，又压垮了一员大将，得不偿失。

古人曾说：“蜀中无大将，廖化作先锋。”因此，要做一名成功的管理者，一定要记住适度施压，这是培养人才、建立大业的一大法宝。

第六章

降低内耗，促进组织和谐发展

管理其实就是一种博弈，对于博弈者而言，最佳战略就是最大限度地利用游戏规则，而对于管理者而言，最好的做法就是通过制定规则解决企业内部冲突，降低企业内耗。在一个运作正常的组织中，达到理想的管理质量和效率的一个重要因素就是要尽量减少管理中不必要的内耗，促使组织中的全部成员按照管理计划原则行事，集中智慧和能力完成各项管理任务要求，促进组织和谐发展。

识别员工冲突的来源

有人的地方就难免会有冲突，企业中亦是如此。造成企业内部冲突的原因有很多，有些是由个性差异引起的，有些则是由工作的方式甚至是利益分配引起的，有的矛盾则可能是多种原因共同作用的结果。

毫无疑问，处理冲突的能力是管理者需要掌握的多项技能中最重要的技能之一。美国管理协会对中层和高层经营管理人员进行的一项调查表明，管理者平均需要花费 20% 的时间处理冲突；在对于管理者认为在管理发展中什么方面最为重要的一项调查发现，冲突管理排在决策、领导或沟通技能之前，这进一步支持了冲突管理的重要性。

斯蒂芬·P. 罗宾斯在其所著的《管理学》一书中写道："冲突是由于某种抵触或对立状况而感知到的不一致的差异。差异是否真实存在并没有关系。只要人们感觉到差异的存在，则冲突状态也就存在。"另外，在此定义中还包含了极端的情况，一端是微妙、间接、高度控制的抵触状况；另一端则是明显、公开的活动，如罢工。

多年来，人们对于组织的冲突大致有着3种不同的观点：

1. 传统观点

早期的看法认为，冲突是不利的，并且常会给组织造成消极影响，人们把冲突看作是暴力、破坏和非理性的同义词。由于冲突是有害的，因此应该尽可能避免。管理者有责任在组织中清除冲突。

2. 人际关系观点

该观点认为冲突必然而不可避免地存在于所有组织之中。由于冲突是不可避免的，因此人们应该接纳冲突。这一观点使冲突的存在合理化；冲突不可能被消除，有时它甚至会为组织带来好处。

3. 相互作用观点

这是当今最流行的冲突理论。人际关系观点接纳冲突，而相互作用的观点则鼓励冲突。这一理论观点认为，和平、融洽、安宁、合作的组织容易对变革和革新产生静止、冷漠和迟钝的感觉。因此，它的主要贡献在于：鼓励管理者维持一种冲突的最低水平，它能使组织单位保持旺盛的生命力，善于自我批评和不断创新。

从总体上来说，企业内冲突的来源主要有3个方面：

（1）在企业，每个人都被迫必须每天与不同性格、不同主张、不同经历、不同教育程度的人来往。由于每个人个性不同，就难免会发生冲突。

（2）企业中也常出现因对工作的态度、与同事合作的意愿，以及工作技术上的不同而出现的冲突。这种冲突经常发生在当工作需要与他人密切合作的时候，当同事对于工作方式有不同的看法，或是对于完成工作的时限有不同的观点时，即便这是一点点的分歧，也会造成巨大的冲突。

（3）缺乏沟通也是造成员工间产生巨大冲突的原因。专业术语、表达不清楚、语言障碍等都可能导致冲突。例如程序设计人员与技术人员所使用的专业术语总是让主管和业务员难以理解；而管理者常用的术语也经常让这些专业技术人员摸不着头脑。除此之外，也还有不同专业的人经常对同一种东西使用不同的术语，而对不同的东西却使用同一种术语的情况出现。如果员工们在这些方面存在差异，又没有进行有效的沟通，那么发生冲突也就难免了。

当同事之间、主管与员工之间，或不同部门的成员之间发生冲突时，介入冲突并寻求和平解决的人通常是管理者。解决冲突的办法并不是只雇用同一类型的员工，管理者应该想办法让不同类型的员工能够团结一致，完成工作。

让“横茬”变成“竖茬”

阮总手下有 8 名电脑程序开发员，他和他的部属相处得很愉快，唯独与柯易例外。柯易总是能够解决令大家头疼的难题，而且其工作业绩也很好，这使他在公司非常出名。

本来这是件值得庆幸的事情，因为大多数主管都希望自己的下属能干。可问题在于柯易把迟到早退当作家常便饭，甚至还没有到下班时间就找不到人了。但是他又总能在有限的时间内将工作做完，而且还做得比别人好。

尽管如此，阮总仍然认为有必要改变柯易的行为方式，因为他的行为已经影响到了其他人的工作。于是阮总约他面谈，阮总首先肯定了柯易很强的工作能力及其出色的思维，接下来问他为什么总是迟到早退，并指出这样随意变动工作时间对大家来说是不公平的，因为这已经影响到了其他人和整个部门的工作。

但是自以为是的柯易认为既然别人跟他在能力上有差距导致了问题的产生，那么应该改变其他人的工作，或者是他自己换一份工作。他抛给阮总一个带有威胁意味的难题。

阮总并不想把事情搞得那么僵，并委婉地让柯易明白这家公司的电脑部门很有发展前途，而且他在这家公司刚做不久，离开这家公司未必会有他施展才能的舞台，频繁跳槽对他来说很不利，因此不是一种明智的选择。

于是柯易说出了自己内心的真实想法，他想得到提升，如果他的职位比现在高，那么别人就不会抱怨他的工作时间了。他认为自己的工作实际上已经合乎提升的条件，现在提升更加名正言顺。他认为阮总应该看到这一点，而且也有权力这样做。最后建议阮总不妨给自己个不同于其他人的称呼。

阮总虽然感到很意外，但仔细一想觉得柯易的话也很有道理，因为事实上他的确是优于其他程序开发员。但阮总还是担心这是对柯易的放纵。更何况在企业中不仅仅是技术能力强就可以做企业领导，自己连按时上下班这些公司的基本规定都无法自觉遵守，怎么可能给其他员工起表率作用呢？

因此阮总认为，如果按照柯易的意思来改变他的工作职位或是予以晋升，这样做只会强化他恶劣的态度及行为，并鼓励其他同事起而效尤。但他还是必须对柯易的要求做出答复，因为处理不当很可能对他造成挫折，使事情变得更棘手。

阮总再一次找柯易谈话。这次，阮总更加仔细而又平静地倾听柯易所说的话，终于察觉到了他经常性迟到早退的不良工作行为之后的工作态度。

实际上柯易是那种需要上司额外关注的员工，原因很简单，因为柯易总是能够比其他员工更好地完成工作，他觉得自己没获得应有的权利，心里不公平，最后他的不满便以违纪的形式表现出来。因此，自认为不受上司特别的关注是柯易这种行为背后的原因。

为此，阮总向他保证，他对公司的贡献上司们都心中有数，并拿出他对柯易的工作记录证明自己所说的话是真实的，并一再强调柯易对公司的贡献是非常有价值的。同时再次提醒他，正因为他的工作有价值，所以他经常性的迟到对整个部门的运作产生的负面影响也是巨大的，会使其他员工仿效而导致效率降低，其后果是不利于全体部门的。这次谈话之后，柯易的行为便有了改变。此后，阮总继续不定期地跟他交流，以便巩固上次谈话的结果。最终柯易因卓著的工作业绩受到了公司的嘉奖。

像柯易这样的员工在许多公司中都存在，有人称之为“横茬”员工，他们有着自己的见解。以自己的想法工作时，冲劲十足。会遵从他认定有权威的人所说的话，但遇到某些场合时，他不会完全遵守，总会加入自己独特的想法。漠不关心同事与工作部门的状况，也不加入他们的行列，不擅长社交。简言之，在自己一人就足以完成深感兴趣的工作范围内，他是很出类拔萃的。但在与他人协力完成，或领导他人工作时，就变得很不合群，从而给企业的管理造成了一定的影响和障碍。这就要求管理者对这类员工采取一定的方法，进行适当的引导。

管理专家们认为，要将“横茬”变成“竖茬”，同时又不影响其特殊才能的发挥，可以从以下几个方面努力：

（1）研究他本人所具备的特征。“横茬”的特征未必皆如上所述，所以首先要仔细研究现实的“横茬”的特征，包括优点和缺点。接着，研究较易对他施展管理权的部分。如前所述，“横茬”会遵从他认定有权威的人说的话。所以，管理者要根据他的判断基准，研究如何才能使权威获得认可。

（2）经常和他谈话。谈话的重点如下：首先，要坦白地褒奖他的业绩。适当的评价能使他的心向管理人员打开。其次，要求他遵照管理者的指示。他如果能了解组织应有的状态等基本常识，心中多少会觉得内疚。不要只采取正面迎击的突破方法，也要想出能应对各种状况的方法。就像在十字路口，车子如果不遵守警察指挥，应该要采取什么应变措施。

（3）建立系统。分派给对方必须获得同事协力的任务，或是必须留意整个部门的任务。让他体验无法获得成员的协力时，管理者是如何忧心忡忡。分派给他这些任务，即使心里不愿意，也不得不与管理者密切接触，于是就养成遵守管理者指示的习惯。

（4）以管理业务来提高实绩。“横茬”的价值基准大多为工作，管理者如能以管理业务来提高实绩，则能令对方刮目相看，自然能赢得对方的尊敬。

（5）管理者要严格地自我反省。某位职员会变成“横茬”，一定有其脉络可寻。在演变成“横茬”的初期阶段，只要简单的对策就可使其恢复原状。“横茬”之所以会存在，不是管理者束手无策，就是没有实行有效的对策。因此，管理者必须严格反省与检讨自己的管理行动。如果管理者不能反省与检讨，改正自己的弱点，则无论什么对策，恐怕也无法产生太大的效果。

（6）变更负责的业务。“横茬”最大、最强的基盘，就是以负责的业务来提高实绩。只要他的这个最大据点没有崩溃，他也会安分守己的。变更“横茬”所负责的业务，也会导致其他员工负责的业务变更，暂时使得工作部门整个生产力降低。此时，包括“横茬”在内，员工的适应力会发生问题。因此，这个处置是最后的一张王牌。

不过，需要注意的是，管理者对于各种惩戒措施，如停职、停工或是解雇等各种处分方式即使是在职权之内，最好还是在这些惩戒方式施行前，能确定是否合乎公司的政策，并寻求公司上层的支持。如果是整个团体都涉及惩戒，管理者也还是有必要贯彻公司的规定。因此，不到非常时刻不要采取惩戒措施。开篇的案例显示，认真、充分的面谈是解决问题的好途径。因为成功的面谈可以给双方创造一个合适的环境。要使面谈成功，不但要作充分准备，还必须掌握一定的技巧。

管理者要有容才的肚量

管理者要容忍人才的缺点其实并不困难，很多管理者都能做到。尤其在中国处世哲学观点的影响下，管理者巴不得手下的人都有一些这样那样的小毛病，这样自己的位置才会稳固，自己才会无可替代。

管理者要想做到不忌妒下属的才能，就比较困难了。

在企业，特别是大企业里面，总是不乏优秀的人才。有趣的是，那些表现得“锋芒毕露”的人，通常只有两条路可走：上位或者出局。除非碰到特别宽容的环境，否则多数锋芒毕露的人都难逃出局的结果。

为什么有才能的人职场之路会如此坎坷呢？就是因为心胸狭窄的管理者最耿耿于怀的并不是人才的缺点，而恰恰是人才的长处。这种管理者往往心里认定自己是所在部门或者公司的老大，下属的能力一定不能超过他。然而既是人才，必有自己的真知灼见，对自己的见解充满自信，不肯对管理者的意见唯唯诺诺，随声附和，自然为管理者不容。

还有一种情况就是人都好面子，管理者很容易把个人尊严看得比工作更重要。一个下属，业绩出色固然是好事，但能把与上司之间的关系处理好可能会更有用一点；反过来，如果一个下属给管理者留下了“骄傲自满”“目无领导”的印象，即使他的工作成绩再好，也未必有用，管理者仍然看不上眼。

关于这一点，阿霖就有着切身的体会。35 岁的阿霖是一家信息技术公司的技术部经理，2002 年 5 月，他的部门新进了两个大学毕业生，小张和小李。小张毕业于某名牌大学，知识面比较全面，综合素质很高，当初面试的时候就给阿霖留下了深刻的印象。正式开始工作以后，小张的工作效率和效果更是出色，与同时加入公司的小李相比，就像是一个有过几年工作经验的人一般。同时，在公司的经营管理方面，小张也能提出一些很不错的提议。很快，小张不仅在部门内风光，就连公司老总都注意到了他，并且在部门经理会议上表露出重点培养小张的意思。

这下阿霖开始坐不住了。他也知道小张的确有点能力，但是这个下属平时那种自信的模样就让他感觉不爽，不就是一个名牌大学毕业生吗，有什么了不起的？阿霖更不能接受的是，现在老总竟然要培养他，天知道什么时候这家伙就把自己给顶走了。不行，得找个机会弄走他。反观那个小李，虽然能力一般，但是特别听话，还是他用起来省心一点。

怎么说也是职场老手了，阿霖知道这事不能着急，这个小张虽然没有背景，毕竟是在老总那里有备案的，再加上他的工作能力的确出色，想一下把他弄走，必须有一个很好的机会才行。一眨眼半年就过去了，到公司开年会的时候了。照例，每个员工都要在年会上作一个个人总结以及对公司或者部门第二年工作的计划和建议。会上小张的发言很长也很具体，看得出来费了不少心血，却让很多管理层听得有些恹恹欲睡，公司老总反而听得津津有味。

阿霖正听得昏昏欲睡，然而小张的一句发言却一下子让他精神起来了，那句话是这样的："我建议公司明文规定禁止办公室恋情，公司是做事的地方，同事之间就应该仅仅是同事关系，处理问题不能把私人感情色彩带上，恋人或夫妻也不应该在同一公司工作。"

平心而论，阿霖也认为这句话有一定道理，但是这句话却恰恰戳中了老总的痛处。这个老总工作能力没话说，就是太风流，很喜欢和自己的秘书谈恋爱。现在小张提到了这一点，就算不是针对老总，老总心里大概也会很不舒服吧。果然，阿霖看到老总的脸色有点不自然，阿霖心里大叫一声：机会终于来了，这下我不把你搞死才怪。

果然，没过几天，阿霖就找了一个由头向老总申请重罚一下小张，老总问了事情的经过之后，便主动提出直接让小张走人。而那个和小张一起进入公司的小李，则因为服从管理、用着省心被阿霖提拔起来。看起来事情进行得很顺利，却没想到才过一年，这个平时看起来很听话的小李就闯了大祸，还把他的顶头上司阿霖也牵连了进去。阿霖想着自己还年轻，也不等降职命令，直接辞职，准备寻找个同行企业东山再起。很快，一家大型信息技术企业通知他去接受人力资源部经理和技术部经理的共同面试。“两位经理你们好，我是……”第二天，阿霖敲开这家公司人力资源经理办公室的门，刚刚拿出简历要递过去，忽然失声叫道：“小张？怎么是你！”原来，他发现坐在桌子后边面试他的两个人中，竟然有一个是一年多以前被他扫地出门的小张。这可真是应了那句老话，三十年河东三十年河西。阿霖仿佛被人敲了一记闷棍，一下子就懵了，大脑里一片空白，之后的面试究竟说了些什么都不知道，好在小张对他的做事能力比较清楚，录用了他。

阿霖的尴尬局面可谓给所有心胸不够宽阔的管理者敲响了一声警钟。嫉贤妒能，容不得能力比自己强的人，是管理者非常不专业的表现。俗话说：“水涨船高。”管理者一定要有宽容的气量，要清楚领导不必在各方面都要胜过被管理者。要知道，真正高明的管理者正是那些善用比自己强的人才的人。

如何管理老资格员工

任何一家公司，都同时存在资深员工和新员工，而资深员工不一定都位居高位，如此一来，苦于无法对年长或资深的员工施展管理权的年轻管理者也为数不少。

某公司的一次人事变动中，某位主管从其他部门调到现在的部门，而全部员工的资历都比他深。其中，王先生是部门工作资历最深的人，而且年纪较长，所以对主管的反抗也最强。由于主管对他所负责的业务一无所知，便只好采取放任的态度。王先生对这位不太熟悉工作性质的主管，抱着“我说什么你也不会懂”的态度，凡事都不向他报告。其他的员工虽然不像他那么露骨，但也大同小异。大为苦恼的主管接受了大学恩师的忠告，找王先生出去聊天。经过深谈，虽然王先生表现出比以前较为改进的态度，但是作风依然不改。因此，在本质上，主管的烦恼丝毫没有解决。

作为管理者，面对像这位主管这样的情况时该怎么应对呢？

管理者与员工的任务分工应该清清楚楚。一般员工都会被要求按照管理者的指令，完成分派给自己的工作。而管理者则需按照计划管理与监督负责部门的工作。这就要求管理者必须正确地认识自己与一般员工任务的差异点。公司之所以让年轻、经验不丰富的人成为资深员工的上级，那么公司并不是借重他的业务能力，而是期待他在管理与监督方面发挥实力，不了解这点，想在业务上与资深员工并驾齐驱，结果却心有余而力不足。管理者必须了解自己的职责，即使是面对资深员工，管理者也应将他视为一般员工，要求他切实完成所负责的业务。

根据上述的说法，可以采取以下几个具体对策：

（1）经常与员工谈话。谈话的目的之一，就是促进彼此的了解。另外，也是使员工愉快工作的必要条件。谈话的主要内容，一是把他所负责的业务全权委托给他，但要求他按照指示的方式与次数作汇报。二是拜托他指点自己有关他所负责业务的要点。这有助于管理者自身的学习。三是要明确地向资深员工表达，在工作时，视他为员工。按照规则行事是很重要的。四是从今以后，每当发现存在着某些问题时，彼此务必要坦诚地交谈。管理者的这种率直态度，定能博得员工的好感。

（2）仔细研究员工的个性，如果能使员工发挥他的优点，克服他的缺点，那么他面对管理者的心理也能随之转换。抓住员工心的秘诀之一，就是管理者的体恤。

（3）管理者自身要认真学习。要尽可能早点掌握每位员工主要负责业务的要点。睿智的人，每到一个新部门，都会拼命地学习，尽快掌握工作部门的要点。管理者还要研究员工相互间的人际关系，以及与负责部门外部人的私人联系。经过以上的努力，管理者就能早日得到员工的信赖。

（4）离开工作岗位，要把资深员工当长者对待。在单位把他们当员工看待是天经地义的事。但是离开工作岗位后，就变成社会的人际关系，遇到较自己大的人要把他当长者对待，这是社会人应有的礼貌。所以，如能尊敬长者，他也会给予领导很高的评价。

如何处理员工的对抗

人与人之间的关系，有时是十分微妙的，尤其是在有利害冲突的员工之间，如果双方都年轻气盛，就很容易发生大大小小的对抗。

作为管理者，如何调解员工之间的纠纷，这实在是个棘手的问题。问题处理不当，一旦因公事变成私人恩怨，恐怕日后在工作上就会成为难解开的结。俗话说："明枪易躲，暗箭难防。"有人向你发一矢明箭，也足以叫你头痛的了。如果对员工间的矛盾处理不当的话，极有可能埋下一颗定时炸弹。

记住，在调解这些问题时一定要以公平为基本准则，不偏不倚，一碗水端平。要学会"和稀泥"，当个"好好先生"。没有必要去追查事情的来龙去脉，因为有些事情很可能是"公说公有理，婆说婆有理"，身为管理者，你所要做的只要把事情冷却，告诉双方"一切到此为止"。同时你还必须指出问题所在，例如某人的态度要改善，某人应该事事以公事为重。

同时作为管理者也应该懂得

企业的内部竞争是必然的，只有竞争，员工才有危机感，才有进取意识，才有压力，才会保持毫不松懈的斗志。因此，管理者应该这样做：

（1）通过对抗考验员工的能力和品格。管理者常常需要物色一位接班人，这位接班人无疑要在自己得力的员工中选择。员工的考核，平常当然是以能力、绩效、品德等项目来评定。当员工之间发生对抗时，也可当作考核的机会。此时你可由双方所争论的问题、立场、见解或动机，去了解他们的修养、气度、眼光、忠诚等，据此作为你物色接班人的参考。

（2）有限度地鼓励对抗，来激发员工。竞争是促进进步的原动力。有限度地鼓励纷争，不一定要做出非常明白的表示，以暗示或默认的态度，即会让对抗的双方获得鼓励。不过这种获得上级鼓励的对抗，如果双方不知自制的话，后果也是相当严重的。

鼓励员工之间的对抗，应用于双方都有争胜的“野心”，欲求工作上的表现或建议。如果有“私人”介入的话，你应即刻出面澄清、调和，阻止对抗的范围扩大。否则，将会产生不利的影响。

（3）善于分析。中国有句古话，“偏信则暗，兼听则明”，是说只有同时听到两种不同意见，才能在分析比较的基础上，避免片面性，得出正确结论。有不同意见通过对抗，各抒己见，可以找出其中的缺点与瑕疵，加以弥补，可以肯定优势，加以发扬。在对立的冲突中，方案得到不断地修改、更新、完善，从而真正成为经得起推敲的最佳方案。

所以，没有反面意见时不宜草率做出决策。

（4）适当地调整职务。双方的对抗，有时很可能是本位主义在作祟，以致攻击对方所属的部门或所掌的职权，尽力维护自身的立场。本位主义的产生，一方面固然是人的本能，另一方面也可能是由于沟通不够。如果可能的话，将双方对调职务，也许对抗的情形就可以消解。不过，这也要看工作的性质及双方的特长而定，不可盲目调整，以致局面愈搞愈糟。

员工之间有对抗，管理者切忌在不明情况时就偏袒某一方。除非你已准备失去另一方的忠诚，否则，最好不要介入。这样，你才能处于客观，出以公正，使企业不因对抗而受到损害。

需要注意的是，管理者要引导好内部的竞争，如果造成尔虞我诈、钩心斗角的内部自相争斗，那就得不偿失了。

员工之间可能为了争权夺利而明争暗斗。如果管理者能够巧妙地加以利用和操纵，以“和事佬”的身份出现，就能收到意想不到的效果。一个能够控制住局势的管理者，总是善于在派系林立、矛盾对抗的局面中寻求平衡，他往往以“和事佬”的姿态出现来消除对抗，以利工作

如何对待组织中的小道消息

所谓“小道消息”，就是通过非正式渠道传播的消息。在企业中，这类消息往往会在员工的交头接耳中传播，并以迅雷不及掩耳之势迅速在全公司范围内扩散，形成一种“群众舆论”。不论是哪个企业，哪个部门里都存在小道消息，在组织行为中可以叫作“葡萄藤”，指的是某个小道消息可能先是某甲团体成员得知，然后由A特别把消息透露给某乙团体的B，而乙团体的同伴因B而获知新消息，再流传到其他团体。就这样像葡萄藤般一串串地串了起来。

在多数情况下，小道消息是人们茶余饭后的谈资，仅仅起消遣作用。但有时小道消息也会产生许多负面影响。

某公司是国内一家大型民营企业，这些年的发展可谓如日中天，业绩每年以80%的速度增长，产品的市场占有率也在40%以上。

但就在公司经营情况总体向好的情形下，公司总裁却时常觉得有点心烦。原因在于公司内小道消息满天飞，公司内一些非正式组织津津乐道于有关企业内似是而非的东西。比如：公司最近开除的那位经理是因为他拿了公司的货款；公司在外面欠了许多钱；公司看上去发展挺好，但实际上隐藏的问题却一大堆等。这些满天飞的小道消息极大地影响了企业员工的士气与团队精神，更可怕的是员工对企业的信心与向心力也因这些小道消息而减弱。

小道消息虽小，却特别容易被采信，因此对员工的士气、心理和行为很容易产生重大影响，甚至可能造成灾难性的后果。作为管理者，必须要采取有效的措施应对小道消息，减少对企业的影响。具体的办法如下：

1. 建立“官方”传播渠道

小道消息几乎每个企业都存在，很让人头痛，但却难以消除。为什么它能大行其道，产生如此大的影响呢？其中一个重要原因在于：由于企业领导的忽视或是不重视，没有在企业内建立规范的信息传播渠道，是企业缺乏正常传播渠道造成的。企业没有给员工建立正常的信息沟通渠道，员工自然只能通过非正式组织及企业内部所谓“消息灵通人士”去获悉有关信息。另外还有两个方面的原因，一是每个员工所掌握的信息存在不对称的现象；二是一个企业中非正式组织的存在是在所难免的。每个人都可能因为未掌握事情的真实情况而产生猜疑，同时在自己的非正式组织中加以传播，于是就产生了“小道消息”。

管理实践证明，建立“官方”传播渠道应对小道消息很有效。建立“官方”传播渠道，疏堵结合。

怎样做到“疏”呢？管理者可以在企业内创办一份报刊，将相关信息传递给员工；建立管理层与员工定期沟通交流机制，及时消除员工的疑虑、误会；另外，针对企业内部有中央音响系统的状况，可开办内部电台，使信息能在第一时间传达给员工。建立了多层次、立体化的正常“官方”信息传播渠道，员工就有许多途径了解企业，小道消息自然大幅减少。

“疏”的同时，“堵”的工作也必不可少，要制定出一些禁止小道消息传播的制度。

2. 准确应用“金鱼缸”法则

金鱼缸是玻璃做的，透明度很高，不论从哪个角度观察，里面的情况都一清二楚。将“金鱼缸”法则运用到管理中，就是要求管理者增加单位各项工作的透明度。对员工关心的一些问题，如人事变动、薪资调整、公司转型、财务状况等进行定期发布，可借助企业内刊，也可借助内部网络，使员工对这些疑惑的问题能有一个清晰的解答。当企业的各项工作有了透明度，就会增强企业的向心力和凝聚力。

3. 针对小道消息的危害定期展开讨论

企业首先要做的是有关理念、态度方面的培训工作，同时针对培训内容与小道消息对企业、个人的危害展开大讨论。防止有害消息产生是最根本的问题，一般主要采取疏导的方法，另外在企业文化建设上，提倡诚信为本，公司领导言出必行，承诺一定兑现。

俗话说“无风不起浪”。在任何圈子里、有人群的地方，就有谣言，也包括“小道消息”。作为管理者，用罚款、扣发奖金等严厉的方法处理谣言，结果不仅不会把谣言扼杀在摇篮中，还会使你戴上“暴君”的帽子，并且员工也不会信服你。久而久之，你会发觉自己被困在“象牙塔”中，不知道办公室以外到底发生什么事，成为一个“名不副实”的管理者。

而事实上，如果你是一个开明的管理者，懂得把任何不利的机会都转化到有利于自己的方向，那么小道消息就同样也能为你的管理服务。

比如，当你决定对某件事进行重大改革时，你故意泄露一点消息，但不及时公布，让员工听到传言。这时，你可以观察他们对改革的反映，如果反映不佳，你就还有时间完善你的计划，而如果员工对这种改革比较满意，那你的改革就可以放心地实施了。

怎样应对员工的小报告

“小报告”古已有之。那时候人们一般习惯称之为“进谗”。所谓“谗”就是说别人的坏话。在企业中，如果这种风气蔓延，则员工将互相猜忌，人人自危，对企业员工之间的团结有着致命的破坏力。

《资治通鉴》记载，武则天自从徐敬业造反后，便怀疑天下人都想谋杀她。又因自己长期专擅国家事务，操行不正，知道皇族大臣心怀不满，心中不服，为了威慑他们，想大加诛杀。于是大开告密的渠道，有告密的人，臣下不得过问，并提供驿站的马匹，给予五品官标准的伙食，送往太后的住地。虽是农夫或打柴人，都被召见，由客栈供给食宿，所说的事如符合旨意，可破格授官，与事实不符，也不问罪。于是四方告密的人蜂拥而起，人人都畏惧不敢迈步，不敢出声。

无论何时何地，告密都是与阴暗、鬼祟、不道德紧紧连在一起的。喜欢干这行当的人与建设性活动无缘。他们热衷于用游移不定的目光八方窥探，用灵敏的鼻子四处搜寻，把思想、言论、行为举止异于某种标准的人一个个锁定在他们的视线之内，把种种所谓“异象”点点滴滴记录下来，拿到需要这些“情况”的地方去，或者等待时机以便拿它们派上用场。

在企业，这些人最喜欢把掌握的这些情况说给管理者听。面对员工送上门来的“小报告”，管理者千万要慎重对待，不可让其在组织内形成一种风气。所以，对管理者而言，这绝对是一个值得重视的问题。

1. 兼听更要明断

兼听是要求管理者听取不同的意见，以避免打“小报告”者一面之词的片面性。但在兼听的过程中，直言与谗言、规谏与拍马、真情与伪证都纷然杂陈。如果分不清是非真伪，谗言仍可在“兼听”的旗号下发挥作用。所以，在提出进贤、知人、兼听之后，人们又提出了另一条要诀：明断。

2. 理直气壮地加以反驳

采取针锋相对的对策防范和反击“小报告”，最为关键的是要选准目标，并且针对滋事生非的奸人的逆行，应采取公开论战的方法，对他所散播的流言蜚语进行大胆揭露和坚决批驳，贬斥其卑劣行为。这就要求管理者主动出击，把所发生的事情的原委详细客观地公布给大家，使人们对此都有一定知晓。接着，管理者还应让当事人与打“小报告”的奸人进行公然论战，把客观事实与那些偷偷摸摸上报的“黑材料”以及背后的各种不实之词等摆到桌面上来。之后再帮助和引导人们把正确的客观的事实与“黑材料”相互对比、推敲，进行参照。

这样一来，那些“小报告”的真假虚实也就真相大白了。

3. 利用第三者

如果管理者自己不方便直接面对“小报告”，可以利用第三者来对付，让一些比较超脱的旁观者勇敢地介入进来，这样既可以拆穿“小报告”的面纱，还可以给人们一种真实可靠的印象。

4. 公之于众法

“小报告”大多都是偷偷摸摸干的。因为没有对质，所以能够蛊惑人心。如果管理者把事情的原委公之于众，而且当面辩论，让“小报告”变成公开材料，并且有事实与之参照，“小报告”的作用便大大被限制了。

作为管理者，手下难免会有爱打“小报告”的人，一些管理者却对他甚为偏爱，把他当作自己必不可少的得力助手，甚至作为单位的中流砥柱，大有舍此人又有何人能用的劲头。这些管理者了解的员工的情况大都来自这些人的“小报告”之中。并且他们认为，这种获知员工情况的途径实为一条便捷之道。殊不知，天长日久，他们已与其他员工之间出现了一道鸿沟，经“告密者”传递的信息通过“改编”已面目全非，因此，这些管理者得到的情况未必是真实的。

因此作为管理者，首先应当以自己的真知灼见客观中肯地评价事物，不被进谗者的雕虫小技所惑。这是管理者明辨是非的基础。而明辨是非对一个管理者而言又是一项重要的品质，况且，喜欢打“小报告”的人确实有点会要些花招，但在真正办事能力方面肯定不会突出，否则他就不会去做探

子、博上司的欢心。并且管理者还应当明白，公司上下所有的人对这种人除了讨厌唾弃外，再无其他的感情而言。

因此，爱打“小报告”的员工尽管在某些管理者面前是个“大红人”，深得宠爱和欢心，在单位里面也耀武扬威，媚上欺下，一副作威作福、迷惑“君王”的奸臣形象。但这样的员工在精明睿智的管理者面前却往往“绝招”失灵，耍尽花招也难讨上司的欢心。

即使爱打“小报告”的员工能充分博取管理者的欢心和信任，若管理者是一位精明能干的人，他是不会考虑提拔爱打“小报告”的员工成为自己的接班人的。如果管理者贸然地提拔告密型员工，除了引起其他员工的反感外，也显示出这名管理者的无能。

精明的管理者不会重用爱打“小报告”的人，但发挥他的这种特长，把他安排在一个无关紧要的位置用劳动锻炼他，使他懂得“成功从来无捷径，甘洒血汗苦用功”，每一位管理者都应该牢牢记住：绝对不能提拔爱打“小报告”的员工，否则后患无穷。

从容面对员工的不敬

手下拥有一帮有修养的员工固然可喜，但因为员工不断流动，管理者有时也会雇到一些行为不太检点的员工，他们很容易向管理者做出不敬的举动。一般而言，他们对管理者不敬的原因有以下几种：

（1）因为管理者是由公司提升的员工，昔日共事的同事，有些人认为管理者的才干不及他，所以投以敌对及不满的目光。

（2）有些人早已萌发“此地不留人，自有留人处”的心理，喜欢哗众取宠，当众人心目中的“英雄”。

（3）有些人欺善怕恶，管理者礼貌对待他们，使他们以为管理者可欺；管理者凡事以和为贵，遇事不敢张扬，于是他们存心为难管理者。

（4）有些人看准公司正是用人之际，态度嚣张，认为管理者不敢对他们怎么样，因为他们觉得管理者一时间雇不到这样的人才。

无论下属基于什么原因，只要管理者问心无愧，他们的不敬行为应该被予以惩戒。

面对第一种情况的员工，管理者起初可能会感到沮丧，继而敌视那些妒忌自己的同事，再加以整肃。然而这样做最终会使局面恶化，只有先去除掉本身的成见，了解他们的心理，用时间、耐性和友善的态度做好管理工作，既然没有深仇大恨，人际关系很快便会由紧张变得缓和进而融洽。

第二种情况的员工多是不负责任的人，也多数为刚毕业踏进社会工作的年轻人。他们从受保护的学校踏进办公室，难免感到丝丝失落。几年之内换数份工作者大有人在，往往还有与上司大吼一顿后走人的。和这些人讲道理几乎是对牛弹琴，唯有不与他们计较，抱着“何必跟他们一般见识”的心理，反倒好一些。他们在社会多待一两年，自然领略个中滋味，可能偶然会想起管理者的风度雅量来。

面对第三种情况的员工，管理者不要被他们的得寸进尺所唬住。他们觉得只要跟管理者混熟了，就可以肆无忌惮。对于此类员工，管理者宜采用公事公办的方法，平日里尽管友好，但也要暗示他们公私分明。

第四种情况的员工无疑是最可恶的，他们乘公司正值用人之际，便肆意批评公司政策，每有新员工到任，立刻数落公司的坏处，让人被浇冷水般心凉半截。管理者对待此类下属，大刀阔斧是必要的，要警告嚣张的员工，声明随意毁坏公司名誉，后果自负；或是宁愿将事实向高层报告，将新员工的薪金增多，另聘人才。

总的来说，无论员工以何种方式对管理者不敬，作为管理者，都要本着以下原则处理：

（1）公事公办。

（2）耐心和友善。

（3）不与他们一般见识。

（4）不允许随意毁坏公司的名誉，警告其若不听劝则后果自负。

第七章

有效地杜绝员工的违纪行为

正所谓："没有规矩，不成方圆。"一个企业，要想有效地杜绝员工的违纪行为，使自身健康有序地发展，没有严肃的纪律来保证，将是不可能实现的。一个团结协作、有战斗力和进取心的企业，必定是一个有纪律的企业。对企业而言，没有纪律，就没有了一切。

合理安排员工的工作时间

一些员工秉承"大错不犯，小错不断"的信条，在公司"率性"而为，于是公司内这样或那样的违纪行为便屡见不鲜了。虽然像经常性早退和迟到、不遵守安全工序等违纪行为一般不会造成重大损失，但如果任其发展不仅会影响工作效率，还有可能导致重大事故发生，因此必须妥善处理。避免这些问题的一个重要方法就是合理安排员工的工作时间。

现代社会中，许多员工觉得没有必要遵守严格的上班时间。因为可以利用现代电讯随时联系到他们。朝九晚五的制度已经不再像 10 年前那么有意义了。因为现代通信手段，如手机、传真机、个人电脑等，已经使许多人的工作时间和地点都扩大了。因此员工可以在家里甚至任何地方工作。

尽管各种新科技很神奇，但并不是人人都会使用，也并不是人人都乐于使用，当然还有一部分人难以承担使用这些新科技的费用。这样，尽管科技发展这么迅速、普及率如此之高；尽管有人喜欢在办公室以外的地方工作，认为随时可以和人联络上，但还是有人觉得这是负担。那么管理者应该采取什么态度呢？其实管理者不应该把时间定得很死，应使时间有弹性，以符合员工和公司的需要，尤其是在员工经常出现迟到现象时，弹性时间制度会更受欢迎。

如果希望员工上午 9 点即来上班，那么，管理者应该首先召开会议，简单明了地告诉他们公司规定，任何无法在 9 点到来的员工可在会后再进行讨论。否则，如果把时间定得很死，可能会深受迟到的困扰。

如果工作性质对上班时间有严格要求，那么管理者就要严格要求员工准时上班。如上所述，按时上下班是否重要取决于工作的性质和内容，尽管员工们通常认为迟到几分钟或半个钟头没什么关系。

然而，如果员工是因为一些必需因素而不是对于工作的态度不良才经常迟到，一般就应该对这类员工实施弹性时间制度，这是许多公司的做法。他们要求这类员工一定要达到工作量和工作时数。他们可以从上午 8 点工作到下午 4 点，或从上午 9 点半工作到下午 5 点半，或是更弹性的时间表。公司所能容忍的弹性依照公司的业务性质而定。

弹性时间制度在一些企业已经试用多年了，这当然不能完全满足所有员工的喜好。然而，实验证明，运用弹性时间让公司员工的生产力得到了提高，对工作的满意度得到了提升，因为他们不再需要每天忙于遵守既成的规定，从而使自己有了回旋的余地。

美国管理协会的专家们认为，弹性时间还有另外一个效益，那就是它可以缩短每天刚开始上班半个小时到一个小时的喝咖啡闲聊时间。如果员工的上班时间更自主，他们就不会同时到达公司，聚在一起喝咖啡、看报纸了。这个方法能让员工比以前更快进入工作状态。

弹性时间制度之所以广受欢迎，是因为它对公司和员工都有利。管理人员可以制定基本的规则，使公司在业务高峰时刻维持充裕的人手。另一方面，某些员工早点到公司或晚点下班，还可以延长工作时间而不必增加人员。总之，只要员工在弹性时间内对待工作能认真、负责，这就是一个很好的制度。

如何杜绝习惯性迟到的现象

在工作的过程中，迟到的现象会经常发生，如果偶尔因急事耽搁了，迟到一两次也无可厚非；但是如果迟到成了家常便饭，那就是比较严重的问题。

在王武的部门，几乎所有的同事都能按时坐到自己的位子上开始一天的新工作，这一切都与王武的以身作则分不开。每天，身为主管的王武总是很早就坐在办公室内，早早开始工作，王武这种行为在部门中起到了积极的示范作用。

但总有那么一个员工对王武的这种行为视而不见，迟到是常有的事，同事们都叫他“迟到大王”。这位“迟到大王”业绩很不错，人也很能干，所以对于他迟到的现象王武也就睁一只眼闭一只眼，偶尔给他来个口头警告就过去了，好在没有耽误正常的工作。

但有一次，这位“迟到大王”着实让王武生气了。

原来，有一个客户要和公司签一份购销合同，这个客户是“迟到大王”挖掘的。双方约好上午10点在公司签合同。10点钟到了，客户也到了，但客户却没有发现“迟到大王”的身影，于是就向王武询问，王武还没开口向客户解释，“迟到大王”就风风火火地推门进来

说："不好意思，不好意思，路上有点堵车。"

"迟到大王"这一个堵车不要紧，客户的脸立刻拉得老长说："我觉得我们的合同先暂时放一放吧，一个没有时间观念的员工，我不敢保证他们公司产品的质量。"说完，没等王武反应过来，该客户已经推门走出了会议室。

事后，"迟到大王"也感到自己的行为确实有些欠妥，于是一再向王武保证不会再迟到了，可到了第二天，他又迟到了。王武看到这种情况想，如果仅靠"迟到大王"的自觉性肯定不能起到什么作用，因为这已经成了他的习惯，要想改掉一种坏习惯可不是简单说说就能做到的。平常工作中，"迟到大王"在公司的人缘相当好，跟同事也都属于那种半朋友半同事的关系，于是，王武便利用这一关系想出了一个"旁门左道"的方法来矫正"迟到大王"的习惯性迟到。

第二天，正在酣睡中的"迟到大王"的手机从7点一直响到了7点半，直到"迟到大王"按下接听键。一看来电显示，竟有20个未接，一看全是部门同事的电话号码，这下"迟到大王"尴尬得恨不得找个地缝钻进去。因为这意味着部门所有同事都知道自己天天迟到了！

这一想，"迟到大王"的汗都被吓出来了，收拾收拾，赶紧冲向了公司……

这种习惯迟到的"迟到大王"几乎每个公司都有那么几个。有些员工通常主管只要给予一两次警告，就不会继续迟到。但是有些经常性迟到的个别员工即便是天天口头警告也完全无效。一般来说，习惯性迟到问题可能是由于管理者不重视、企业组织不规范、制度监控不力等多方面原因造成的，管理者可以从企业文化、制度建设和考核执行等几个方面同时入手来解决员工习惯性迟到的问题：

1. 加强员工的时间观念

首先，要提高企业内部所有人包括管理者直至最基层员工的时间意识。时间管理是企业在经营管理中一项重要的活动，是有效地管理和提高公司业绩的保证。

其次，要让员工都明白，没有时间观念的员工，是不会得到其他员工的尊重的。因此，管理者可以考虑将时间观念作为一项考核事项列入绩效考核体系。

2. 建立相应的惩罚措施

建立相应的惩罚措施，如未准时到公司的员工要被罚款，罚款的数额为奖励每个准时到公司的员工 10 元人民币。假如，本部门有 20 个员工，只有一人迟到，那么就让他拿出 190 元，分给这些没有迟到的员工。

3. 严格执行惩罚措施，别让它成为一纸空谈

首先，管理者一定要重视，制度面前人人平等，严格执行制度。

其次，执行制度时要人性化操作，如员工迟到确实有特殊情况，则可撤销对员工的处罚决定。总之，在执行制度的同时要注意不要因此削弱员工的积极性。

4. 适当的时候，采用一些“软措施”

如果这些“硬方法”对经常迟到的员工没什么作用，而管理者也确实觉得这位员工是位难得的人才，那就给他来点“软措施”吧！比如例子中王武的做法。但在使用这种方法的时候，一定要保证该员工在单位的人缘是很不错的，并且不会因为主管这种开玩笑式的惩罚生气。这样，既不会让员工觉得尴尬，又不会让他们产生被“耍”的感觉。

员工经常“生病”，你该怎么办

李丛是主管的得力助手，能力很强。平时主管有什么事需要出差的话，就会把手头上的工作交给李丛负责。可最近，主管的这位得力助手的表现可真让他失望。

接近年底，公司的事情比较多，也比较累，主管被公司的事情弄得晕头转向，急得像热锅上的蚂蚁。偏偏这时候他的得力助手李丛找不着了。于是，主管问李丛的同事是否知道他去了哪里。同事说：“哦，他说他不舒服，让我帮他请假。”

主管想，李从的身体不是挺好的吗，怎么这段时间总是三天两头地生病啊？

这是管理者们经常碰到的一件事，当自己忙得不可开交的时候想找某个员工帮忙，却发现他又“生病请假”了。

虽然员工请假在所难免，但如果一个员工总是三天两头地以生病、有事情需要解决为由请假，那就不能不令人怀疑了。如果管理者对这种现象听之任之，那么请假事件就会越来越多。因此管理者在碰到这种现象时，必须及时采取有效措施。

1. 为员工营造舒适的工作环境

如果工作环境令人愉快和满意，员工的出勤率就高；反之，他们就会常请假甚至一去不回。因此，处理频繁请假的一个方法就是让工作环境更满意、舒适，更合乎人性的需要。

比如，员工都喜欢伴着轻音乐工作，那管理者可以适当地允许员工在工作的时候放一些轻音乐，再比如，有的员工喜欢轻松欢快的工作环境，不喜欢办公室的气氛像一潭死水，那管理者就要有点幽默感了，适时地在办公室说上一两句带有幽默感的话语，会令员工高度紧张的神经放松下来。

2. 向员工讲明白请假的规定

最好是在刚刚雇用员工的时候，管理者就向员工讲明白请假的规定，这样才有利于管理者以后的管理，千万不要等到出现问题时才采取措施。同时，在与员工讨论请假问题时，应该详细向员工解释每一点，并询问员工有没有不明白的地方。这样，可以防止日后员工在请假时耍赖。

3. 给经常请假的员工一种危机感

如果员工总是三天两头地请假，但是看上去也不像生病，这就需要管理者适时地给员工一点危机感了。管理者可以问明白员工需要请几天假，然后告诉员工，在他没有回到工作岗位之前，公司会暂时安排其他人做他这份工作，以保证公司能够正常运转。

给员工一定的危机感并不是说管理者可以威胁员工，这样做的目的是向员工传达一种信息，“一个萝卜一个坑”，如果替代你的员工对你的工作相当熟悉了，那你的岗位就有人和你竞争，你的地位是不是也就因此受到威胁了呢？接下来的利弊，就交给员工自己分析吧！当然，这种危机感仅限于对待频繁请假，甚至请假目的不纯的员工身上。

4. 给员工提供工作的动力

黄赫是一位很有人情味的管理者。一次，黄赫看到本季度计划提前完成，于是便向员工承诺，大家可以多花点时间陪陪家人了，毕竟工作压力已经没有那么大了。

本来一片好心的黄赫，怎么也想不明白，为什么最近员工对工作变得很倦怠，光假条就多了不下20张，原因几乎相同，身体不舒服。

这种情况是因为员工没有了工作的动力，认为提前完成了任务，已经很厉害，就没有必要再那么拼命了，而管理者此时一句“大家可以多花点时间陪陪家人”更会让员工心里放松，最终对工作倦怠。

其实，这时候管理者更应该考虑如何对员工的表现进行奖励，之后再利用员工高涨的士气，激励他们去迎接下一个有挑战性的工作，给员工工作的动力，激起深藏在他们心中奋斗的热情。这样，有动力、有激情的员工又怎么会频繁地请假呢？

如何处理缺勤率高的员工

企业常会有那么几个人总是喜欢拖拖拉拉，上班不是迟到就是干脆缺勤。这就需要管理者想方设法管理好这些人，以严肃纪律，提高整体的效率。管理者在处理这些缺勤率高的员工时，关键是要弄清楚他们缺勤的原因。伦敦大学的泰勒教授过去是英国壳牌有限公司的医学主任。他研究发现，有60%的缺勤者患有重病或慢性病，20%的人患有急性病，如流行性感冒，10%的人因患小病如受凉而感到不舒服，因他们对工作的态度不同而决定上班或不上班，另有10%的人根本没病，只是为休息一天假装生病。泰勒教授认为，最后20%的人是不可信赖的。专业心理学家称他们患有“蓄意缺勤的病毒”。并且多数情况下这种病毒是很难根除的。

对于这些人而言，工作本身只是获得薪水的一种方式，基本上不存在

“快乐的工作”这种事情。他们觉得生活应该是松弛、自由、舒适的，因此宁肯满足现有的生活方式而不去加倍工作从而获得更高的生活质量。这种思想在年轻人中间十分流行，他们与前辈们勤勤恳恳、吃苦耐劳的生活态度形成了鲜明的对比。正是由于他们不能习惯这种日复一日的枯燥方式，不愿意参加那些毫无趣味的回忆，所以以短暂的休息来换得一日之闲。专家们一致认为，经常缺勤的员工精神上有问题，他们推理说，现实的工作一定是难以忍受以至于这些情感受困的人要通过缺勤来逃避现实。所以应该把这类员工归为一类，即受困扰员工。不管怎样，一般可以通过下列方法来减少缺勤：

（1）尽量找出员工缺勤的原因。

（2）加强关于考勤方面的规定。

（3）坚持惩罚制度。

（4）设立一些适当的奖励全勤的制度。

这里主要谈第一点。要知道这第一点往往是处理有心理问题的缺勤员工的关键。在管理者同员工讨论问题的时候，一定要给他们时间解释对工作、同事、工作条件、工具、设备和受到培训的反应。研究表明，影响出勤率最主要的原因是工作本身的吸引力和工作关系。

除了前面提到了那种故意逃避工作的员工外，其他大部分员工故意缺勤是因为受不了工作的压力。他们很可能对枯燥的工作毫无兴趣，或是认为忙碌令他们疲惫不堪。还有一些员工是因为心理上对于复杂或不顺利的人际关系的反感而逃避工作，他们都需要管理者甚至专业人士提供有效的帮助。

总之，管理者可以对因以下问题而缺勤的人员进行帮助：

（1）对工作感到枯燥、无聊或无趣。

（2）一些意志不坚定的员工，易被不良作风带坏而无故缺勤。

（3）来自工作之外的压力太大，如家庭矛盾，削弱了员工上班的决心。

（4）上下班成问题，不论困难是真正存在的还是想象中的。

（5）因不适应复杂的工作关系或人际关系，而导致对工作产生厌倦。

（6）工作之外的实际困难，例如自己或家人生病。

（7）缺勤或迟到成了一种习惯。

以上这7种原因而缺勤率高的员工的确是需要管理者提供实质性的帮助或心理咨询，从而逾越困难的沟壑，但是以下3种人，管理者恐怕就无能为力了。

（1）工作或工资不具有吸引力。

（2）工作以外的乐趣大于工作。

（3）蓄意缺勤捣乱或给公司造成不便。

应该说，这3类人对工作根本没有责任心，他们的问题在于主观而非客观。对于这些人，管理者最好的帮助方式就是将他们推荐给专业心理医生予以诊治，否则只有以严厉的手段处理他们了。

员工经常酗酒怎么办

饮酒本属于员工的个人问题，这里之所以提出来，是因为一旦饮酒过度就变成了酗酒。而员工经常酗酒，将给公司和家庭带来极大的损失。据统计，美国每年因酗酒造成的损失大约为260亿美元，所以国外的一些大公司对酗酒是十分反感的。目前我国许多人还没有意识到员工酗酒对工作的严重危害，还信奉着“饭桌上谈生意，酒杯里交朋友”的“古训”。也许管理者手下的员工中就不乏这样的人。以下一些方法可以帮助判断所管理的部门是否有酗酒的员工。

美国康内尔大学的哈里森·M. 特里斯教授建议管理者，首先应看看这名员工的缺勤记录，他认为缺勤率剧增几乎总是与饮酒问题相伴。特里斯教授还指出，在对一个公司200例酗酒情况的研究中，严重的酗酒者的缺勤一般有以下4种情况不同于正常的缺勤：

（1）一周中缺勤情况很散，既不是星期一也不是星期五（可能是酗酒者怕引起别人注意）。

（2）工作日中短时间缺勤很普遍，比如私自延长午休时间，工作表现每况愈下。

（3）部分缺勤很普遍，员工常常迟到或早退。

（4）迟到不是公司中酗酒者的一个显著特点。人们普遍认为不能证实酗酒者一定会迟到。

基于以上几个方面，管理者可以大概判断一下所管理的部门是否有酗酒的员工。一旦发现并证实存在酗酒者，需要立即对他提供帮助。一些资料表明，酗酒者需要特殊形式的帮助。对此，美国卫生教育福利部对这方面工作提出了9条建议：

（1）不要因为自己的部门有酗酒的员工而感到内疚，管理者的职责是保证所有员工保持良好的工作状态。

（2）鼓励员工对他的工作表现、行为或出勤率为什么会每况愈下做出解释，这样就可以有询问的机会。

（3）不要被贪杯人的借口——如夫妻关系恶劣、儿女问题或经济问题所迷惑。对管理者来说，问题不是员工是否好饮，而是其嗜酒对工作、行为和出勤率影响如何。

（4）不要被贪杯者肯定地承认自己已经去看了内科医生或心理医生所敷衍。员工可能说内科医生或心理医生并不认为其好饮是个麻烦事或想一旦出现了麻烦就会立即戒酒。治疗专家可能不会知道员工的工作因嗜酒而处于危险境地。

（5）不要与人讨论饮酒的权利，最好不要用道德说教。美国卫生教育福利部的人认为，嗜酒如命是使人日渐衰竭的慢性病，如果治疗不当最终会导致精神紊乱或死亡。

（6）不要建议员工节制或改变他的饮酒习惯，一个贪杯的人一开始是不会自动地戒酒的。

（7）切记：嗜酒者应该像其他病人一样有治疗和恢复的机会。

（8）强调身为管理者，最应关心的是员工的不良工作表现或工作行为，管理者可以明确地声明，如果不加以改进，就将对他们处罚，如停职或辞退。

（9）声明决定接受恢复性治疗是员工的责任。

请相信，这些建议曾经指导了无数位管理者去挽救他们酗酒的员工，效果有目共睹。认真地阅读并体会其中的意思——不要嫌它们冗长，毕竟拯救一名酗酒的员工不是一件容易的事。给每一名贪杯的员工一个治疗的机会，但同时也应该明确地要求他们必须配合治疗，否则将会失去工作，事实证明，这比失去亲友更有效。

采用“渐进式”纪律处分

惩罚的目的不是为惩罚而惩罚，而应当是教育、帮助员工，尤其是有些员工对自己的违纪行为不以为然，对于一些错误一犯再犯，不肯下定决心去改。对于此类情况的处理，最好以渐进的方式。惩罚这种经常性犯错的员工，给他一个心理适应期，实在不行也只能采取最后必要的手段——解雇。

一般而言，管理者都赞同如下这种渐进式的处理方式：

第一次违纪被发现的时候，管理者对其行为进行提醒，并教导他怎样做才是正确的，以及为什么不能像违纪行为那样行事。比方说员工在工作中没有穿工作服，管理者应该提醒他穿上。

第二次违纪行为被发现后，违反同一规定的违纪者被主管叫进办公室。主管告诉他，如果不改变违纪行为，就不可以继续工作。此时，主管拿出这名员工的事件记录，提醒他这是他第二次违反公司的规定，并提醒他，若下次再犯，恐怕就要遭受减薪的处分。

不久，这位员工第三次犯了同样的错误，于是主管告诉他，他将因此而被扣薪；下次如果再犯，就会遭到停职的处分。然后，主管便将其第三次违纪行为记录在员工事件记录上。

没几天，这位员工第四次违反了纪律，但是这次违反的纪律与前3次不同，但是主管认为他的纪律意识丝毫没有得到加强，于是决定给他停工两天的处分，并告诉他，如果下次再违反任何公司的规定，就会被解雇。主管人员也将这次的违纪行为作了记录。

然而，不到一周，这名员工就再次被主管发现违纪行为，而且所犯错误同前3次所犯的错误一样。于是主管决定解雇他，在同相关部门协商之后，这位屡次违纪的员工被解雇了。主管照旧作了记录。

在日常管理中，这一处理方式不但为大多数管理者所认同，即便是被解雇者也没觉得有什么不公平。因为并不是公司没有给他改进的机会，而是他自己不珍惜这些机会。因此即使员工被解雇，也是在他自己预料之中的事，因为前几次的告诫已经让他有了心理准备。

一般来说，惩罚应该是在沟通无效的情况下才采取的措施。不过与员工沟通应该是在刚刚聘用时就开始，在录用员工的时候首先就要让员工能确实知道公司的员工守则、常规及政策。在录用之后，也要定期地给予提醒，让他们不要忘记。

如果管理者没有事先告知员工公司对他的绩效在质、量方面的标准，那么以没有达到预期的业绩

为理由惩罚员工是不公平的。即便是员工违反了纪律，但如果管理者没有对其进行纪律教育就惩罚他，那也是不公平的。因为此时他处在一种信息不对称的不利方。

如果以上工作管理者都已经做到了，那么就应该给员工机会，大胆放手让员工按照自己的思路工作，这样一方面表明了公司对他的信任，另一方面也让员工明白业绩的好坏，对公司规定的遵守程度都取决于他自己的努力程度。这样员工也将会愿意对自己行为的后果负责。

管理者对员工的工作，只能在总体上起指导和调控的作用，而不应对他的具体工作指手画脚，过多干涉，这样会使他不知所措，甚至自尊心受到伤害或自信心受到挫折。因为管理者这样做无疑是说他不行，或至少是说他做的没有合乎你的期望。大多数员工对这种严格的监视都持反感态度。如果管理者对员工的具体工作干涉过多，那么一旦出现问题，员工也就有了借口，因为他的行为是在你的具体指导下做出的，因此该负责任的应该是你而不是他。

由此可见，惩罚员工的确是一件很麻烦很棘手的事情，要处理好其中的种种困扰并不是一件轻松的事情。比如，如果被惩罚的对象是与你一起摸爬滚打一路走来的好友，或者是年龄和资历都比你深的元老，那就更增加了这个问题的复杂程度。如果实在是迫不得已，需要运用惩罚的手段，那也要尽力使彼此的不快降低到最小的程度。

如何对待屡教不改的员工

王东是某大型民营企业的元老级员工，曾与老板一起打天下，在公司创立初期立下过不少功劳。可是在公司成功上市之后，本以为可以“享享清福”的他却接到了总经理的解聘书。在王东看来，公司这种做法是小人手段，“过河拆桥”。接到解聘书的当天，王东在办公室大吵大闹，宣称自己受到了不公正的对待。

第二天，在公司的公示牌上，总经理留下了这样的话：员工朋友们，大家好！说实话，作为总经理，我并不愿看到王东离开公司。他曾是一位十分优秀的员工，在公司成立初期所做的贡献是有目共睹的。但现在，公司上市了，成为一家大型公众企业。大家都看到了公司的进步，可是王东却未能与公司共同成长。他不再是那个勤勤恳恳、努力奋斗的王东了，他变得居功自傲、脾气暴躁、自以为是，不遵守公司制度，迟到早退更是家常便饭，还常常不经上司的同意自作主张。更不可原谅的是，他不懂得企业服务人人有责，对待外部客户态度恶劣，致使公司失去了很多十分重要的客户；对待公司同仁更是傲慢无礼，严重影响了公司同仁的士气。王东的种种做法已经严重影响了公司的经营和管理，公司曾多次对他进行教育，他却屡教不改。最终，公司经过慎重考虑决定将其辞退。

为什么总是有那么多的员工时常重复犯错，却总是规劝无效？究竟是他们冥顽不灵，还是管理者的管理方法需要改进？管理就是博弈，而博弈的双方是管理者与员工，品质极其恶劣、不听劝告的员工是极少数的，对这样的员工，解除劳动合同是最好的管理方式，否则会严重影响企业的士气与纪律。而对于一般员工而言，他们的“屡教不改”往往是由管理者不恰当的处理方式造成的。如何对待屡教不改的员工，管理者可以参考以下 3 种方法。

1. 以纪律强制约束员工的行为

如果管理者针对员工的违纪行为采取了劝告、教育等措施之后，还是不能杜绝个别员工屡屡违纪的行为，这时候就要选择以纪律来强制约束员工的行为，采取相应的处罚或惩罚措施。

2. 对犯错的员工不要姑息

有些企业管理者过分强调人性化管理，对人性的假设以“善”为唯一标准，因此对所有员工都强调“宽容”之心，对员工的违纪现象采取姑息态度，期望能够感化犯错的员工。这样做的结果却使员工认为自己的行为并不是什么大错，不会给企业造成损失，于是放松了自己，以至于以后还会再犯同样的错误，到那时你再想纠正他就很难了。

3. 避免情绪化

面对屡教不改的员工，管理者难免会带有情绪，往往会在极度愤怒的情况下批评员工。然而，这样的做法只能让管理者失去焦点，问题非但不能解决，最后，留给员工的只能是满肚子怨气，对问题的解决百害而无一利。员工屡教不改固然可气，但要想真正教育员工，就必须要克制自己的情绪。管理者只有让自己保持平静，才能找到适当而有效的方法解决员工的问题。

如何应对有背景的下属

在公司里，也许在众多的员工中间有一两名特殊人物。他们与一般人的不同之处就在于，他们的背后还有一个甚至一串让管理者头痛的称谓：某某经理的爱子（或爱女），某某副总的侄子（侄女），某某上层人物的好友（或同学）……总之，他们与一些可能支配到管理者的管理权力的人物有着千丝万缕的联系，他们虽然是管理者的下属，但派头却大有想要压过管理者的势头，所以管理者的权力要在他们身上使用恐怕不会一帆风顺。

这些有背景的下属大多也有很强的自信心，这应该算得上是他们的一种自身优势。自信是一个人成功的基石，正因为他们或多或少都有高于他人的自信，所以只要管理者引导得当，让他们的自信更多地在工作岗位上展现出来，那么他们通常会取得比同等能力水平的人更高的成绩。当然，他们的骄横自大也有可能成为公司内部矛盾的导火索。所以用什么样的态度对待他们，用什么样的方法引导他们，管理者必须特别注意。

首先，在这位有背景的下属正式上岗之前，管理者有必要与他进行一次较深入的谈话。谈话的主要目的是对他有一个深入的了解，如他的个性、他的特长、他的缺点等。管理者要把这位特殊下属的特点进行抽象概括，以便日后能有效地驾驭他。同时不用回避有关他身份的一些问题，因为这对管理者来说不应该是一件难以启齿的事情。另外，不妨借这个机会试探一下他的口气，他是以此为荣还是无所谓；他是否愿意让周围的人知道他的这种身份；是否暗示管理者给予他一些特殊的照顾。这些信息对于以后管理者所持的态度是十分重要的，管理者必须在明确了这些信息之后才能决定在今后工作中如何对待。最后不要忘记以退为进地鼓励他一句：“×× 经理早就名声在外，你身为他的儿子，相信一定不会令他失望，也一定不会给他丢脸，青出于蓝而胜于蓝。”

然后，就要开始相互适应地合作了。对于一般的有背景的下属，最好的指导原则就是若即若离，让他自动解除顶在自己头上的光环走到组织中来。表扬要适度、批评要公正，有时候让他感觉很亲切，似乎管理者在对他照顾有加；有时候又让他感觉好像你对每个员工都是这样，在管理者与他保持着这样一种若隐若现关系的同时，发扬部门一贯的团队优势，用各种形式的活动和互相关心、荣辱与共的精神逐渐吸引他，让他有一种想要加入到组织中来的渴望，并不断激发他的这种渴望。要知道除非是特别孤僻的人，一般正常人都有一种加入到集体的愿望。让他亲眼看到在该部门内具有绝对公正的竞争，每个人包括管理者都和其他人有同样的起点，不以自己是他的上级而盛气凌人，相反当管理者遇到困难的时候，也会像其他下属一样向同伴们求助；犯错误的时候，会坦率地承认；工做出色的时候，也不会拒绝下属对你的称赞。如此一来，他逐渐便会知道，在这个团队中没有谁是有特权的，每个人都会得到平等对待。

当然，如果管理者遇上的这位有背景的下属总是和自己作对，而且他的背景又足以影响到你的前途，对这样的人适当施威是必要的，因为如果管理者一味姑息纵容，就难以维护你在众人面前的领导形象了；但是一定要讲究方法和分寸。盲目施威的，可能倒霉的不是他而是管理者自身。另外，管理者还可以通过与上司的沟通和协调，把他调入其他的部门，从而避免出现更大的矛盾。

第八章

防止跳槽，让员工“把根留住”

企业可以靠高薪吸引人才，却有可能靠高薪留不住人才，那么企业到底“拿什么留住人才”？这是摆在管理者面前的一项重大挑战。企业如何让人才“把根留住”？一方面，企业要建立“硬机制”；另一方面，也是最为重要的一方面，就是营造企业“软环境”，建造好人才停泊的“港湾”，用自己真诚的“心”把人才的“心”留住。

员工跳槽前的信号

毫无疑问，对任何企业而言，人都是其最重要的资源。员工跳槽，特别是优秀的员工跳槽，对企业，尤其是对中小企业的影响很大，有时甚至是致命的。

那么，怎样才能提前知道有哪些人准备跳槽呢？其实，对于想要跳槽的人，在这之前是有几点信号发出的。

1. 对工作的热情明显减少

与以往相比，工作劲头和工作效率大打折扣，他是在岗位上应付差事，虽然许多人心里也告诫自己要站好最后一班岗，而实际上却已心不在焉，也许热情已跑到即将上任的新岗位上去了。

2. 频繁请假

如果这个人一向都很遵守劳动纪律，不轻易请假，而现在突然开始频繁请假，那就要考虑此人是否准备跳槽了。请假无非是去联系新单位，或作一些应聘准备，还可能是处理私事。既然准备跳槽，就再也用不着像以往那样积极地表现了。

3. 开始整理文件和私人物品

办公桌前所未有的混乱或整洁，并陆续用一些手提袋将自己的东西分批拿回家，到时可以一走了之。

4. 和周围人的关系不再像以前那样

以前特别喜欢拍领导马屁的人突然不拍了；喜欢传闲话、打小报告的突然变得“懒散”了；原本热心“公益”活动的人也不再乱掺和了；即使以前为了搞好同事关系而抢着打开水倒茶的也罢工了……这样的转变，绝不表示这些人懂得做人，成熟了，而是因为他们马上要离开这里，用不着再让自己受委屈！他们在接电话时语言已开始暧昧，甚至会神神秘秘，往往会来上一句“到时再说吧”！

诸如此类，就说明此人已是“身在曹营心在汉”了，只等这月工资发下来。

但是，即使你所猜测的以上种种跳槽迹象是正确的，也知道确实有人要跳槽，又能如何呢？顶多是严加注意，预防他在业务、债务方面造成什么遗留问题；再有就是做好心理准备，不至于在收到辞职报告时还傻乎乎地来上一句“我们正要重用和提拔你，你怎么就……”就像某些被辞退的人正准备雄心勃勃地替上司卖力，却接到人事部的辞退令一样。

“人往高处走，水往低处流。”员工“跳槽”本身是无可厚非的。虽然对于“从一而终”和“不侍二主”的传统思想而言，跳槽可能是一个十分严重的道德问题。但在现代社会，跳槽就是一个很纯粹的经济问题，与道德无关。也许新的单位有更优厚的待遇，有更适合他发挥能力的职位，总而言之有他选择那里的理由，所以管理者也用不着对此愤愤不平。

在多数情况下，公司都比较偏重于雇用那些愿为公司奉献

终身的员工，首先这种想法是很正常的。但现在随着对外开放的力度加大，西方企业中的一些新的思想开始在国内传播。比如许多外资企业都愿意招聘那些工作经验丰富的人。因为“跳槽”至少可以说是一种经验的累积。每到一个新环境，人的工作能力、与人相处的能力都会有不自觉的提高。所以，话说回来，倘若只许你雇用“跳”来的员工，而不许自己的员工“跳”走，也实在是有些不通情理！

员工跳槽的理由

现代企业常出现人才频繁流动的现象，员工之所以想跳槽，主要有以下3个原因：

1. 因人际关系不佳而跳槽

在所有跳槽的员工中，因人际关系不佳而跳槽的比率特别高。员工大多很重视人与人之间的和谐，祈求做到人人都满意，一旦与同事产生摩擦，工作效率就会直接受到影响。如果关系未能改善，一些人就宁愿另找新的环境。

与同事的感情不睦，尚且令人沮丧；与管理者的关系不好，也是员工跳槽的原因之一。在他们的心目中，认为得罪了主管就等于被判死刑，终究有一天会被排挤出门；与其被主管冠以莫须有的罪名加以整治，倒不如自行辞职的好。

2. 工作压力太大

随着社会竞争日趋激烈，工作压力大也越来越困扰着企业员工。许多员工最终还是因为无法承受过大的工作压力而选择跳槽。

工作压力大最明显的体现就是工作太忙，需要频繁地加班，固定电话、手机、传真机不停地响，上洗手间都要用跑的；休息日不是在单位加班就是在家睡觉补充睡眠，所有的业余时间都被做不完的工作所占据，搞得人身心俱疲……于是便有员工大呼：“宁可少要工资也要跳槽！”

面对这种情况，管理者一定要及时疏导员工的压力，组织员工参加一些放松、减压的活动。至少要让员工开心地忙、开心地累。

3. 难以适应新上司

有些公司员工跳槽的现象往往出现在一位新上司上任之初，前任上司率众辞职，将残局留给新上司收拾。如果你是那位新上司，上任后即遭此打击，多少也会令你感到兴致索然。

或许因为其中一位具有领导才能的员工请辞，几个平日与他谈得拢的员工也要求辞职。一时间，你的部门人心惶惶，以为你存心铲除异己之念而纷纷意动。

面对这种情况，首先你应该在上任之初，即上任的当日，便提议与员工一起举行一个午餐聚会。你要秘书替你订好位子，在午餐之前先声明你很高兴能与他们共事，并说已翻看所有员工的资料，非常欣赏他们的工作成绩。在比较过外面的薪金后，发觉有薪金偏低的员工，你正在努力争取中。

在以后的工作中，你注意那些薪酬偏低的员工，看看他们的工作能力是否理想，然后再加以引导。

本来，新上司上任即有员工请辞，原因是有些人不喜欢改变现状。他们已经习惯了某上司的作风，当上司辞职后，他首先想到的是希望能带他一起投效另家公司，而不想怎样习惯新上司。实际上，他们心中那种抗拒改变的意识，也同样地不容易接受新公司的制度。如果管理者能及早让他们对你产生信心，员工的流失率会及早得到控制。

让员工对工资满意

工资对员工极为重要，它不仅是员工的一种谋生手段，而且它还能满足员工的价值感。工资是社会衡量一个人价值的基础体现，因此，它在很大程度上影响着一个人的情绪、积极性和能力的发挥等。当一名员工在较低岗位时，他会积极表现，努力工作，一方面为了提高自己的岗位绩效，另一个方面为了争取更高的岗位级别。他会体验到由于晋升和加薪所带来的价值实现感和被尊重的喜悦，从而更加努力工作，这是任何企业应该尊重的客观事实，金钱在社会中具有重要的流通作用，通常金钱的多少是衡量一个人成功与否标志的重要组成部分。管理者应懂得用看得到、赚得到的金钱来激励员工工作的积极性。

因此，管理者必须在工资上为员工考虑：

（1）为员工提供有竞争力的薪酬，使他们一进公司便珍惜这份工作，竭尽全力，把自己的本领都使出来。支付最高工资的企业最能吸引并且留住人才，尤其是那些出类拔萃的员工。这对于行业内的领先公司尤其必要。较高的报酬会带来更高的满意度，随之而来的还有较低的离职率。一个结构合理、领导良好的绩效付酬制度，应能留住优秀的员工，淘汰表现较差的员工。

（2）把收入和技能挂钩，建立个人技能评估制度，以员工的能力为基础确定其薪水，工资标准由技能最低直到最高划分出不同级别。基于技能的制度能在调换岗位和引入新技术方面带来较大的灵活性，当员工证明自己能够胜任更高一级工作时，他们所获的报酬也会顺理成章地提高。此外，基于技能的薪资制度还改变了领导的导向，实行按技能付酬后，领导工作的重点变为指派任务使其与岗位级别一致。

（3）增强沟通交流。现在许多公司采用秘密工资制，提薪或奖金发放不公开，使得员工很难判断在报酬与绩效之间是否存在着联系。人们既看不到别人的报酬，也不了解自己对公司的贡献价值的倾向，这样自然会削弱制度的激励和满足功能，一种封闭式制度会伤害人们平等的感觉。而平等，是实现报酬制度满足与激励机制的一种重要成分之一。

（4）让员工参与报酬制度的设计与管理，与没有员工参加的绩效付酬制度相比，让员工参与报酬制度的设计与管理常令人满意且能长期有效。员工对报酬制度设计与管理更多地参与，无疑有助于一个更适合员工的需要和更符合实际的报酬制度的形成。

强化员工的主人翁意识

著名企业家山姆·托伊说：“若能使员工留有归属之心，这种精神力量将胜于一切。只有靠整体作业人员的彻底向心力，以企业的盛衰为己任，才能使企业臻于成功之境。”这段话道出了企业成功的奥妙。那么这种“精神力量”究竟是什么呢？是主人翁意识。管理者要让员工安心做事，就要培养他们的主人翁精神。心理学告诉我们，对一个人最有效并持续不断的控制方法不是强制，而是触发他本人内在的自发控制。对管理者而言，这种现象的借鉴意义在于，与其用物质手段刺激员工努力工作，不如用感情手段激发员工的主人翁意识。努力工作的想法只有让员工在内心自动自发地产生，才会更持久，也更有激励作用。

然而一些从最下层职位慢慢升上来的管理者，最容易犯的毛病就是把员工的工作抢过来自己做。他们不仅主持会议，连记录也一手包办。虽命令员工拟定计划，却不甘示弱，暗中也在从事拟定工作，欲与员工一争长短。遇到这种“全权作业”的主管，员工内心会想：“我们根本没有存在的必要，这些事就让他一个人去做好了。”员工因而失去了能动自发的精神，不但耽误了正常的作业，同时也影响到整个公司的大局。

管理者正确的做法是放手让员工自己去做，让他去享受独自完成一件事情的快乐和成就感。因为从员工本身的角度来看，主人翁感意味着他们有更大施展抱负的舞台，他们有权对自己的工作以及与之有关的其他事情做主。主人翁精神就是一种创造性的精神，它要求人们运用自己的判断力，去解决组织所面临的困难与问题，用自己的自豪感、自信心所焕发出的巨大热情去创造奇迹。

日本一家公司为了培育员工的主人翁意识和责任感，实行一种独特的管理制度，每周让员工轮流当“一日总裁”。每逢周一，担任“总裁”的员工上午9点上班，进入角色，听取各部门的简单汇报。然后，根据各主管部门汇报反映的问题，由真正的总裁提议先集中解决一两件事。带着问题，“一日总裁”陪同真总裁到各部门、车间去巡视工作情况。“一日总裁”拥有处理公文的权力，下班前要作详细的总裁值班日记，对当天碰到的一两桩较重大的问题提出处理意见，并传阅至全体员工。这样，这位员工就超脱出平日自己岗位的狭隘领域，大大扩展了视野，增强了全局意识，激发出自我潜能。

世界诸多知名公司及其管理者，无不重视对员工主人翁意识的培训。

在国际知名的IBM公司，组织内部就没有规定公司的工作程序。早在20世纪80年代初，他们便废止了那些沿袭已久的规章制度，废除了报告与在报告上画圈签字的做法，代之以相互信任、支持。

众所周知，IBM是一个无与伦比的组织，它没有工会组织，其内部充满着家庭的气息和民主的氛围。IBM虽然也面临着竞争的压力与市场的挑战，但它的员工都用团结互助的团队精神以及主人翁责任感始终如一支持着这架世界上最大的“商用机器”。

如何才能培养员工的主人翁意识呢？管理者不妨作以下尝试：

1. 制定宽松的政策

事实上，企业制定政策的目的在于表达组织、公司的意图，以概括的方式将部门的思想方针提供给员工。而员工只需彻底地了解部门的想法和理由，就可以在受到较少限制的宽松的政策中大刀阔斧地进行工作，充分发挥自己的创造性才能。

2. 从小事上让员工感到自豪

一位在IBM工作了20余年的老员工的名片是这样的：精致的名片上是一个蓝色镶金边的盾牌，上面写着“国际商用电器公司，25年的忠实服务”。

这并不是什么了不起的大事，但IBM公司却用这种方式对职员传递了对其25年辛勤工作的感激之情。

3. 培养人人都是“主管”的感觉

提到部门的领导者，人们总将其冠以“主管”的头衔。仿佛只有他们才是部门命运的驾驭者。这种思维方式不仅严重地限制了广大员工成为部门主人的意识，更让员工认为部门里的事与己无关，而是主管们的事。

然而，在美国著名的联合航空公司，每一名员工都有一种“人人都是企业家”的思想，他们了解这个公司，了解这个公司里任何一个细节。员工们从来没有局外人的感觉，他们认为既然公司是“自己的”，工作是“自己的”，那么他们没有理由不全身心地为公司的经营绩效而努力，没有理由不自觉地为公司承担义务。

4. 增强集体温暖

你可以每隔一段时间就举办一次部门的“会餐”，让全体员工和他们的家属自由参加。在活动中，大家都无拘无束，享受着彼此喜爱的食物，为各自所创造的业绩相互祝贺，培养出温暖的集体意识。

要记住，你的管理能力再强，如果员工表现冷漠，仍难推动工作，员工也不愿意受你的管理。要想把员工的“根”留住，你必须强化员工的归属感，使每个人都认为自己是负责人。

巧妙挽留跳槽的关键员工

企业的关键员工通常是指那些在企业生产、经营和管理中起着不可缺少作用的一些员工。他们可以是中高层管理人员，也可以是掌握公司核心技术的科研人员以及掌握重要销售渠道和客户的一线销售人员，甚至也可以是蓝领岗位上的特殊技术人员等。关键员工的跳槽将对企业造成立即或潜在的影响，有时对企业的影响甚至是灾难性的。目前，在激烈的市场竞争作用下，公司的关键员工已成为众多企业特别是竞争企业争夺的对象。而面对激烈的市场竞争、企业间的购并、各种媒体的透明招聘广告、频频出击的猎头，许多原本稳定性较强的关键员工在各种诱惑下也纷纷跳槽。

对管理者而言，没有什么事情会比一位关键员工突然提出辞职更为震惊的事了。谁能代替他？工作如何进行？在感到慌乱之前，管理者首先应该了解员工辞职的原因。

通常，管理者在与关键员工沟通前，应进行充分准备。首先，要注意选择合适的人；其次，注意选择合适的时间和地点，这两点的选择以保密为首要原则，这样能给关键员工改变主意的余地。最后，要推断出关键员工辞职的几种可能，并且要针对推断的结果制定不同的谈话策略，以增强谈话的成功率。在与关键员工沟通时，管理者要与之推心置腹。初次沟通时，应侧重从关键员工的角度出发，以咨询为主，尽可能全面地掌握员工辞职的真实原因。

在二次沟通前，管理者要进行人才价值评估，衡量关键员工为单位带来的效益，及外聘同类人才的成本，从而计算出公司为能留住该员工而愿意支付的成本；二次沟通时，管理者可从公司的角度出发，以陈述为主，尽可能地说明关键员工对公司的重要性及公司对员工的认可度，同时表明公司为留住他而愿意支付的成本。

在与关键员工沟通后，管理者应主动联系他，了解他的想法，同时也为公司制定下一步策略争取时间。在与想要离职的关键员工谈话之后，管理者就应该对谈话所获得的信息进行分析，想出一个说服员工留下来的办法。挽留方案应该有很强的针对性，击破他们的心理防线，而要做到这一点，管理者与他的谈话就很关键。管理者需根据关键员工所陈述的辞职理由，进行耐心的说服。要让关键员工认识到他对企业的看法是由误会而引起的，而且企业是造成这一误会的主要责任者，企业会很积极地纠正这一误会。这时，请一些重要的企业管理人员与他在一起进餐等方法会很有用，很能说明企业挽留他的诚意。

其实，在辞职的关键员工中，有的关键员工是容易挽留的，有的关键员工挽留起来非常困难。如果管理者能够判断出来哪些关键员工容易挽留，并有的放矢地进行重点挽留，就可以大大地降低企业的人才流失率。

挽留跳槽的关键员工的难易取决于两点，首先是关键员工自己的意图和价值取向，其次是引发辞职的具体事件。管理者可以根据上述两点，将离职的关键员工分为以下几种类型。其中某些类型的员工容易挽留，而另外一些类型的关键员工则不容易挽留。

不容易挽留的关键员工大概有以下几个特点：

（1）他们喜欢追求工作的成就感，独立性较强。他们非常渴望成功、晋升和物质的富有，他们喜欢开创自己的事业。企业的薪酬水平低、发展空间小、工作没有挑战性等都可能成为他们辞职的原因。

（2）他们个人主义色彩比较强烈。喜欢有难度的工作，同时喜欢冒险。他们会经常批评自己的上级，或者对上级及公司的管理不满。这类关键员工辞职往往是因为与上级关系不和谐，或者对公司管理现状失望。

（3）他们非常具有工作意识。他们对公司和工作都表现得非常忠诚，有强烈的团队认同感。他们能够经常为公司着想，遵守工作的规章制度和工作流程。他们也非常喜欢帮助其他员工完成工作。

而容易挽留的关键员工大概有以下几个特点：

（1）他们喜欢安稳的工作环境，不太喜欢频繁的跳槽。他们喜欢做例行的事务性工作，对薪酬、工作成绩、晋升等没有太高的要求，但是他们特别注意与同事的人际关系，渴望与同事们友好地相处。这类关键员工的辞职多半是因为在工作中受到了委屈。

（2）他们思想和行动的独立性都很强，能够坦诚直言。他们非常重视自己的学习或专业经验的积累，善于钻研本专业的知识，希望自己在行业中有所成就。这类关键员工辞职主要是因为他们在公司无法发挥自己的才能，或者没有机会得到更大的发展，或者他的上级对他的工作干涉过多。

（3）他们情感丰富，同时也比较情绪化。他们非常注意工作中的和谐、强调工作中的合作关系，比较容易感情用事。这类关键员工辞职也可能是因为在工作中受到了委屈。

辞职的关键员工到底是属于哪一类型，有时并不好判断。有时可能还要借助自己的一些经验和感觉。

但“亡羊补牢，未为晚也”，防患于未然最为重要。管理者要挽留关键员工，需坐下来，静下心，想一想员工，想一想下一个问题是什么，将会出在哪儿，怎样来避免等。企业如做好了防患于未然的工作，也无须再“补牢”了。

第九章

落实要到位，关键看结果

比尔·盖茨说：“做梦的价值为零，我的意思是说谁都可以做梦。”有梦固然是好事，但是如果仅仅停留在梦上，那这样的美梦就毫无价值。梦想就像是一颗幸福的种子，不播种何谈收获。在企业，只有梦没有行动是不行的，只有决策没有落实是没有意义的，看工作有没有落实到位，关键看结果是否达到预计的目标。

没有执行力，就没有竞争力

执行力是推动工作、落实制度的前提。制度制定、决策下达之后，关键是要执行，再好的制度和决策，如果没有人去执行或执行不到位也是没有用的。因此，作为企业的管理者，你的工作必须着眼在有效的执行上。

美国总统麦金莱要求安德鲁·罗文将信送给加西亚，安德鲁·罗文克服了种种难以想象的困难，最后终于圆满地完成了这项神圣使命。安德鲁·罗

文因此而被世人所称颂。但是，如果安德鲁·罗文当时不能执行这项任务，那么这项任务的价值就等于零。

在企业同样如此，如果制定了制度而不去执行，做出了决策而不去实施，也同样是分文不值。要知道：没有执行力，就没有竞争力！

1. 立即执行，决不拖延

很多时候，员工执行不力的原因在于拖延。一个企业，当管理者制定了制度或做出了决策时，影响这些制度或决策实施的，往往是员工长期以来在不知不觉中养成的拖延的恶习。

立即落实制度规定的每一项工作细节，决不拖延上级布置的每一个工作任务，是卓越员工必须具备的执行素质之一。

《财富》全球最有影响力商业人士排行榜中，埃克森美孚石油公司董事会主席兼总裁李·R. 雷蒙德的名字常名列前茅。

有人说，李·R. 雷蒙德是工业史上绝顶聪明的总裁之一，是洛克菲勒之后最成功的石油公司总裁，因为没有人能够像他一样，令一家超级公司的股息连续 21 年不断攀升，并且成为世界上最赚钱的一台机器。

李·R. 雷蒙德的人生信条就是：决不拖延！在他的影响下，这一信条已经成为他所在公司秉持的理念之一。埃克森美孚石油公司之所以能跃升为全球利润最高的公司，离不开埃克森公司和美孚公司的携手，更离不开一支决不拖延的员工队伍。李·R. 雷蒙德的一位下属曾经这样解释这一理念：拖延时间常常是少数员工逃避现实、自欺欺人的表现。然而，无论我们是否在拖延时间，我们的工作都必须由我们自己去完成。通过暂时逃避现实，从暂时的遗忘中获得片刻的轻松，这并不是根本的解决之道。要知道，因为拖延或者其他因素而导致工作业绩下滑的员工，就是公司裁员的必然对象。必须记住的是，没有什么人会为我们承担拖延的损失，拖延的后果只有我们自己承担。如此一来，我们就可能在一个庞大的公司里，创造出每一个员工都不拖延哪怕半秒钟时间的奇迹。

因此，无论如何，最重要的一件事情是：你必须采取行动，不要把事情留到明天。

2. 百分之百地执行

没有执行力，就没有竞争力，因此执行力也是企业的生存力。一旦计划、制度已经出台，我们就要百分之百地执行到底。在执行制度完成工作时，除了追求速度之外，还要追求质量。速度和质量，是衡量员工执行能力的两大标准。只有每个员工都能百分之百地执行既定计划和制度，都能高效高质地完成工作，企业才能更快速地前进，每个员工也会因此受益匪浅。

百分之百执行的另一个表达方式是：结果决定一切。即使你在工作中付出了很多努力，但是最终没有完成任务，还是等于没有执行。所以你必须明白，自己需要做的事情不是向别人说明自己有多辛苦，而是要认真反思，看是不是有什么更好的方法可以完成任务。用结果来评判执行力，是对一个人执行力的最佳评价方法。

在许多著名的企业中，百事可乐就是这样一个以“结果决定员工成就”的公司。百事可乐推崇一种深入持久的“执行力”文化，强调员工“主动执行”公司的任务，百分之百地去完成它。那些业绩优秀的员工总是能得到公司的嘉奖，而那些业绩不佳的员工则会被淘汰。这种以“结果论成败”的企业文化塑造了一支有着坚强战斗力的员工队伍。在激烈的市场竞争中，百事可乐终于渐渐从市场中脱颖而出，并且成为唯一可以和可口可乐抗衡的对手。

要做到百分之百执行，你就必须从以下 3 个方面着手：

（1）要严格要求自己。如果你只是希望在一个公司里混，能够保住饭碗，而不求上进，那么你很难做到百分之百执行。一个人成功与否在于他是不是做什么都力求做到最好。成功者无论从事什么工作，他都绝对不会轻率疏忽。因此，在工作中你应该以最高的标准要求自己。能做到最好，就必须做到最好。

（2）要牢记使命。很多人之所以不能做到百分之百执行，一个很重要的原因就在于他常常忘记了自己肩负的任务。

（3）要做到尽力而为。在很多时候，你之所以没有做到百分之百执行，原因不在于你的专业能力不够，而是你没有竭尽全力。

责任心为执行撑起一片天

一个有责任心的人做一件事情就一定要做好才放手，绝不会半途而废。因此，企业要想提高执行力，问题不在于管理经验的高低，而在于每个人的责任心。

某县有位干部因业绩突出而被领导选中要调往省城，而他却自愿留守县城，虽然干得有声有色，却也辛苦至极。别人问他：“值得吗？”他答道：“既然留下来，就有责任干好。”这是责任的力量。有些部门，因职位高下、利益不均，有人就推三阻四、拖沓怠工；可也有人照样无利而往、披星戴月地工作，单位兴旺发达了，他们仍旧默默无闻，只是一个幕后英雄而已——可是他们的出发点很简单，“干这份事，就要为此负责”。由此可见，在企业发展阶段，企业员工的责任心更能影响企业的生存和发展。只有责任心有了，才会凡事严格要求，在执行中不打折扣，不玩虚招，做到令行禁止。

遗憾的是，现实生活中的情形并不完全如此乐观。有一家公司员工给一家有合作意向的公司的老板发送电子信函，连发几次都被退回，向那位老板的秘书查询时，秘书说邮

箱满了。可是 4 天过去了，邮件还是发不过去，再去问，那位秘书还是说邮箱是满的！试想，不知这 4 天之内该有多少邮件遭到了被退回的厄运？而这众多被退回的邮件当中谁敢说没有重要的内容？如果那位秘书能考虑到这一点，恐怕就不会让邮箱一直满着。作为秘书，每日查看、清理邮箱，是最起码的职责，而这位秘书显然是责任心不够。

人们在企业各部门还常见到这样的员工：电话铃声持续地响起，他仍慢条斯理地处理自己的事，根本充耳不闻。一屋子人在聊天，投诉的电话铃声此起彼伏，可就是无人接听。若有人询问，他们的回答竟是："还没到上班时间。" 其实，离上班时间仅差一两分钟，就看着表不接。有些客户服务部门的员工讲述自己部门的秘密："5 点下班得赶紧跑，不然慢了，遇到顾客投诉就麻烦了——耽误回家。即使有电话也不要轻易接，接了就很可能成了烫手的山芋。"

不是上班时间就不做，看上去没什么大不了，但却恰恰反映了员工的责任心。而正是这些体现员工责任心的细小之事不去执行，才影响到企业的信誉、效益、发展，甚至生存。那么，员工为什么会缺乏责任心呢？

首先，是因为管理者根本就缺少经验，缺乏智慧，不知道该如何体现和增强员工的责任心。

其次，是企业的管理者思想懈怠或疏于管理监督，员工自然跟着懈怠。正所谓"领导懈怠一，员工能松懈十"。

再次，是人的天性使然。人天生就有一定的惰性，企业的规章制度原本执行得很好，但时间一长就自然产生懈怠，思想上一放松，责任心就减弱，行为上自然就松懈，再体现到日常工作中就是执行力下降。

总的来说，责任心体现在 3 个阶段：一是执行之前，二是执行的过程中，三是执行后出了问题。那么如何才能提升人的责任心呢？首先，在执行之前就要想到后果；其次，要尽可能引导事物向好的方向发展，防止坏的结果出现；最后，出了问题敢于承担责任。勇于承担责任和积极承担责任不仅是一个人的勇气问题，而且也是执行力是否能到位的关键，因此，企业从上至下都应该增强责任心的训练，让责任心为执行撑起一片天！

把任务落实到个人

把任务与人员结合起来，才能使目标落到实处，并提高整个组织的执行力。总的来说，把任务落实到个人有以下几个重要步骤：

1. 仔细考虑任命的核心问题

任命之前，至少要先搞清楚任命的原因和目标，并物色出适合的人选。

比如，当管理者要挑选一个新的地区的营销人员时，首先应该弄清楚这项任命的核心：要录用并培训新的营销员，是因为现在的营销员都已接近退休年龄，还是因为公司虽然在固有行业一直干得不错，但是还没有渗透到正在发展的新市场，因而打算开辟新的市场。根据任命目标的不同，管理者需要寻找不同类型的人才。

2. 初步设定一定数目的备选人才

这一步骤的关键是企业要有相当充足的人才储备以供挑选。正式的合格者是备选对象中的极少数，如果没有一定数目的备选对象，那选择的范围就小，确定适宜的人选难度就大。要做出有效的人员配置，管理者就至少应着眼于 3~5 名合格的候选人。

3. 以寻找备选人的长处为出发点

备选人能做什么，他有哪些长处，是否与目标相切合是关键。核心的问题是："每个人所拥有的长处是什么？这些长处是否适合于这项任命？"短处是一种局限，它当然可以将备选人排除出去。例如，某人干技术工作可能是一把好手，但任命所需的人选首先必须具有建立团队的落实能力，如果这种能力正是他所缺乏的，那么他就不是合适的人选。德鲁克曾经对这两种用人思维方法进行了详细分析，他认为一种是只问人的长处而用之；一种是注意人的短处，用人求全。前者能使组织取得绩效，后者却只会使组织弱化。

如果管理者只能见人之短而不能见人之长，因而刻意于避其短而不着眼于用其长，那么这位管理者本身就是一位不注重落实的人。他会觉得他人的才干可能会构成对他本身的威胁。

4. 把广泛的讨论作为选拔程序中一个正式的步骤

管理者的独自判断往往是毫无价值的。因为我们每个人都会有第一印象，有偏见，有亲疏好恶。因此我们需要倾听别人的看法。在许多成功的企业里，这种广泛的讨论都作为选拔程序中一个正式的步骤。能干的管理者则应该正式地从事这项工作。

5. 确保任命的人才了解职位

被任命的人在新的职位上工作了一段时间后，应将精力集中到职位的更高要求上。管理者有责任告诉他："你当地区营销员（或别的什么职务）已有3个月了。为了使自己在新的职位上取得成功，你必须做些什么呢？好好考虑一下吧，一个礼拜或10天后再来见我，并将你的计划、打算以书面形式交给我。"同时，还应指出他可能已做错了什么。

如果你身为管理者，却没有做这一步，那就不要埋怨你任命的人成绩不佳。应该责怪你自己，因为你自己没关注落实，没尽到一个管理者应尽的责任。

6. 根据员工的特性分配工作

公司之所以会出现不当的工作分配，一方面或许由于对员工的投资不对；另一方面则是因为组织中许多的工作分配都是以现有的空缺和员工是否能立刻称职为依据。像这种不考虑人员个别的特性，而随机分配的做法，往往会使工作缺乏效率。

一些公司的政策，甚至排除了正常分配应有的过程。例如，公司可能要求调职的员工，从他们现在所属部门的基层重新做起。工作分配的决定，可以由各部门管理者作自由选择，所以，基本上并不一定是组织上的问题。然而，随着传统的人事或团体在最终分配决定上所扮演的角色日趋重要，许多大公司中，分派工作已形成一个特殊的行政参谋机能。许多小公司，也正朝着这个方向渐渐改变。所以分配工作在本质上，应该是有组织性的。

公司经理分配给员工的工作，不能配合其能力的情形有很多。例如，缺乏专业知识、员工的健康或性情不能承担其工作、劳心与劳力者工作的错误配置等。此外，工作分配的错误，也包括了某些社会因素。例如，员工可能被派遣到外地工作而远离亲人，或许由于员工的背井离乡，而产生了家庭问题，使其不利。

如同管理者分配一批员工到新工作岗位的情形一样，有时候，其他因素的重要性，甚至超过分派工作本身，所以管理者并不是总有足够的时间去实现分派的决定。例如，机械设备汰旧换新时，生产线上的空缺，就需要大量的员工去支援。在更新设备之前，将冒着低效率的风险。迅速地调职使员工没有充分的时间去学习，因而缺乏效率。但是，如果能提供员工足够的培训和相当的自由，那么就能减少大部分的调职冲突，而且对于提高工作效率也会有很大帮助。

总之，“不患无策，只怕无心”。在实际工作中，之所以会出现一些重要决策没有很好地落实到位，导致方向不明、责任不清、落实不到位。因此，管理者要在任务细化分解的基础上，做到责任主体明确、进度要求明确、完成时限明确、考核追究明确，把任务落实到个人，使其各司其职、各负其责。

科学委派任务的技巧

要下属把工作落实到位，关键就是要掌握科学委派的技巧。松下幸之助说：“不论是企业或团体的领导者，要使属下高高兴兴，自动自发地做事，我认为最重要的，要在用人和被用人之间，建立双向的，也就是精神与精神，心与心的契合、沟通。”他看到了管理者与下属沟通的重要性，因而在实际中身体力行，终于取得了成功。

要委派下属工作任务，命令的方式是不可少的，但更多的时候，最好还是要掌握科学的技巧。要知道，现代管理者的一个非常重要的职责就是要把工作分配给别人去做。怎样做到有效的分配呢？美国作家约翰·皮尔斯提出了有效委派系统的 5 个步骤。如果管理者能够认真地遵守这些步骤，就能大大提高自己的管理能力，改进部门的工作，提高企业的效率，把自己从具体事务活动中解放出来。

1. 选定需要委派他人去做的工作

原则上来说，你可以把任何一件其他人可以处理的工作委派给他人去做。为了做到这一点，首先要对下属的能力有所了解，对工作和员工的评价是获得这种了解的途径。

2. 认真考查要做的各种工作，并让员工也清楚地了解

确保自己了解这些工作的具体步骤、特殊性及复杂性。在自己还没有完全了解这些情况和工作的预期结果之前，不要轻易委派工作。另外，还要向处理这件工作的下属说明工作的性质和目标；要保证下属通过完成工作获得新的知识或经验。

3. 工作委派之后，还要确定自己对工作的控制程度

如果一旦把工作委派出去，自己又无法控制和了解工作的进展情况，那就要亲自处理这件工作，而不要再把它委派出去了。管理者首先要了解工作和下属完成工作的速度。要通过这种形式掌握下属对他自己的工作究竟了解多深。如果发现有的下属对自己的工作了解很深，并且远远超出原来的预料，那么这些人就有可以担负重要工作任务的才能和智慧。其次要了解下属完成工作的速度。管理者一旦掌握了每个工作人员对其工作了解的程度和完成工作的速度等情况，就可以估计出每个人能够处理什么样的工作，也就可以回到委派工作的分析上来，决定把工作委派给可以达到目标要求的人。

4. 切记不要把必须由你决定的工作委派出去

那些处于最优先地位并要求管理者马上亲自处理的特殊工作，例如，你的领导非常感兴趣和重视的某件具体工作，你最好亲自去做。另外，需要保密的工作也不要委派给别人去做。如果某项工作涉及只有你才应该了解的特殊信息，就不要委派出去。

5. 当一件挑战性工做出现时，管理者应将它迅速委派给员工

选定了可以委派的工作后，就要选定能够胜任工作的人。管理者可以花几天时间让每个下属用书面形式写出他们对自己职责的评论。要求每位工作人员诚实、坦率地阐述自己喜欢做什么工作，还能做些什么新工作，然后，管理者可以召开一个会议，让每个下属介绍自己的看法，并请其他人给予评论。不过管理者要特别注意两个下属互相交叉的一些工作。如果某下属对另一下属有意见，表示强烈的反对或提出尖锐的批评，你就要花些时间与他们私下谈谈。

总之，管理者不能一个人大包大揽，必须把任务分派出去，让下属帮助完成。但有一点也要记住，那就是管理者要尽量避免把所有的工作都交给一个人去做的倾向。

落实执行力关键在于责任到位

实际工作中，一些企业之所以会出现一些重大决策没有很好地落实到位，一些重要政策在落实过程中打了折扣，一些重大工程在实施过程中进展缓慢等现象，往往不是因为方向不明、道理不清、招数不对，而是由于责任划分不清。

一个家电制造有限责任公司曾经发生过这样一起“事故”：3号车间有

一台机器出了故障，经过技术人员的检查，发现原来是一个配套的螺丝钉掉了，怎么找也找不到，于是只好去重新买。

采购过程波折重重。先是发现市内好几家五金商店都没有那种螺丝钉，又发现就连市内几家著名的商场也没有。

几天时间很快就过去了，采购员还在寻寻觅觅地找那种螺丝钉，可是工厂却因为机器不能运转而停产。于是，公司的管理者不得不介入此事，认真打听事故的前因后果，并且想方设法地寻找修复的方法。

在这种“全民总动员”的情况下，技术科才想起拿出机器生产商的电话号码。打电话过去询问，得到的答案却是：“你们那个城市就有我们的分公司啊。你联系那里看看，肯定有。”

联系后仅过了半个小时，那家分公司就派人送货来了。问题解决的时间就那么短，可是寻找哪里有螺丝钉，就用了一个星期，而这一个星期，公司已经损失了上百万元。

很快，工厂又恢复了正常的生产运营。在当月的总结大会上，采购科长特别提出了这件事情。他说：“从技术科提交采购申请，再经过各级审批，到最后采购员采购，这一切都没有错误，都符合公司要求，可是结果却造成这么重大的损失，问题竟然是因为技术

科的工作人员没有写上机器生产商的联系方式，而其他各部门竟然也没有人问。之所以会出现这样的问题，是由于公司责任划分不清，才导致了需要负的责任没有人负！”

可见，企业组织的岗位与岗位之间、员工与员工之间，都是责任与责任的关系，他们之间就犹如一台高速运转的机器中一个个相互啮合的齿轮，每一个齿轮的运转，都对整个机器的运转担负着重要的作用。很可能一个齿轮的缺失，将导致整个机器停止运行；小螺钉缺失，产生机器运营的缓慢和危险。责任不落实到位，一点点小问题就可能酿成大祸，使企业蒙受巨大的损失！

最宝贵的精神是落实的精神，而最关键的落实是责任的落实！只有责任落实到位，才是落实任务、对结果产生作用的真正力量。只有将责任落实到位，我们的单位和企业才能更加欣欣向荣；只有将责任落实到位，战略才能隆隆推进，崭新的未来才能扑面而来；只有将责任落实到位，个人的潜力才能得到无限的开发，个人才能一步步走向成功。

执行力也是一种文化

很多管理者都有这样的苦恼：为什么一件简简单单的事情交代下去之后在实施的过程中就变味了，而且往往与预想的结果偏差很大？很多人简单地把发生这种事情的原因归结为执行者的执行力不足。而事实又是如何呢？不妨先看一个例子。

主管让小张去买两本笔记本，小张匆匆买了回来，主管却说要厚点的，小张买了厚的回来，主管又说要硬面的，于是小张来回跑了5趟终于买到主管想要的笔记本，主管却对满头大汗的小张说：“你执行力真差。”大家看了可能会对此一笑，怎么会有这样的事情发生呢？然而这却是在不少企业中时常发生的现象。

小张买笔记本的例子，有人会说难道小张不会问清楚吗？要什么样子的，多少纸张的，什么颜色的，软面硬面的……是呀，小张可以问，但他为什么没有问呢？也许有人会说那个主管难道不会交代清楚吗？对，他可以交代清楚，但他却没有做，为什么呢？这体现了企业内部执行文化的一种缺失。

要想改变企业内部这种执行文化缺失的现象，可以从以下 3 个方面着重培养：

1. 从文化的核心层面构建执行力文化

（1）管理者要提炼出有利于提高企业执行力的企业核心价值观，没有核心文化就谈不上企业精神，没有企业精神，就不可能有企业凝聚力。核心价值观提炼要简短有力，富有鼓动性。而且要成为企业员工都认知、认同的理念。

（2）基于这样的理念，管理者还必须将其拓展为企业各个层面的理想和方法。这样才能使企业文化理念体系完整起来。

（3）企业理念不能停留在口头上，要得到员工的认同。必须在企业的各个沟通渠道进行宣传和阐释。要让员工深刻理解公司的文化是什么，怎么做才符合公司的文化。

2. 从文化的制度层面入手构建执行力文化

构建执行力文化，需要企业建立起相对完善的制度支持系统，比如企业的各项有效管理制度的有效支持系统等。很多企业执行力匮乏的原因主要有以下 3 点：

（1）有效制度建设相对落后，没有制度支持的执行，只能靠执行主体的主观能动性。无法保证不出现偏差。

（2）一些虽有完善的有效管理制度，但制度仅仅是束之高阁的摆设，没有有效得到落实。这是一种执行意识的问题。

（3）一些企业的制度建设存在众多不合理的地方，将制度建设与实际工作本末倒置，工作围绕制度去做，而不是制度服务和规范工作。因此企业的管理者不仅要强化员工的执行意识，还要建立配套的管理制度。

3. 从营造氛围层面入手构建执行力文化

良好的执行力文化的形成需要长期熏陶和潜移默化。氛围的强弱，与培育人才的好坏成正相关的关系。企业员工进入企业组织，参与企业组织的各种活动，受到外界环境的强烈影响，就会自然产生归属和依附。营造适合企业组织要求的执行力文化，必须从两个方面努力。

（1）领导垂范。管理者的行为是企业行为的标杆。管理者自身行为的方式，以及对企业内部行为的态度为广大员工所关注。企业管理者的行为是形成企业执行力文化的根本。在实际工作中，企业管理者自觉增强的执行意识、改变执行方式，积极影响着企业员工。

（2）情景干预。企业执行力文化的理念都有一定的物质表现，比如口号、标识等。在员工生活的空间和时间范围内，要设置各种标语牌，组织各种主题活动，使员工时刻处于执行力文化的熏陶之下，并有意识进行强化。

4. 从创新激励机制层面入手构建执行力文化

科学合理的激励制度和完善的福利项目，对员工有着最直接的作用，打造企业的执行力，营造企业执行力文化，必须依靠物质手段来实现和促进。

（1）管理者要用企业执行力价值观引导员工。要引导员工认识到自己的发展期望与组织目标一致，认识到良好的执行能力既是促进企业发展的关键，也是发展自己职业生涯的要求，从而对贯彻执行力有高度的认同，对企业合作群体有强烈的归属感。

（2）管理者要用企业执行力标准和要求灌输员工。对执行效率和执行结果的考评，必须成为员工能力测评的重要方面。要将规章制度纳入企业培训之中。将企业活动的程序方法和行为边界传达给员工，使员工清楚如何正确有效地做、如何做得正确有效，从而形成执行意识和规范。

只有管理者懂得了执行力的构成和提升的方式，并在工作实践中严格运用，将其向着一种文化的方向去打造，管理者才能逐渐摆脱因执行力不足而带来的烦恼。当执行力的观念渗透到每个员工内心深处时，就会爆发出企业文化独有的能力，不但可以减少工作中的损耗，更能够影响后来者，让其迅速融入这种文化中来，这也是企业文化所具有的独特魅力。

第十章
给员工内心注入企业文化的基因

文化是企业的灵魂，企业文化会让管理事半功倍。对于一个企业的成长而言，企业文化虽然看起来不是最直接的因素，但却是贯穿企业各项工作的生命线，因此，企业要想长足发展，就需要给员工内心注入企业文化的基因。

建立核心价值观

核心价值观指的是企业在经营过程中坚持不懈，努力使全体员工都必须信奉的信条。核心价值观是企业哲学的重要组成部分，它是解决企业在发展中如何处理内外矛盾的一系列准则。一个企业选择什么样的核心价值观是创造企业文化的首要问题。

中国地域广阔，人文背景差异性较大，中国企业真正按照企业性质运作的时间很短，能够建立起并恪守其核心价值观的企业就更是寥寥可数，反观西方企业，虽然只有100多年的历史，在企业文化这个名词出来之前还没有叫作企业文化或核心价值观，但它们已经有一套比较成熟的企业文化运作体系，并且企业家对企业文化的重视以及执着足以令中国大多数企业家汗颜。正如惠普公司共同创始人威廉·休利特所说的那样："回顾一生的辛劳，我最自豪的，很可能是协助创设一家以价值观、做事方法和成就，对世界各地企业管理方式产生深远影响的公司。"

由此可见，西方企业家对如何建立企业的核心观深有体会，特别是对核心价值观给企业造成的影响更是有着深刻的认识。与此相反，中国许多企业家对什么是核心价值观却不甚了解，以为核心价值观不过就是将一些时尚流行的管理哲理或警世名言贴在墙上或写在纸上，要不然就是罗列出一大堆管理书籍的理论或套路，使企业核心价值观成为挂在嘴上，写在墙上的“绣花枕头”。

其实，真正的企业核心价值观必须符合以下几个标准：

（1）核心价值观必须是真正影响企业运作的精神准则，是经得起时间考验的，因此它一旦确定下来就不会轻易改变。

（2）核心价值观必须是企业核心团队或者是企业家本人发自内心的肺腑之言，是企业家在企业经营过程中身体力行并坚守的理念，如有些企业的核心价值观中有“诚信”的字眼，但在实际经营过程中却并没有真正以诚信为准则，那么它就不是这家企业的核心价值观。从这个角度说，核心价值观不能够跟风、去追求时尚，世界500强企业的核心价值观不一定就是你的核心价值观，如创新、以人为本或追求卓越等，它可以是你价值体系的一部分，但并不一定是你的“核心”价值观。

（3）所谓核心，指的是最重要的关键理念，数量不会太多，通常有五六条。有些企业在建立核心价值观时常常会有一些错误的理解，喜欢大而全，于是请一些所谓的专业人士撰写出一本本理念手册，殊不知这些理念可能只是哗众取宠的漂亮文字而已，结果是误导了员工又难于形成价值观体系。

一般而言，中国企业建立核心价值观可以

参照以下方法：

1. 立足长远，坚持基本商业信条

目前中国正处于过渡时期，机会比机遇多，很多投机行为或不规范操作都可以使人一夜暴富，因此有许多鱼龙混杂的人混入其中，各个都称自己是企业家，但他们的经营理念却都是赚钱而不是事业。伟大的企业需要伟大的企业家——一个懂得无论在什么时候都会遵守基本的商业伦理，懂得权衡长远利益与短期利益的利弊，知道为了获取更多的钱而如何放弃钱的人。这样的企业家会在当前中国没有正式形成诚信制度的情况下自觉恪守诚信的理念，甚至为此做出许多别的企业家觉得“傻”的行为，而这恰好是未来中国企业如何区分优秀企业与一般企业的最大区别。因此，恪守商业伦理，坚持基本的商业信条，从长远出发，甚至为此不惜成本，这才是未来中国企业核心价值观的代表。

2. 你倡导的，就必须你去推崇

很多中国企业家都认识到企业核心价值观的作用，他们将企业核心价值观经常挂在嘴边，要求各层管理人员要重视核心价值观的建设，但他自己本人却依然高高在上，说的和做的不一致或者要求员工做到而自己却漫不经心，这是绝对的错误。作为企业家，其主要的管理职能应该是战略、人力资源和企业文化，也就是说他要做好战略的决策工作、建立吸引人才的平台，当好企业核心价值观的牧师。“你所倡导的，就必须你去推崇！”如果一家企业的核心价值观不是由企业家本人坚持不懈地宣导，并身体力行，那么你又有什么资格要求员工去信奉这所谓的核心价值观，并在行动中体现呢？

3. 与本土文化相结合

中国企业正处于高速发展阶段，中国式管理模式尚未形成，各种各样的管理思维和方法充斥着管理界，到底什么才是适合中国企业的核心价值观，各有各的说话。我们认为，在核心价值观的建立上，必须采取“博采众长，以我为主”的做法，不能盲目去模仿所谓世界级公司的核心价值理念，但也不能不顾商业法则，违背公理而单一强调“合适才是最好的”。

企业文化是根植于民族文化的土壤之中的，如果核心价值观与民族文化相违背，那它根本就无法生存。这就让我们很容易理解，为什么跨国公司重视跨文化管理的问题。一个跨国公司的总裁，必然是一个跨文化管理的专家，因为无论是哪一个国家企业的好的核心价值观，如果不能与国家的本土文化相融，那它就会失去生存的土壤。因此中国企业不能好高骛远地盲目追求缩短与世界企业的差距而建立所谓的世界级的理念，而应该塑造一种基于民族文化和商业伦理，又是企业家内心追求的真正核心价值观，唯有如此，中国企业才能建立适合中国国情的价值观体系。

塑造良好的企业文化

为什么有的企业能历经数十年、数百年而屹立不倒，有的却只是昙花一现便湮灭在市场经济的浪潮中，它们的企业大厦会倾倒，都是缺乏企业文化导致的。任何一个成功的企业、行业、体制，认真分析研究他们的成功之道，有一个共同点，就是都注重企业文化的塑造。所以，企业要想在激烈的市场竞争中立于不败之地，塑造企业文化不容忽视。

如何塑造良好的企业文化，管理者可以从以下两方面着手考虑：

1. 内部途径

通过企业内部的各种活动，完善企业自身机制，在企业中形成有利于文化“生长点”的土壤。

（1）培育团队意识。

团队意识也就是集体意识、集体观念。比如日本企业的团队意识就比较强，在他们的观念中，对自己所属集团的忠诚是一个人最应该具备的品德。这种道德观念是他们“集团意识”存在的重要文化根源之一。

塑造良好的企业文化，团队意识是很重要的一个方面。因为，企业文化就其本身而言，是一种命运共同体文化，它具有整合性、共生性和献身意识 3 个方面的特点。团队意识，对于企业来说是至关重要的，没有团队意识，就谈不上群体成员之间的协同合作，更谈不上作为他们各个能力总和的“集体力”。

（2）提高员工的素质。

在任何企业，员工都是主体，企业的经营行为是员工活动的反映，企业文化建设是由员工行为体现出来的。可以说，员工素质的高低，决定着企业的经营成果，因此我们说，提高员工素质是搞好企业文化建设的根基。提高员工素质可以从提高员工道德素质、文化素质和技术素质方面入手。

提高道德素质，是企业树立良好形象的关键，是企业绵延不衰、自强不息的精神动力。可以通过积极开展各种健康向上的文化活动，让员工从中受到激励，进一步增强员工积极向上、追求真善美的意识，帮助他们进一步辨别是非，抵制假恶丑，塑造美好的心灵。

提高文化素质，是推动企业发展的根本保证。良好的企业文化需要全体员工的认同，需要全体员工的文化素质与企业文化建设要求保持一致。创建学习型组织、打造学习型企业是提高全员文化素质的有效途径。企业应该通过制定未来发展战略规划，把学习纳入工作，真正构建一种人人潜心学习、共同追求进步的良好氛围，使学习成为企业文化建设的一个重要组成部分。

提高技术素质，是推动企业发展的动力。现代经济的市场竞争，离不开科技创新。科技创新离不开员工智慧的充分发挥。先进的技术和设备都需要员工来掌握运用，因此，要提高员工的技术素质。

（3）树立企业精神。

企业文化的核心是企业精神，企业精神是企业文化的集中反映。企业精神是企业全体员工现代意识与企业个性相结合而形成的一种群体意识。它既是企业现状的客观反映，是全体员工共同拥有、普遍掌握的理念，是稳定性与动态性的统一，又具有独创性、创新性、时代性，还要求企业务实、求实、求精。

企业只有把企业精神灌输给每个员工，并使之成为支配其言行的自觉意识，使员工恪守诚信、遵守诺言、不欺不诈，增强对自己行为负责的责任感、道德感，才能为企业带来巨大的经济效益，形成企业强大的生存、发展动力。

2. 外部途径

塑造良好的企业文化，还需要良好的外部环境。通过企业对外的传播活动，向社会辐射企业的影响，让社会通过企业形象来了解企业，为创立企业文化提供条件。

（1）创造良好的外部环境。

企业的外部环境包括民族文化环境、政治经济环境和市场环境。企业可以通过了解市场环境，对这些环境中的各种因素进行分析，再利用有利的因素，摒弃或改造不利因素。例如，企业的竞争对手及他们的优势有哪些，自己的劣势又在哪里，如何处理与对手的关系，市场中的积极因素有哪些，等等。通过了解外部环境，采取措施，改造外部环境，为企业文化的创立提供良好的外部环境条件。

（2）塑造企业形象。

众所周知，良好的企业形象是企业文化的外在表现形式，在激烈的市场竞争中，良好的企业形象对扩大企业的影响、增强企业的竞争实力具有重要作用。企业形象就是公众和企业人对企业的整体评价和印象。企业形象塑造表现在两方面：一方面，在于公众对企业的认同感上，包括企业的标志、注册商标、产品设计、产品质量、装潢和广告，以及各种附属印刷品的设计。所有这些，都可以使公众对企业产生一种可以信赖的印象。另一方面，在于员工是否与企业荣辱与共、关心企业的经营和效益、珍视企业的信誉。

引导员工认同企业的价值观

费了不少心血引进的人才“跳槽”了；悉心培养出来的骨干员工辞职了；委以重任的心腹“叛变”了，还带走了手下优秀的团队；大批客户资源甚至商业机密……诸如此类因核心员工的“不忠”而给企业造成巨大损失，引发企业经营震荡的事情，在许多企业都上演过。

如何才能赢得员工的忠诚，至今仍令很多管理者大伤脑筋。

其实，真正让员工忠于企业的，不是金钱，也不是升迁，而是认同。这个道理很简单：人的欲望是无限的，企业不可能满足员工们对金钱与升迁的所有欲望，管理者要做的就是让员工认同你的企业文化。因为任何一家企业的文化都是独一无二、无法模仿的，只要他认同了企业文化，在接受另一种企业文化的时候就难免会有排斥心理。从另一个方面讲，认同的本质又是员工和企业价值观相融的表现，价值观又决定了员工的忠诚，唯有建立在价值观认同基础上的忠诚，才是持续且难以改变的，才是一种发自内心的精神追随。

所以，企业如果想成功留住员工，

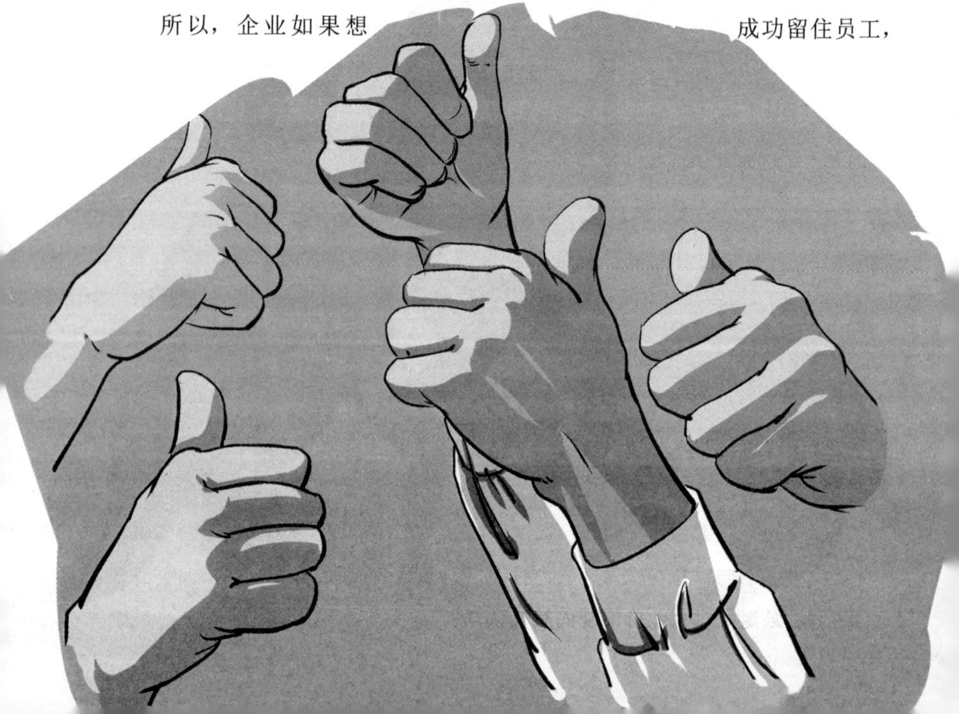

管理者其实无须给他们无止境的金钱和升迁诱惑，只需引导他们认同企业的价值观即可。要想让员工认同企业的价值观，管理者可考虑从以下 4 个方面入手。

1. 目标引导

一个明确、清晰，与员工追求结合很紧密的企业目标，对引导员工认同企业价值发挥着重要的作用。

共同的目标与追求是维系员工与企业的唯一纽带，也是员工与企业合作的唯一原因。没有什么比一个明确、清晰的目标更能吸引人的了，特别是当一个企业正在实践其目标的时候。如果员工相信他们所做的事是值得的，相信能够通过自己在企业中的工作完成他们值得花费时间和精力去做的事情，那么，他们就会认同企业的价值观，追随企业目标，积极努力地去行动。

2. 通过培训，培养认同感

这种培训，并不是企业平常针对员工进行的技术或技能方面的，而是对价值观方面的培训，目的是系统地向员工灌输企业价值观，有针对性地培养他们对企业价值观的认同感。

培训的方式很多，如管理者的演讲。杰克·韦尔奇在任期间的工作重心之一，就是在通用电气总部及遍布世界各地的分支机构，进行价值观方面的巡回演讲。这种方式取得了非凡的效果，不仅使通用成为全球最受尊敬的企业之一，也使杰克·韦尔奇为自己赢得了“世界头号经理人”的殊荣。此外，企业还可以通过一些专题教育、拓展训练及一系列相关活动对员工进行培训，其中，讲故事是最有效的方式。通过把企业价值理念故事化，并配合有效宣传，对培养员工的认同感会起到极好的效果。

3. 良好工作氛围的渲染

良好的工作氛围对员工认同企业价值观发挥的作用也不可小觑。因为，如果一个企业没有良好的工作氛围，那么员工之间将无法进行正常、充分的沟通，也就很难建立信任，这就使员工之间相互交流与学习产生障碍，不利于共享价值观的形成。实践证明，良好的工作氛围是一种强力“黏合剂”，可以使员工在愉快的环境中工作，使员工彼此间相互信任与合作。这种氛围愈是浓烈和长久，对员工的“黏合”效应就愈强大、愈长久。员工在这种氛围中潜移默化的结果，必定是对企业价值观的持久认同。

4. 管理者的魅力“辐射”

美国军事家克里奇曾经说过：没有不好的组织，只有不好的管理，好的管理者是好组织的塑造者。管理者是企业的灵魂，是企业与员工之间的纽带，其价值观又是企业价值观的核心。因此，与其说是员工对企业价值观的认同，不如说是员工对管理者价值观的认同。但要让员工认同管理者的价值观，只靠“权威”是绝对不行的。

一只老鼠爬到佛像头上，看到下面有许多人在向它跪拜，十分得意，以为自己就是神了。一只野猫扑过来要吃掉它。老鼠说：“你不能吃我。”野猫问为什么，老鼠说：“我是神，你没看见下面的人都在向我跪拜吗？”野猫冷笑一声：“人们向你跪拜，不是因为你，而是因为你所处的位置！”

可见，权力与地位并不能使员工真正对管理者心悦诚服。要真正让员工心甘情愿地认同你，就必须靠自身的一些“软要素”，比如，能力、人格、对员工的关怀等。

（1）卓越的能力。

管理者最重要的使命是要带领企业追求卓越，这就需要管理者具备成就大业的能力和潜质，并且也确实取得了一些令人刮目相看的成就，这样的管理者自然能让员工在心悦诚服中言听计从，觉得追随这样的管理者是有前途的，与这样的管理者合作自己是能进步的，进而产生由衷的认同感和信任感。

（2）超凡的人格魅力。

人格魅力从来都是非常具有吸引力和感召力的。超凡的人格魅力正是管理者感召力的精神基础，而管理者也正是凭借其超凡的人格魅力成为整个组织的精神领袖的。所谓“其身正，不令而行；其身不正，虽令不行”，这些都是在说明作为企业管理者，首先要“自正其心”“自省其身”“自修其行”，然后才有资格也才有可能“正人之心”“省人之身”“修人之行”，才能“聚人之气”“合人之力”，领袖群伦，所向披靡，达到“令民与上同意，上下同欲者胜”的效果。

（3）心系员工，为员工着想。

管理者卓越的能力与超凡的人格魅力如果不能与员工的个人需要联系起

来，就无法对员工形成持续的吸引力。因为，不管何时，个人的需要与实现需要的动机永远都是人们行为的第一动力和指向。就比如说，员工工作是为挣钱，挣钱是为吃饭，如果管理者给员工的工资薪金根本维持不了员工的基本生活，那么管理者即便是有着卓越的能力和超凡的人格魅力，也只能令员工敬而远之，员工更不会与你产生共鸣了。因此，心系员工、时时为员工着想是获得员工认同的第一前提。

为员工树立远大的愿景

每一个企业管理者的脑海中，几乎都装着企业未来的壮丽景象。对于企业而言，这幅壮丽的景象就是企业的使命，这一使命揭示了企业存在的理由、揭示了企业前进的方向、揭示了企业伟大的目标。其本质在于揭示企业发展的目的，指引企业成长方向，是企业持续成长的主要推动力之一。

日本经济大萧条时期，国内有许多公司都倒闭了。松下电器公司也只能苟延残喘地维持着。当时，松下的每一个员工都很担心公司也会出现危机，而使自己失去工作。这时，松下幸之助适时地把全体员工集合起来，告诉他们：

"松下电器就像无尽的宝藏一样，会不断地开发新产品，我们担负着开拓创业的使命。为了完成这项使命，要经过250年的时间。我将这250年分成10个节。第一节为25年，这25年又分为3期，第一期的10年间是专门建设的时期，第二期的10年间是持续建设时期，更是专业活动的时期，最后的5年则是持续建设和活动，有了这些措施，我们就能给社会做贡献了。我们现在所处的时期就是第一节，第二节以后就由我们的下一代来完成。从此以后，每一代人都必须兢兢业业，按照共同的目标前进，到了第10节，也就是250年以后，这个世界就会是一个充满物质、富庶繁荣的乐土。"

每一个员工在听到这篇《松下电器250年的计划》后，都目瞪口呆，但等稍微恢复过来后，就像吃了定心丸，安下心来。因为他们认为"社长都这样有干劲，公司应该没有问题"。

靠着松下为员工树立的远大愿景，松下电器成功度过了那段最艰难的日子，在日本创下了一个奇迹。

有很多企业领导，都是讲故事的高手，他们会把自己脑中美丽的梦想，绘声绘色地向大家讲述，例如，张瑞敏会讲海尔将成为世界500强的目标、马云会在员工会议上讲阿里巴巴的网商构想、宁高宁会讲他的中粮之梦……

作为一个有目标有远见的管理者，要想引导员工为企业的前景共同奋斗，就要勾画出企业的长远发展目标，并通过有效的沟通，使它成为所有员工共同的愿景与事业。这样，才能引导员工与自己步调一致，共同前进。那么，管理者具体应该怎么做呢？

1. 要有行动的蓝图

没有魅力的管理者，会因为唯恐目标不能实现，而不能展示出令员工心动的愿景。员工对这样的管理者，必然不会抱有信心。如果大家都没有高昂的斗志，就算是微不足道的理想也无法实现。

当然，即使有伟大的愿景，如果没有清楚地规划出实现过程，也不能使员工产生信心。因此，为员工树立远大愿景的同时，还必须规划出实现愿景的过程。这是一个必经的过程，指的就是从现在到实现愿景所采取的方法、手段及必经之路。

2. 让员工和企业有一个共同目标

《孙子兵法·谋攻》曰：“上下同欲者胜。”《黄石公三略·上略》说：“与众同好靡不成，与众同恶靡不倾。”这些讲的都是只要上下一心，士气旺盛，众志成城，打仗时每个人都奋力向前，军队就会攻无不克，无坚不摧。这种“上下同欲”的原则，就是告诉企业管理者在树立目标的时候要让员工和企业有一个共同的目标。

塑造一个共同的目标，创建共同的价值立场和相同的价值理念，是引发员工积极性和工作动力的重要手段。因为如果员工认同企业，同时企业也认同员工，那么价值观就会成为激励员工非常有效的手段。

3. 让目标充满乐趣

大多数人都乐意付出更多的尝试去玩一场游戏，其投入程度远胜过他们所干的工作，这其实很容易理解，因为在游戏中，每个人都可以扮演自己喜欢的角色，都知道该怎样去做才会赢，游戏中，人们大多都表现得异常激动并精力充沛。

这种法则，对于一个企业挖掘员工的潜力而言，是一种非常可行的方法。

目前，很多企业都在使用这种方法。为了使企业的整体工作水平得到提高，很多企业运用图表法、游戏法和竞争法使目标更富有趣味，从而使企业的行为充满个性，与之相应的回报也必然会是高效率产出及不断增长的利润。

一般情况下，目标的价值越大，社会意义就越大，目标激励作用也就越强。所以，管理者要善于给员工树立远大的愿景以激发他们的工作热情和积极性。为了使目标的树立与管理更为科学、合理，管理者应该遵循以下几条原则：

1. 目标要有长短之分

或许有人会说，理想越是远大就越是空洞，越不容易实现，也越不利于大家付诸行动。其实恰恰相反，理想、目标越微不足道，就越不能激发众人的高昂斗志。

这就需要管理者在树立目标的时候要注意目标的长短期之分。

因为要达到最终的目标并不容易，所以要树立达成最终目标的前置目标（以此为第一目标）。同时，达成第二目标也不容易，所以要设定达成第二目标的前置目标（第三目标）。要达成第三目标也不容易……就这样一步一步地设定次要目标，连接到当下。

这样，为了达到最后的目标，就必须从最下位的目标开始，一步一步地向前位目标迈进，依次完成每个目标。这一步一步展开前置目标的过程，就称为“目标功能的进展”。

在“目标功能的进展”中，最下位目标的设定必须最接近目前的状况，而且应尽可能详细、现实。也就是说，最下位的目标必须是可行的。达成最下位的目标后，再以高层的目标为目的。

2. 目标要具体明确

树立目标的目的是使所有人的行动能够尽量统一，让员工具有共同的方向，从而使行动的效果达到最大化。这就要求目标的树立必须明确。假如目标不明确，就很容易造成员工对目标的理解产生分歧，从而影响目标的执行效果。

大量的研究结果都证明：具体、明确的目标要比笼统、空泛的目标产生的绩效要高得多。比如，在制定每月要达到的销售目标时，用具体的数字往往比用含糊其辞的“尽最大努力”“争取有所提高”等词语要有效得多。

3. 目标要有期限性

一般而言，人们对期限要求明确的事情会全身心投入，以期在期限内完成，而对没有确切期限的事情则会无限期地拖延下去，甚至会遗忘。所以，管理者一旦制定一个目标，就应给出一个具体的、明确的期限，没有期限的目标，在很多时候是不会有结果的。

在管理学中，帕金森有一条定律：“工作会展延到填满所有的空间。”所以，在用目标激励员工时，必须对工作目标设定一个期限，没有期限目标就永远完成不了。

另外，目标还应该具有阶梯性，从企业的管理层到执行层都必须有一个清晰的目标，每个层次的目标都是为组织的总目标服务的，这样的目标管理系统才能起到激发整个公司员工积极性的作用。

要从科学管理到文化管理

现代管理学中往往把“科学管理”作为企业管理的核心，即运用理性和科学的方式来处理企业的一切，重视战略、计划、组织和流程等方面的管理，以达到提高效率的最终目的。但是，随着企业以及企业文化的向前发展，企业管理的核心也随之转变，逐渐形成一个由科学管理向文化管理转变的过程。20世纪80年代以来，文化管理的理论逐渐在企业中兴起，并以企业文化建设为龙头，以人的尊重为文化管理的核心，把人假设成社会人为前提，重视感情和价值在管理中的运用，通过将企业的价值灌输到每个员工的思想意识中，为他们提供宽松的发展空间，激发他们的主观能动性、对工作的热情和创造力，来实现超越制度管理的飞跃。

杰克·韦尔奇自1981年至2001年担任通用电气公司总裁，不仅在通用电气公司拥有至高无上的个人魅力，更是商界风靡一时的传奇人物。1981年，韦尔奇担任了该公司历史上最年轻的董事长兼首席执行官，在随后的20年中，他无时无刻不在进行改革，他不仅为通用的股东创造了巨大财富，使通用成为全球第一大公司，还塑造了一个最优秀的企业文化，把一个历史悠久的工业帝国，转变成为一个富有朝气与活力，善于变中求胜，发展潜力无穷的公司楷模。他的成就重新定义了现代企业管理，在20世纪结束的时候，他因此获得了“世纪经理”的美誉，成为几乎所有首席执行官效仿的典范。韦尔奇对通用乃至世界所做出的最大贡献之一就是用自己的管理实践为人们诠释了一种全新的企业管理和领导艺术——文化管理。

现代管理最早出现在西方，就是科学管理的思潮。科学管理的出现适应了机器大工业时代的发展，并成功解决了企业生产效率的问题。后来，随着社会生产的发展，工人地位逐渐上升，工会的力量大增，工人们这才开始逐渐注重维护自身的权益，以组织的力量来与资方谈判协商。在这种形势下，科学管理那种只把人视为“经济人”，企业管理者只把员工视为牟利工具而忽视员工各种心灵需求的思想已经行不通了。于是出现了行为学派，他们强调工作环境、人际关系对工人行为的重要影响。

20 世纪 80 年代，日本经济表现出强劲的发展势头，与之相伴的是日本企业的管理模式和思想。它与西方管理注重组织、规章、技术等相比，更关注企业价值、目标、仪式等文化因素，这种管理模式使日本企业表现出极强的稳定性和竞争力。日本企业的这种管理模式引起了西方企业的关注，刺激了西方管理思想的转变，他们开始研究文化在管理中的作用。

文化理论的奠基人和管理大师埃德加·沙因一贯强调：一个企业应当致力于鼓励人人全力以赴，以赞美和金钱奖励员工的成就，创造一个充满挑战、令人满意又有趣的工作环境。文化研究专家理查德·巴雷特认为，有效的组织文化不是领导者主观意识的体现，过去和当前领导者的个人特征仅构成组织文化的原始雏形，所以，要建设有效的企业文化就必须围绕组织目标予以改造和提炼。

作为一名企业管理者，深知企业基业长青的背后是企业多年传承下来的相对稳定的优秀企业文化的道理。但在很多企业实践中，企业文化受到的重视远远不够，很多企业雷声大雨点小，并没有真正认识到企业文化的含义和其对企业经营管理的作用，更没有在实践中加强企业文化管理。而纵观基业长青的企业管理者，他们有一个共同的特点——文化管理在其企业管理中起着主导作用。

文化管理是企业的高级管理，它超越了科学管理机械式的理性，但吸收其合理性成分，又融合了经验管理的长处，上升为管理学艺术，使企业管理真正实现了科学性和艺术性的有机结合。但在实行文化管理的时候，也要切记不能片面强调文化的重要性，也不能“纯管理”，必须文化与管理、理性与艺术性双管齐下。企业文化归根到底是为了提升企业管理。

随着时间的推移，历史的不断向前发展，以往那种以科学管理为核心的管理模式逐渐被文化管理所替代，文化管理必将成为企业发展最适用的管理模式。

让员工有一种使命感

一些管理者谈到使命感这个词时，直觉上会觉得太过言重了。其实使命感才是促使员工们勤奋工作的最强的动力。如果有的员工对公司没有一种使命感，那么在公司面临困境的时候，又如何能指望他们与企业同舟共济、共渡难关呢？

就目前的社会经济发展状况而言，大多数人已无须再为温饱而苦恼，他们的生理需求已基本得到满足，随之对于精神方面的需求就提高了，这为培养使命感创造了条件。

韩国精密机械株式会社实行着一种独特的管理制度，即让职工轮流当厂长管理厂务。一日厂长和真正的厂长一样，拥有处理公务的权力。当一日厂长对工人有批评意见时，要详细记录在工作日记上，并让各部门的员工收阅。各部门、各车间的主管，得依据批评意见随时核正自己的工作。这个工厂实行“一日厂长制”后，大部分员工都坐过“厂长”的职位，工厂的向心力增强。工厂管理成效显著，开展的第一年就节约生产成本300多万美元。

企业管理者要相信，员工是否有使命感，是员工仅仅作为打工者或者从心里觉得自己是企业的一员的重要区别。如果员工关心企业的发展，但管理者不给予他参与的机会，他自然会疏远企业，企业对他而言只是个打工赚钱的地方。因此，作为公司的管理者，你应该关心、体贴员工，尽力为他们做一些实实在在的事情，让员工能感受到公司对他的关心，使他感到自己是公司这个大家庭中的一员，使员工看到自己在企业中的地位和作用，这样的员工才能更多地投入到工作中去，更主动地关心公司的发展情况，使员工产生归属感。这样员工就会把公司的事情看作自己分内的事，就会觉得自己应该负起一定的责任，而使命感也就在这潜移默化中悄悄地植根于员工的心中了。

第十一章

管理的终极考验：把“危”变成“机”

俗话说：“天有不测风云，人有旦夕祸福。”在市场竞争如此激烈的今天，诸多因素导致危机无时无刻不在威胁着企业的生存和发展。作为企业管理者，要居安思危，时刻保持警惕，努力做好危机防范，建立完善有效的危机管理体系，为企业铸就最坚固的堤坝。而且最为重要的是，在面对危机时，管理者要能沉着冷静，紧抓关键，把“危”变成“机”。

任何企业都有可能遇到危机

在企业的经营过程中，随时有可能出现危机。有资料显示，在整个20世纪80年代，《财富》500强中有230家企业（占总数的46%）消失了。而19世纪最大的100家公司，到20世纪结束的时候，只有16家仍然存在。在美国，新创立的公司有20%完全失败，60%受到挫折，只有20%能够成功。在日本，《调查日报》也曾对新创公司进行过统计，成功率也只占11%～12%。《中国企业家》杂志的一篇文章说，中国78%的企业倒闭都是危机带来的。

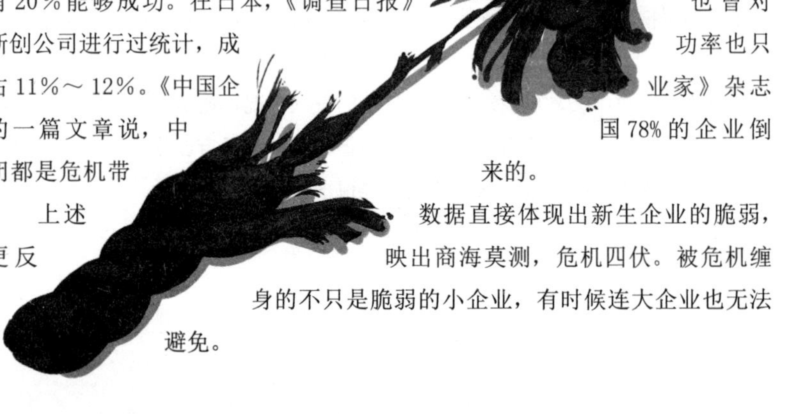

上述数据直接体现出新生企业的脆弱，更反映出商海莫测，危机四伏。被危机缠身的不只是脆弱的小企业，有时候连大企业也无法避免。

古人云：智者千虑，必有一失。在市场经济体制下，每一家企业都力图追求效益最大化，没有一家企业愿意陷入危机。然而，事情的变化往往不以人们的主观意志为转移。以下的事例不能不让人咋舌。曾为美国最大的电力、天然气销售和交易商——安然公司，在全美乃至全球能源商品交易市场上举足轻重，因为危机事件几乎一夜之间垮台，同时牵连了在咨询业中占据着重要地位的安达信公司，安达信从此在全球会计师事务所排行榜上消失，退出舞台。遭遇危机而破产的国际著名企业远不止一两家，美国两大汽车制造商克莱斯勒和通用汽车在2008年先后宣布破产、美国第四大投资银行雷曼兄弟公司破产、拥有100多年历史的美国商业贷款机构CIT集团申请破产保护。

市场经济的发展决定了企业在任何阶段都要面临突发的新形势、新问题，若处理不当，轻则给企业带来损失，破坏企业公众形象，重则使企业陷入困境不能自拔。

现实不断证明，危机无处不在，无时不在。如何防范危机，如何化解危机，将会成为每个企业领导者必要的研究课题。

必须具备一定的应变能力

出色的应变能力是优秀企业管理者的重要特质之一。一旦企业遭遇危机，面对各种不利的局面，不同的管理者会有不同的表现，有的可能惊慌失措，不知如何是好；有的可能会直接借鉴历史案例；有的则可能照搬预定的危机管理方案而不考虑实际情况。但最后的效果可能打折或者更不乐观。危机事件的处理是严肃的管理问题，管理者作为企业运营的中心，更要注重具体问题具体分析。现实社会中，一切都处在“变”的状态下，管理者更要学会山崩于前而面不改色，以“不变”应“万变”。管理者具备良好的应变素质，不仅是个人领导魅力的体现，而且会给企业带来直接的经济效益。

麦考梅克公司是美国的一家企业，由W.麦考梅克先生创办。W.麦考梅克先生个性豪放、重义气，公司成立之初，发展速度很快，但是后来，业绩下降，他吸取很多大型公司裁员减薪的经验，企图使公司重获生机，然而努力失效，企业面临破产倒闭的严重情形。

W. 麦考梅克先生不久因病去世，由 C. 麦考梅克担当总裁。新总裁下定决心使企业重振雄风，他深入研究后发现，公司之所以陷入危机，是因为员工缺乏积极性，他们对公司的前途缺乏信心，他们认为无论自己如何努力，公司也是要破产的。这种失败感被裁员减薪的做法所强化。C. 麦考梅克认为当下最重要的工作就是让员工振作起来，为自己和公司的前途奋斗。

于是，他向全体员工宣布：自本月起，每位员工的薪金都增加 10%，并且缩短工时。这个决定让员工觉得既惊喜又不可思议。新总裁解释道，现在公司的生死存亡都落到诸位肩上了，希望大家协力渡过难关。一年后，公司扭亏为盈，成为国际有名的大公司。

在危机面前，面不改色，镇定从

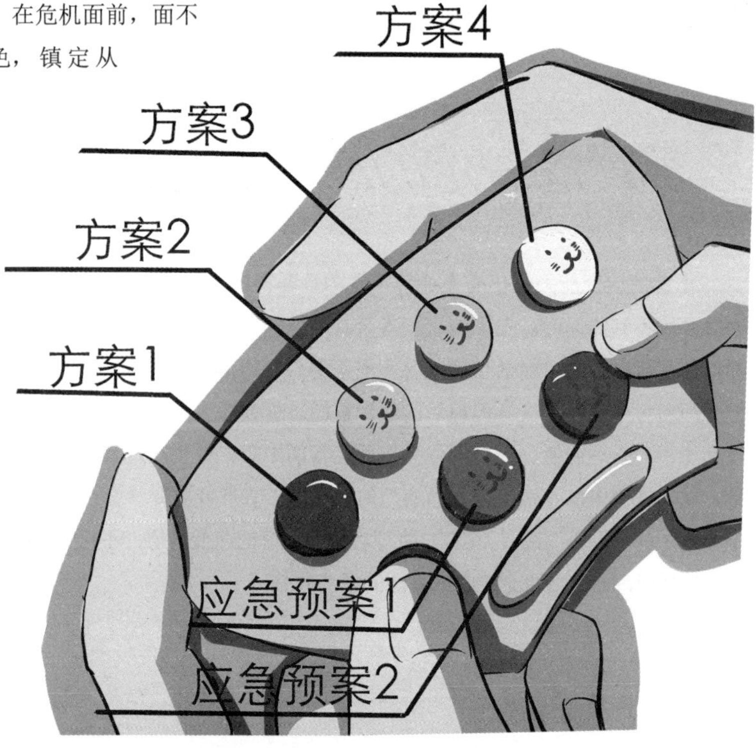

容，认清形势，是一个管理者应具备的基本品质。认清形势，才能做出正确的计划和应变措施，这对接下来的情形逆转都有着不可估量的作用。良好的应变能力包括：

1. 敏锐的洞察能力

正确地发现和提出问题，是成功解决问题的一半。管理者要拥有高于常人的洞察力，看到别人看不到的地方。

2. 准确的判断能力

准确的判断能力是应变能力的基础，需要管理者掌握大量的信息、丰富的知识积累，在准确理解问题的基础上，把握事件发展的趋势。

3. 敏捷的反应能力

敏捷的反应能力是指人在思维过程中，当机立断和及时解决问题的能力，这种能力是应变的基本功。敏捷的反应不仅讲时间，也要讲适时和时机。多数情况下，解决问题不止由速度决定，还要看“适时”和“时机”。

4. 科学的思维能力

科学的思维能力是指管理者运用现代科学思维方法和手段，正确认识领导活动的特点和规律，形成科学的领导决策，合理高效地实现领导目标的过程。

5. 超强的决断能力

优柔寡断、患得患失、瞻前顾后、举棋不定这些都会导致决策的失误，而超前的决断能力意味着杜绝这些现象的发生。

6. 巧妙地借“势”能力

顺应时势，就是管理者依据客观情况的发展和变化，顺乎客观规律和时代的发展趋势。认清现实中的有利条件和不利条件，明确企业位置、机会和威胁等要素，顺势导利。

7. 超常的镇定能力

管理者的临危不惊来自其良好的心理品质，如果在紧要关头表现得惊慌失措，那么理智的思考、正确的判断和合理的布施就将无法进行。

通常，管理者山崩于前而面不改色的能力可以通过以下途径获得：

（1）提高自身素质。包括社会适应能力、社会认知能力和心理承受能力。素质好，应变能力才会强。知识渊博、经验丰富、智慧过人，才能对突发事件做出迅速而灵敏的反应，妥善处理事件。

（2）学习各种应变的方法和技巧，并根据问题、情况的不同，灵活运用应变方法和技巧。

（3）勇于实践。对管理者来说，只有拥有应变能力，才能妥善处理危机。应变能力的获得，不会一蹴而就。这需要管理者重视日常经验的学习和累积，勤于修炼，只有这样的管理者才能让面临危难的企业转危为安。

居安思危，防患于未然

企业产生危机的原因往往是多种多样的，并具有很大的偶然性和随机性，它可能在某一天因某件事或某个人引发。但是，危机的产生却有一个从“准备期”到“爆发期”的变化过程。也就是说，任何危机的发生都有预兆性。正所谓“冰冻三尺非一日之寒”，如果管理者有敏锐的洞察力，能根据日常收集到的各方面信息，预测到可能面临的危机，并及时做好预警工作，采取有效的防范措施，就完全可以避免危机的发生或降低危机的损害和影响。因此，预防危机是危机管理的起点。管理者要想防患于未然，就必须做到以下几点：

1. 树立积极的危机意识

对于管理者而言，妥善处理危机，首先要对企业危机有透彻而深入的认识，

然后树立起危机意识。比尔·盖茨的警言“微软离破产永远只有18个月”；张瑞敏说“我每天的心情都是如履薄冰，如临深渊”；任正非说“华为总会有冬天，准备好棉衣，比不准备好”……这些优秀企业领袖的危机观点，都传达出一个信息：危机意识的树立绝对不容忽视。

2. 预防是解决危机最有效的方法

对于企业而言，预防危机的难度在于危机的先兆可能很细小，不容易被人们忽略；也可能由于其出现的频率很高，以致麻痹了决策者的神经；还可能是危机从出现先兆到爆发相隔的时间极短，令企业无暇顾及。预防危机要从企业创办的那一天起就着手进行，伴随企业的经营而长期坚持。倘若等到危机出现时才想应对之策，或把应对危机当作一种临时性措施和权宜之计，就太不明智了。当代管理革命已经公认，有效的组织现在已不强调“有反应能力”，而强调“超前管理”。

3. 成立专门的危机管理小组

小组需包括企业主要管理者、公关、安全、生产、后勤、人事、销售等部门的人员，因为这些人对企业具有控制能力，可以很快做出决策并使其有效执行。危机管理小组应该成为企业的常设机构。小组的管理者必须由企业资深人士担任，并且能够控制和带动整个小组，但这个人不一定是总裁。同时，危机小组成员中最好包括法律顾问和与政府、新闻界关系良好的成员。

4. 找出潜在危机并评估其可能造成的风险和影响

在企业内部定期进行运营危机与风险分析，针对目前企业运营的各层面，包括生产、制造、服务、品牌、销售、投融资等各个环节进行分门别类的危机分析。风险和影响的评估应从每个单独的对象群体来考虑，包括对内对外。

5. 依据潜在危机拟订危机管理计划

针对每一个对象群可能引发的每一种潜在危机拟定不同的计划，并提炼为一本《危机处理手册》。当然，手册中所有指导方案都应在法律范围之内，并有相当的运作弹性。

6. 对计划进行模拟训练

企业需不定期举行针对不同危机爆发的模拟训练。一个企业是否能真正具有快速危机处理的能力，实践是最好的检验方式。成熟的企业之所以能有良好的危机处理能力，与其平时进行的危机模拟训练是分不开的。逼真的演练可以测试和检验所拟订的危机处理计划是否可行。

7. 为处理危机广结善缘

在分析完各种可能带来危机的环节和对象后，管理者可能已经发现谁会是你的潜在敌人，你需要什么样的朋友和后盾。所以，分析出特定对象群之后，就应该开始和他们建立关系。把握时机，从现在就开始广结善缘。这些单位包括：政府、司法机构、新闻媒体、同行、相关科研机构、银行、保险公司、医院等。

8. 做好危机传播方案，控制不利报道可能引发的风险

首先，确定公司的发言人（包括总裁）接受过专业训练。发言人必须有在任何情况下与任何媒体打交道的心理准备，因此他们必须接受训练，了解媒体的运作和属性。

其次，正确地对待和利用媒体。公关专家帕金森认为，危机中传播失误所造成的真空，会很快被颠倒黑白、胡说八道的流言所占据，“无可奉告”的答复尤其会产生此类问题。因此，有效的传播管理也是对危机进行有效管理的基础。

企业为以防万一而建立各种未雨绸缪的措施，绝对不是一朝一夕的事情。居安思危，防患于未然，体现的不仅仅是管理者经营理念的完善，更是企业对自身奋斗成果的一种应尽责任。聪明的管理者总会在春风得意的时候，不忘备足过冬的棉衣，防患于未然。拿一个比喻来形容，居安思危的措施如同守着金币的保险柜，发挥着重要的作用，但是现实中却依然存在一些企业预防措施空白的现象，一旦危机来临，企业管理者又疲于应对，结果只能是给企业造成重大损失。

建立有效的危机管理系统

对于企业而言，危机“警报器”仅仅是管理系统网络中的一个点，企业成功处理危机，单凭可靠的警报系统，是远远不够的。科学应对各种危机就需要建立一个有效的危机管理系统，设置一系列的对应机制，发挥各个要点的作

用，来全面抵制危机的负面影响。

科学的危机管理系统是企业应对危机的强大支持，其中危机管理计划是最重要的组成部分，尽管根据各公司的特点，危机管理计划在内容、格式和风格上会有所不同，但国际优秀公司的危机管理计划一般都具备以下要素：

（1）对组织的危机管理哲学和危机重要性的表述——也许是在计划前言中的首席执行官的备录或信中表述。

（2）对公司认为是“危机”并引起危机计划实施的事件、事情或问题进行明确的定义。

（3）列出会影响公司的潜在危机情形，公司在未来可能会面对的潜在危机种类。

（4）公司的整体目标和危机管理目标。

（5）危机报告和协调的汇报结构及危机管理团队成员的名单，要附有电话、传真和手机号。

（6）紧急情况下的工作程序——包括同警察、消防和其他社区官员打交道，并附上电话号码。

（7）紧急情况下需要接触的新闻媒体，包括最新的名字、标题、电话和传真。

（8）公司第一和第二发言人的名单以及严禁其他人同新闻媒体或其他公司讨论此事的严正声明。

（9）在危机中需要首先采取的步骤，例如需要接触的人和危机管理团队应该碰面的地方。

（10）在危机发生期间和危机发生后所需要的有关公司和其他方面的信息事实、背景材料。

①最新的员工名单（如果太长，就写一些经过挑选的经理名单）；主要联系的顾客；供应商或经销商；股票交易所（如果你是一家股票公开上市公司）；地方政府、市政、商业领导者——所有的都要有地址和电话。

②同公司及其事件相适应的社区、社会、少数民族和行业活动者组织的名单。

③主要市场和行业分析家的名单。

成功制订出一个合理可行的危机管理计划，不仅要囊括以上要素，还需要考虑到6个原则。这6个原则不但适用于危机管理计划的制订，还适用于整个危机管理系统的建立。它们分别是：

1. 全面

全面化可归纳为3个“确保”，即首先应确保企业危机管理目标与业务发展目标相一致；其次是确保企业危机管理能够涵盖所有业务和所有环节中的一切危机，即所有危机都有专门的、对应的岗位来负责；最后是确保危机管理能够识别企业面临的一切危机。

2. 关联

企业危机管理的有效与否，除了取决于危机管理体系本身，在很大程度上还取决于它所包含的各个子系统是否能够健全和有效地运作。任何一个子系统的失灵都有可能导致整个危机管理体系的失效。

3. 互通

互通指企业内部是否有一个充分的信息沟通渠道。如果信息传达渠道不畅通，执行部门很可能会曲解上面的意图，进而做出与危机战略背道而驰的行为。

4. 价值观的一致性

企业的价值观与社会公民整体价值观同步，即要求企业具有社会责任感。

5. 集权化

集权化的实质就是要在企业内部建立起一个职责清晰、权责明确的危机管理机构，因为清晰的职责划分是确保危机管理体系有效运作的前提。

6. 创新

创新要求企业能随时根据实际变化进行系统调整。尤其是借助新技术、新信息、新思维，进行大胆创新，不可墨守成规、故步自封。

需要注意的是，企业最终形成的危机管理体系，还需要囊括以下子体系——信息系统、沟通系统、决策系统、指挥系统、后勤保障系统、财物支持系统，各个子体系相辅相成，缺一不可。建立科学的危机管理体系之后，并不代表危机管理系统的建立到此为止，还需要进行以下两个方面的行动才算完整：

（1）管理者要将危机基本知识与全体员工进行交流，使全体员工熟悉危机预防的常识与程序，同时集思广益，完善危机管理机制，将危机管理推向企业文化管理高度，使危机管理成为企业文化的一部分。

（2）进行培训和模拟训练。培训和模拟训练是企业进行危机交流的有效方式，危机模拟训练能够提高员工应对危机的技能，加深员工对危机的认识，同时可以检验危机预答系统的有效性。

总之，建立一个有效的危机管理系统是企业成功转“危”为“机”的重要条件，需要企业管理者充分重视起来。

当机立断，迅速控制事态

企业遭遇危机属于非常情况，此时的企业处于一个非常时期，这对企业决策以及付诸实践的速度都提出了更高的要求，因为赢得时间本身就意味着给企业赢得了更多的回旋余地。危机中的每一个企业都像在与时间赛跑，他们需要比拼的不仅是智慧、实力，还有一个重要的因素——速度。

有一天，一位名叫基泰斯的美国女记者在东京奥达克余百货公司买了一台电唱机。回家后她发现电唱机内没有任何器件，根本无法使用。顿时，她火冒三丈，立即写了一篇批评该公司的新闻稿，准备第二天早上发出。

当天下午，售货员在清点货物时发现，自己错将一个空心电唱机货样卖给了一位顾客，售货员立刻将此事报告了公司领导。公司领导接到报告后，没有按常规等待这位顾客前来退货，而是立即采取了一系列措施迅速找寻这位顾客。

经过核对，他们从顾客留下的一张“美国快递公司”的名片这一线索出发，当晚便连续打了35次紧急电话向东京四周的旅馆询问联系，另外还派专人向“美国快递公司”总部打听。得到了这位顾客在纽约父母家中的电话，从其父母那里了解到她东京婆家的电话。第二天清早，当基泰斯正要去奥达克余百货公司交涉时，就收到了奥达克余百货公司打来的紧急电话。负责人一连串的道歉声之后，告之公司副总经理将马上送来一台全新的电唱机。仅50分钟之后，公司副总经理和一名职员就匆匆赶来，向她送上新电唱机，并外加蛋糕1盒、毛巾1条和著名唱片1张，谢过罪并得到基泰斯的谅解后方才离去。这件事令基泰斯深为感动，她立即重新写了一篇题目叫《35次紧急电话》的新闻稿，发表于《亚洲华尔街日报》上，高度赞扬了奥达克余百货公司的行为。这件事不仅没使公司的形象受损，反而大大地提高了公司

的商誉。

正是奥达克余百货公司管理者良好的危机意识，才能使其在可能要爆发的商誉危机面前做出迅速的判断和行动，及时制止了负面报道的发生。如果公司在遭遇这样的服务危机时，只是被动地等待消费者前来指责，被动地接受负面报道的公开，届时将有更多消费者对其服务质量产生疑虑。因此，想及时控制危机，就要求管理者当机立断，迅速扼制事态的发展。那么如何控制危机的事态呢，根据不同的情况，有以下几种方法可供选择：

1. 心理控制法

事实证明，不论哪类突发事件发生，都会对公众心理产生相当大的冲击和压力，使绝大多数人心绪不稳、思维混乱、不知所措。一旦处理不好，人们的心理和行为就可能朝不利于事件妥善处理的方向发展。所以，管理者要以“冷”对“热”，以“静”制“动”，减轻公众的心理压力。

2. 釜底抽薪法

参与突发事件或被卷入突发事件的公众，大都事出有因，情绪会比较激动。因此，管理者和在现场工作的人员绝对不能火上浇油，绝对不能激化矛盾，这才是标本兼治之道。

3. 组织控制法

组织控制有两个方面的内容：

第一，对于一般性的突发事件，要严密组织，双管齐下，既要防止事件扩大，以免波及其他地区，又要控制受影响地区，不使负面影响加深。

第二，对群体性的突发事件，一要在组织内部和广大公众中迅速进行正面引导。二要迅速查清突发事件的主要人物，进行重点控制。

能在危急时刻做出果断又正确决定的人，绝对是一个睿智的人；能在危急时候当机立断，力挽狂澜的企业管理者，必定有稳当的前途。

德
智

下篇

每天读点领导学

第一章

领导的方与圆：江山之固，在德不在险

清朝康熙皇帝曾说：“江山之固，在德不在险。”作为领导者，无论官大小，你必须清楚：下属无法信任那些品格有明显瑕疵的领导，更不会长久追随这样的领导。没有下属一起打拼，就算你有全世界最伟大的理想和最完美的计划，也是孤掌难鸣。

小胜凭智，大胜靠德

《菜根谭》中有句名言：“德者事业之基，未有基不固而栋宇坚久者。”意思是说，一个人有高尚品德是其事业的基础，如同建楼，不打牢地基就不能坚固长久。人格低下、品德不端的人，即使一时做出一些成绩，获得一些名利，也不会长久。优秀的领导者需要具备高洁的品德。就像蒙牛集团的开创者牛根生，他是靠德取胜的典范。

“小胜凭智，大胜靠德”，这是牛根生常挂在嘴边的话，因为“德”是制服人心的最佳利器。“想赢两三个回合，赢三年五年，有点智商就行；要想一辈子赢，没有‘德商’绝对不行。”

当初牛根生被迫离开伊利，卖掉伊利股票成立蒙牛时，原来跟随牛根生的兄弟便一起投奔到了牛根生的麾下。

牛根生在和林格尔竖起的蒙牛大旗之所以有这样的号召力，这与牛根生的“德商”有着最为直接的联系。

在伊利工作期间，牛根生曾因业绩突出，而受到公司嘉奖。公司奖励给他一笔足够买一部好车的钱，而他却用这笔钱买了 4 辆面包车——让自己的直接下属一人有了一部车。

据与牛根生关系很“铁”的人介绍，当时牛根生还曾将自己的108万元年薪分给了大家。

2000年，和林格尔政府奖励牛根生一台凌志车，价值104万元，而当时比牛根生大8岁的副董事长获得的奖励是一辆捷达车。但是，此时的牛根生并没有打算享受这部豪华轿车，而是提出了与这位副董事长换车。

换车之后，牛根生的女儿很不理解父亲的作为，在很长时间内都用一种怀疑的口吻问牛根生：“这部车是不是真的给了邓大爷？”

这正是牛根生所追求的“德”，他想通过这样的行为来向人们传递出一个信息，“牛根生做企业不是为了个人赚钱和享乐”。

据牛根生介绍，在物质方面，自己的各项条件都要比身边的副手差。“我们有两位副总坐的都是奔驰350，我的副董事长坐的是凌志430，雷副总坐的是沃尔沃，而我是一辆小排量的奥迪。”

2005年1月12日，牛根生再次将自己的“德商”发挥到了极致。牛根生宣布将自己个人所得股息的51%捐给“老牛基金会”，49%留作个人支配。在他百年之后，将其所持股份全部捐给“老牛基金会”。并将这部分股份的表决权授予后任的集团董事长，家人不能继承任何股权，每人只可领取不低于北京、上海、广州3地平均工资的月生活费。

对此，有记者问牛根生，在很多人希望将原本不属于自己的东西占为己有的情况下，为什么要将原本就属于自己的财富散尽，难道你的理想就是要建立一个乌托邦吗?

牛根生的答案仍是那老套的4个字：大胜靠德。

不错，“小胜凭智，大胜靠德”，要想获得大的胜利，还需靠“德”！德即道德、德行。细化起来，各行各业都有其道德遵循。德是一种境界，是一种追求，是一种力量，是一种震慑邪恶、净化环境、提升思维、积累学业财源的动力，德能使自己内功强劲，无往而不胜。

学会吃亏

身为领导者，很有必要学会吃亏。一个人的位置越高，意味着付出越多。做下属，只要管好自己的那一摊业务就足够了。而作为领导就不一样，需要承受上司的压力，需要做好自己的工作，还要解决下属的麻烦。如果一个领导者一遇到问题就斤斤计较，这是你的事，那是他的事，自己一点亏都不能吃，凭什么让下属死心塌地，又凭什么让上司心悦诚服?

现实中，这样的领导者却屡见不鲜：明明是下属们共同努力换来的成果，甚至某些成员还贡献了比领导更大的力量，起到了比领导更大的作用，在上司面前，领导者却对那些人只字不提，俨然所有功劳都是在他一个人的正确领导下取得的；等到犯了错误上司把他叫去批评的时候，他就有了这样那样的理由：这件事情出了问题完全是因为某人执行不力、某人经验不足、某人假公济私等，反正无论如何就是和他一点关系都没有。

换位思考一下，假如我们现在是下属的身份，遇到这样自私的顶头上司，会不会有心里很凉的感觉？自己辛辛苦苦忙活了半天，到头来全都是为他人作嫁衣裳；明明是按照上司的指示行事，出了错又全是自己的问题，怎能不让人萌生去意?

很多人都会拿“做事先做人”这句话来标榜自己。但其实这只是一句空话，做什么样的人，怎么做到，里面完全没有答案，远不如另外一句话来得实在：做了领导，就不要怕吃亏。道理很简单，领导既要让上司放心，也要让下属舒心。这就要求领导能承担责任，要在很多方面考虑自己的做法。总结起来无非 12 个字：敬以向上，宽以对下，严以律己。“敬以向上”是需要我们尊敬自己的上司，但不是阿谀奉承溜须拍马；“宽以对下”是需要我们对自己的下属宽容，但不是听之任之放任自流；“严以律己”是需要我们对自己要求严格，多讲奉献，少讲回报，给你回报是老板和下属的事情。事实上，如果一个领导能做到这 3 点，老板自然会给你加薪，员工自然会给你成绩，到那时还何愁没有回报？

领导者的付出，更多还是体现在和下属的工作中。时至今日，中国人仍然是个等级观念深厚的民族，人人平等虽然一直在提，但几千年的传统不是说抛就能抛开的。太多的人在面对上司的时候会自然地产生一种敬畏感；同样，也有太多的领导在面对下属的时候会本能地表现出自己的威严。这种威严怎么表现？当然是通过说话的称谓和语气等方式。

坦然承认自己的错误

领导者要有豁达和宽容的胸襟，要对员工的错误比较宽容，不要太过苛刻，给员工过多的责难。同时，如果领导本人犯了错误，就应该有敢于认错的勇气。勇于认错不仅是一个领导者应有的素质，也是一种难得的品德。

承认错误是件痛苦的事情，承认错误意味着自己有过失，影响一个人的素质，但是承认错误最终还是会赢得谅解。

如果不承认错误的话，一旦被人发现了错误，就会授人以柄，成为受制于人的因素。对此，唯一正确的做法就是承认错误，改正错误，并及时超越错误。错误所造成的不良影响，只有在公开承认错误，自觉改正之后才能消除。承认了改正了，员工也就谅解了。别有用心的人也就不能再利用这一错误来攻击你了。

作为领导，难免会犯错。但没有人愿意犯错误，犯错并不可怕，关键在于犯错后的态度。承认错误，是明智的做法。如果你想成为一个优秀的领导者，你就得这么做。如果你做到了这一点，就会赢得员工的信任，他们乐于追随勇于承认错误、勇于承担责任的人。英特尔前总裁安迪·格鲁夫就曾说过："我们所有处于管理岗位的人，无论男女老少，都担心一旦承认错误，就会毁掉自己千辛万苦赢来的尊敬。但事实上，承认错误的确是力量、成熟和正直的标志。"

现代企业的许多领导都具备这样的优良品德。美国的戴尔电脑公司效益一直令同行称羡，其秘诀之一就是迈克尔·戴尔能坦然地承认自己的错误。

戴尔公司在 2001 年曾搞过一次调查，调查显示，有高达半数的员工表示一有机会就将跳槽，因为，员工认为戴尔不近人情、感情疏远，对他没有强烈的忠诚感。不过，大部分员工还是留了下来，一年又一年地咬着牙推着公司快速成长。这般惊人的成就与内在的矛盾并存，令人不得不思索——迈克尔·戴尔除了以"直销"赢得盛名之外，他还有什么过人之处？其实，戴尔并没有什么高招，只是坦然承认自己的错误并加以改进。

戴尔在 2001 年就曾对手下 20 名高级经理认错：承认自己过于腼腆，有时显得冷淡、难于接近，承诺将和他们建立更紧密的联系。员工对"极度内向"的戴尔公开反省非常震惊——如果戴尔都可以改变自己，其他人有什么理由不效仿呢？戴尔以员工为镜，照出都是腼腆惹的祸，腼腆是错误吗？戴尔的回答是："如果员工说是，那就是。""认错要认员工眼中的错，不是认自己脑中的错。"

管理者也是凡人，不可能不犯错。重要的是

在犯错之后能迅速而坦诚地承认。

领导承认错误是勇敢、诚实的表现，不但能融洽人际关系，创造平和氛围，而且能提高领导的威望，增进员工的信任。只有那些自尊心特别脆弱的管理者，才不敢在犯了错误以后向员工认错。这种领导者是很难得到员工信服的。员工信服的领导都是敢作敢当，绝不推卸责任的领导。

多用建议的方式下达命令

说到命令，人们可能会想到在战争故事中“军令如山”，领导下了命令，下级不得不赶紧执行，于是认为以命令方式去指挥下属办事效率最高。但在实际工作中却不尽如此。

下属不仅是被领导，还是领导者事业上不可或缺的伙伴。为此，在交代下属工作时，应尽量采用建议的口吻，而不是命令的口气。

例如，领导在命令员工去做事时，千万不要以为只要下了命令，事情就可以达成。做指示、下命令，当然是必要的，然而，同时必须仔细观察考虑，对方在接受指示、命令时，有什么反应，他是在什么样的状态下、怎样接受命令的。

一些领导者总是喜欢颐指气使，有事就大嗓门地命令下属去干。他们认为只有雷厉风行才能产生最佳效果，命令别人去干事的时候也不看人家的意见如何，不是说：“小刘，把这份材料赶出来，你必须尽你最快的速度，如果明天早上我来到办公室在我的办公桌上没有看到它，我将……”就是说：“你怎么可以这样做？我说过多少次了，可你总是记不住！现在，把你手中的活停下来，马上给我重做！”

结果总是让下属面色冰冷、极不情愿地接过任务，去完成它，而不是做好它。

可是等工作交上来后，领导者就会大为失望，不禁有些生气：“好了！看来你只是个平平庸庸、毫无创新的人而已！我对你期望很高，可你总是表现得令人失望！就凭你这个样子，永远也别想升职……”

如此情形，说明领导者与下属的关系完完全全地进入了一种“恶性循环”。这是怎么回事？毛病出在哪里呢？就出在领导下达命令的方式上！

自以为自己是领导，就有权在别人面前指手画脚，发号施令；就可以对别人颐指气使，呼来喝去；就可以靠在软绵绵的椅子里，指挥别人去干这个，去干那个？不！没有人喜欢这样的领导。因为身为领导必须有这样的自知，即便只是一名下属，与你不同的只有分工、职务，在人格上都一样是平等的，根本不存在什么高低贵贱之分。

所以，领导者想让下属用什么样的态度去完成工作，就用什么样的口气和方式去下达任务。

无论什么时候，都不要显得比别人聪明

从前有一只蚂蚁，它的力气大得出奇，从古至今都没有任何一只蚂蚁比它的力气还大——它能毫不费力地背上两颗麦粒。如果论勇敢，它的勇气也是前所未有的——它能像老虎钳似地一口咬住蛆虫，而且常常单枪匹马地和一只蜘蛛作战。很快，它就在蚁穴之内声名大噪，蚂蚁们的话题几乎都离不了这位大力士。

后来，这只蚂蚁大力士的脑子里都塞满了同类们颂扬的话，因此它一心想到城市里去一显身手，博得更响亮的名声。有一天，它爬上最大的干草车，坐在赶车人的身旁，像个大王似地进城去了。

然而，满腔热情的蚂蚁大力士在城里碰了一鼻子的灰！它本以为人们会从四面八方赶来追捧它，可是不然！它发觉根本就没有任何人来理会它一下：城里人个个忙着自己的事情。蚂蚁大力士找到一片树叶，在地上把树叶拖呀拖的，它机灵地翻筋斗，敏捷地跳跃，可是没有人来围观，甚至没有引起任何一个人的注意。所以，当它尽其所能地耍过了武艺却无人关注后，便怨天尤人地

说道："我觉得城里人都是糊涂和盲目的，难道是我不可理喻吗？我表现了种种武艺，怎么没有人给我以应得的重视呢？如果你上我们这儿来，我想你就会知道，我在全蚁穴是赫赫有名的。"

蚂蚁大力士就是这样没有自知之明，自以为名满天下，可最后才知道自己的名声仅仅限于蚁穴的范围而已。

许多领导者都犯了蚂蚁一样的错误：妄自尊大，自以为了不起。如此想法实在难以得到别人的尊敬，它的悲剧在于：阻止人们达到完美和正直的高度。因此，在任何时候，都要适时地表现得不比别人聪明。

本杰明·富兰克林是美国著名的科学家和政治家，他在自传中叙述了自己如何克服好辩的习惯，不在任何时候都表现得比别人聪明，使自己成为美国历史上最能干、最和善、最老练的外交家的。

当富兰克林还是个毛躁的年轻人时，有一天，一位教会的老朋友把他叫到一旁，尖刻地训斥他："本，你真是无可救药。你已经打击了每一位和你意见不同的人。你的意见变得太珍贵了，没有人承受得起。你的朋友发觉，如果你在场，他们会很不自在。你知道的太多了，没有人再能教你什么，也没有人打算告诉你些什么，因为那样会吃力不讨好的，而且又弄得不愉快。因此，你不能再吸收新知识了，但你的旧知识又很有限。"

富兰克林的优点之一，就是他接受那次的教训。他已经能成熟、明智地领悟到他的确是那样，也发觉他正面临失败和社交悲剧的命运。他立刻改掉了傲慢、自以为是的习惯。

富兰克林表示："我立下一条规矩，决不准自己太武断。我甚至不准自己在文字或语言上有太肯定的意见表达，比如，'当然''无疑'等，而改用'我想''我假设''我想象一件事该这样或那样'或'目前，我看来是如此'。当别人陈述一件事而我不以为然时，我决不立刻驳斥他或立即指正他的错误。我会在回答的时候，表示在某些条件和情况下，他的意见没有错，但在目前这件事上，看来好像稍有两样等。我很快就领会到我这种改变态度的收获：凡是我参与的谈话，气氛都融洽得多了。我以谦虚的态度来表达自己的意见，不但容易被接受，更减少了一些冲突。我发现自己有错时，我没有什么难堪的场面。

而我自己碰巧是对的时候，更能使对方不固执己见而赞同我。

“我最初采用这种方法时，确实和我的本性相冲突，但久而久之就逐渐习惯了。也许50年来，没有人听我讲过些什么太武断的话，这是我提交新法案或修改旧条文能得到同胞的重视，而且在成为民众协会的一员后具有相当影响力的重要原因。我不善辞令，更谈不上雄辩，遣词用字也很迟疑，还会说错话，但一般说来，我的意见还是能得到广泛的支持。”

可见，虚心的态度无论在何时、何地都能让人受益匪浅，使他获得生意上、名声上、人品上及人际关系等诸多收益。领导者亦是如此。

不要总是摆架子，以老大自居

很多人都有一个弱点，一朝当了领导，无论官大官小，都希望自己能给人以与以前“不同”的感觉，喜欢以强势的形象出现在下属面前。在这些自以为高明的人看来，领导是下属的统治者，下属是被管理的对象，是“兵”，领导是“老大”，二者有着根本的区别。这样的领导，他们崇尚领导地位的至高无上，认为领导就要有领导的派头，是下属的“头儿”，高高在上，下属只能敬畏他们，在他们面前下属只能乖乖地努力工作，决不能捣乱生事。

如果一个领导者认为自己的下属就应该任由自己驱使，每个下属在自己面前就应该卑躬屈膝，那么这个领导永远也不会有什么成绩，更不会赢得下属的真正尊敬。即使他每天看到的下属都是一个个点头哈腰，他也无法体会到做领导者的快乐。因为在下属眼里，他是一个独裁者，少了真诚的交流与合作，当然也就不会有真正的快乐可言。

所以，真正高明的领导者绝不会在下属面前摆架子，以老大自居。即使他们真的有着可以炫耀的资本，他们也不会因此而就摆架子，更不会以“老大”的心态对下属发号施令。

谦虚使人进步，骄傲使人落后。一个在下属面前摆架子，时刻以“老大”自居的领导，绝对不会听取下属的意见，也就不可能做出最佳的决策。而下属也会因为领导的“老大”作风而感到不适，不愿与他相处，时间久了，这样的领导只会被下属孤立。须知，一个被孤立的领导者是不可能获得成功的，因为事业的成功不只是个人能力的体现，更要依赖下属的全力支持。一个平易近人的领导者很容易就能做到这一点，而那些靠要威风、摆架子的领导者，最终只会让自己成为一个光杆“老大”。

IBM公司享誉全球。它们的生产和销售份额在全球市场上都占有相当大的比例，而IBM之所以有今天的地位和成就，能够发展成今天这样的庞大规模，不得不提到一个以生活理念经营IBM的人——董事长汤姆斯·华德逊。华德逊家教很严，从小就受到父亲严格的教育：生活举止要中规中矩，平日待人接物要有敬老尊贤之念，为人处世要诚实谦逊，工作要全力以赴……华德逊把父亲的教诲奉为自己工作和生活的准则，终生信守不渝，“其实不是下属们在为我工作，而是我和下属共同为所有的人工作”，并用这样的信念为IBM公司的崛起奠定了良好的基础。

谦逊做人，用个人魅力去影响自己的下属努力工作，而不是靠权术和地位以及“老大”的权威来镇压下属，这不仅仅是一种精神上的顿悟，更是领导者应该具有的行为准则。一个动辄以自己的头衔和地位压人的领导者，不仅不会达到对下属施加影响的目的，反而会把自己与下属分割开来，让自己陷入孤立的局面。因此，只有不摆架子、不以“老大”自居的领导，才能充分发挥自己的领导影响力，保证自己的廉洁和自律的品质，最终赢得下属的认可。

第二章

领导者不能只埋头拉车，重要的是要抬头看路

领导者在企业管理中不能只顾“埋头拉车”，忘记“抬头看路”。只顾“埋头拉车”，就会失去目标，迷失方向，不知自己所为何事。只有不停地“抬头看路”，不断去更正自己做事的方式，才会让自己去思考，修正路线，使得目标一致，获得最终的成功。

走出“盲人摸象”的误区

美国哥伦比亚大学教授默顿在《社会伦理与架构》一书中说：“一件事情的发生，若由于错误的定义，则可促成一个错误行为变成事实。”只凭主观意识，看到事情的某一方面，最终必定会像“盲人摸象”一般，导致错误的结论。作为领导者，只有统筹兼顾，从全局着手才能在复杂的情况下做出正确的决策。

日本协和发酵会社的社长加藤辨三郎就曾因轻率决策而导致经营决策出现了重大的失误。

当时，日本啤酒界广为人知的怪杰朝日啤酒社长山本为三郎对加藤说，用地瓜制造啤酒是一个新创举，你有没有兴趣？而且他介绍这个构想源自东京农业大学教授助江金元，他已经研究了多年。这一专利权属于一家叫东洋啤酒公司的企业，东洋啤酒公司曾经打算把这个创意实行产业化，但不知什么原因而终告失败了。

山本为三郎社长进一步说，这项专利不见天日，实在可惜。他称自己曾想让朝日啤酒株式会社买入这项专利，然后投入生产，但遇到一些股东的反对，未能形成统一的决议，只好被拖延了下来。为此，他就向加藤推荐，并许

诺如果加藤真的开发该项目，他的公司会提供支持。

听了山本为三郎这位啤酒行家的介绍，加藤觉得很有道理，认为他的构想非常不错：第一，以地瓜作为原料制造啤酒，成本低廉；第二，由于制造成本低，售价当然也低，这样竞争优势就强；第三，售价低和竞争力强，销路必然就好，那么效益必定也不错。

这3个结论，从理论上似乎都站得住脚。加藤认为用地瓜制造啤酒，根据日本酒税的规定，因为没有麦芽含量而税收大减，至于味道问题，加藤觉得日本各家啤酒公司的产品，味道大同小异，而德国生产的啤酒，群雄割据，各种牌子的啤酒都有其独特之处，它们都畅销无阻，这地瓜制造的啤酒自然也就不在话下了。

加藤经过上述的理论分析，再加上迷信老行家的说法，做出了决策，从东洋啤酒公司买下了专利权，接着投入生产。为了推出“地瓜啤酒”，加藤第一件事是为产品命名，经过反复思考后，他决定命名为“拉比”，“拉比”是法语，是“生命之泉”的意思，加藤觉得很好，既有意思，又易记。第二件事，就是全力投入生产，第一年生产了300万吨，第二年生产了近1000万吨。

经过两年的投资生产后，加藤发现问题严重了。第一，生产成本并没有设想的那么低廉，各方面的成本加起来，每瓶成本为75日元，比预计的每瓶50日元高了25日元。第二，由于成本不低，所以售价也没有多大的竞争力。当时其他名牌啤酒每瓶售价仅125日元，如果地

瓜啤酒每瓶售价100日元，那么既没有竞争力，而且也没有多少利润可言。第三，命名“拉比”并没有加藤预想的那般好，当它在市场出现后，一些消费者指出“拉比”的语音很像英文的“某种寄生虫”，所以众多人对“拉比”敬而远之。第四，尽管作了声势浩大的广告宣传和促销，但是销量却很小。据酒吧、餐馆的反映，从来没有主动提出要喝“拉比”啤酒的。

加藤从筹划到生产经营地瓜啤酒，最后到损失惨重而停止生产经营，共经历了3年多的时间，最后加藤不得不宣告失败了。这一决策导致加藤损失了设备投资费5亿日元，损失促销宣传费7.8亿日元，再加上其他一些费用，共失去了13亿日元，它使加藤20多年的资金积累损失殆尽。

加藤的决策失败，很大程度上就是因为他对获取的信息没有认真分析甄别，没有进行调查研究和去伪存真，就片面地做出了决策。加藤从失败中吸取教训，在其日后的经营中注意在全面地了解信息之后再做出决策，使企业获得了“春风吹又生”的机会，并逐步发展成为日本最大的啤酒公司之一。

领导者的决策直接影响到企业的发展，因此，领导者必须做到审时度势，纵观整体，即便是在执行决策的过程中，也要从全局看问题，一定要避免“盲人摸象”的现象出现。

找准自己的“位置”

俗话说：人贵自知。作为一个领导者，必须找准自己的位置，进而真正了解自己的责任。

正副职、上下级，位置不同，具体责任也有区别，但是基本责任是一致的，一是出主意，二是用干部。在企业内部，所谓“出主意”，就是出谋划策，在吃透企业文化和上级指示精神的前提下，在吃透本部门工作的基础上，广泛发扬民主，虚心听取各方面意见，集中下属的正确意见，就涉及企业全局的重大问题和关系下属切身利益的大事做出正确决策，提出实施决策的切实可行的方案和办法。决策时需避免某个领导个人拍脑袋和少数领导说了算的现象，避免以口号落实口号、以会议落实会议、以文件落实文件。所谓“用干部”，就是搞好企业内部管理人才的培养、选拔和使用工作，做到提拔使用管理人才时不求全责备，看实绩、主流和本质，玉有小瑕而不舍，木有微朽而不弃，支持实干的，处理捣乱的，教育混饭的，鼓励转变的。领导者要有容人的雅量。须知大凡人才或致力于学问，或潜心于事业的人，往往拙于玲珑处世，不肯投机钻营。他们有真知灼见，说话处世不那么“随和”，用起来似乎不那么顺手。

作为领导者，要从事业出发，从大处着眼，切不可以亲疏和个人好恶为标准。领导者在用人上要注意下属的优势互补和性格互补。对每个领导者而言，出主意和用干部两者缺一不可。只注意前者而忽视后者，再好的主意也是一纸空文；只强调后者而放松前者，下属就会方向不明，再能干的人也有劲无处使。所以认清自己的位置、明确自己的责任，是每个领导者做好领导工作必备的思想基础。

化整为零地落实目标

任何远大的目标都要建立在实践的基础上，都必须靠一步一步的努力才能得以实现。再辉煌再宏大的野心和理想，剥去美丽的外衣之后，留下的也只是一些小而具体的目标和不懈的努力。

从某个角度而言，这并不意味我们每件事都会做得很好，也并不意味着一切事就此马上改观。因为最成功的人必然是那些懂得分寸的人，他们不会一口气承担下能力所不及的事，总能把一个大目标分割成数个可以达成的小目标，最终累积成所期望的成功。

我们都知道人类是在1969年首次登上月球的。但并不是所有人都知道整个计划——阿波罗登月计划有多么的复杂，其总体设计有多么的庞大。

这是美国有史以来最鼓舞人心的计划之一。有120所大学实验室、200多家公司从事研制，至少有42万人参与其中。这项计划所面临的问题的复杂程度可想而知，遇到的困难不言自明。但是，该项计划通过化整为零，分解工作，然后把各部分再分配到有关单位，这样就使复杂的问题简单化，于是问题也就解决了。这听起来让人难以相信。可是，它却已经成功了。

领导者在工作中，会遇到很多既复杂又麻烦，有时甚至令人找不到头绪的问题。几个人，几十个人，甚至许多人也无法解决，在面临此类问题时，领导者可以尝试运用化整为零的方法，将问题进行分解。然后就会发现，问题竟然迎刃而解了。

化整为零其实就是对整体加以分解，一般有两种办法。第一，对于一项重大的任务，将其分解成较小的局部任务。比如大指标分解成分指标，分指标再分解，直到最终落实到有关部门或个人头上为止。第二，对于在一定时间内需要完成的重要工作，将其分解为几个阶段，再落实到有关部门或个人分阶段加以完成。经过分解之后的任务，即使失败了，也容易找到失败的原因，容易更正。因为在这种分解任务下的失败通常不是全盘皆错，而是在某个或某些环节出了差错，只要有针对性地加以更正，就能将存在的问题加以解决而不必将整件工作推倒重来。

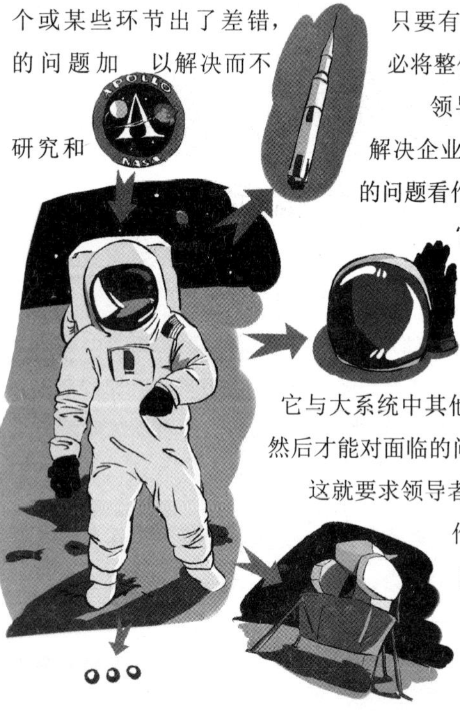

领导者在运用“化整为零”的方法研究和解决企业面临的问题时，可以先把所面临的问题看作一个整体或是一个系统，弄清楚它的内涵是什么，它本身所处的大系统是什么样的，有什么性质和整体目标；弄清楚问题在大系统中具有什么样的地位和作用，它与大系统中其他各因素之间有什么样的关系等，然后才能对面临的问题做出正确的判断。

这就要求领导者把业务划分、市场调研、方案制作、广告投入等工作分解到不同的工作小组之中去，再由这些工作小组把每一件事情分配到相关人员手中。这样做的目的只有一个，就是确保每一个环节的专业度，确保业务目标的完成。术业有专攻，每一人都有自己的专长，领导者要充分利用每个人的优势，而不是要求一个人去完成一项系统工作的所有环节，让他去做他擅长的那部分就足够了。这就是“化整为零”的核心所在。这样一来就能让一些在某些人看来是极大困难的事能在另一些人那里轻而易举地完成，这也是化整为零地落实目标的优势所在。

时刻把危机意识放在心头

我国古代伟大的思想家孟子曾说：生于忧患，死于安乐。企业管理也是如此，领导者只有时刻保持危机意识，才能实现企业的长盛不衰。

青蛙法则其实就是对危机意识最好的诠释。话说把一只青蛙放在一个盛满凉水的容器里，然后慢慢地给容器加热，控制在每两天升温1℃的状态。水温不断上升，当水温到了90℃——虽然这时青蛙几乎已经被煮熟了，它也不会主动从容器中跳出来。其实，这并不是因为青蛙本身的迟钝，事实上，如果将一只青蛙突然扔进热水中，青蛙会马上一跃而起，逃离危险。青蛙对眼前的危险看得一清二楚，但对还没有到来的危机却置之不理。

其实在团队领导管理中也是如此，如果一个企业、一个领导者失去了必要的刺激，处在一种安逸的工作氛围中而不自觉，那么他就会失去工作活力。等危机真正到来时，就会像温水里的那只青蛙一样，只有眼睁睁等死了。

那些优秀的领导者都明白这个道理：只有时刻保持危机意识才能不断成长。海尔集团董事局主席张瑞敏在谈到海尔的发展和未来时说：“市场竞争太残酷了，只有居安思危的人才能在竞争中获胜。”英特尔公司的缔造者格鲁夫在谈到其取得辉煌业绩时也说：“只有那些恐惧感强烈、危机感强烈的人才能生存下去。”

在世界著名的大企业中，随着全球经济竞争的发展，它们面对的挑战会越来越激烈，要是沉醉于自己的优势地位，就可能会遭到淘汰。为改变这种状况，很多企业都非常重视推行“危机式”生产管理。百事可乐公司就是其中的一例。

百事可乐公司作为世界软饮料行业的“大哥大”级公司，可谓春风得意，每年有几百亿美元的营业额，几十亿美元的纯利润。但是，展望公司的未来发展前景，公司的领导者们看到汽水业会趋于不景气，竞争也会更加激烈。为避免被市场打败的命运，他们认为应该让自己的员工们相信公司在时刻面临着危机。但百事公司一路凯歌高奏，让员工相信危机这回事谈何容易？

公司总裁韦瑟鲁普决定要制造一种危机感。他找到了公司的销售部经理，重新设定了一项工作方法，将以前的工作任务大大提高，要求员工的销售额要比上年增长１５％以上。他向员工们强调，这是经过客观的市场调查后做出的调整。因为市场调查表明，不能达到这个增长率，公司的经营就会失败。这种人为制造出来的危机感马上化为了百事公司员工的奋斗动力，使公司永远都保证处于一种紧张有序的竞争状态中。正是这些，保证了百事公司欣欣向荣地走向未来。

在国内，很多企业也渐渐认识到了危机意识的重要性，开始在实践中推行这种管理模式。

当华为2000年销售额达220亿元、利润以29亿元人民币位居全国电子百强首位的时候，华为总裁任正非却大谈危机：“华为的危机以及萎缩、破产一定会到来。”他在内部讲话中颇有感触地说：“10年来我天天思考的都是失败，对成功视而不见，也没有什么荣誉感、自豪感而是危机感。或许是这样才存活了10年。我们大家要一起来想怎样才能活下去，也许才能存活得久一些。失败这一天一定会到来，大家要准备迎接，这是我从不动摇的看法，这是历史规律。”

任正非为什么总在兴盛中提醒危机？因为他看到华为的冬天一定会到来，到时候“也会像它热得让人不可理解一样冷得出奇。没有预见，没有预防，就会冻死。谁有棉衣，谁就能活下”。“创业难，守业更难，知难不难……唯有惶者才能生存！”华为的奋进与崛起，就归因于这种深重的危机意识与苦心经营！

无数的事例告诉我们，成功的企业都具有强烈的危机意识。他们通常是“怀抱炸弹”，进行着“末日管理”。然而正是这种深深的忧患意识和一系列的“预警”措施，使他们安然度过一个又一个“暗礁”，实现了持续的成功。

巴尔扎克那句耐人寻味的名言：一个商人不想到破产，如同一个将军永远不准备吃败仗，只能算“半个商人”，是不成功的商人。怎样才能成为“一个商人”即成功的商人呢？巴尔扎克给出的答案是：“要想到破产。”日头正午，是最辉煌的时候，也是西下的开始。虽然说的是自然现象，不能与企业生存发展进行简单的类比，但是企业要时刻想到“日落西山”的时候，这是生存法则。

把“商人要想到破产”放到现代商业领域来理解，就是领导者在经营过程中应时刻怀有一种高度的危机感，警惕企业末日（破产）的到来。如果从未有过这种警惕，一旦遭遇事关企业未来巨大危机的突然袭击，必然缺乏应对之策，在无准备之仗中毁掉自己和企业的未来。因此，企业经营者和所有员工面对市场和竞争，要时刻保持危机感，不要陶醉在一度的“卓越”里。记住，今天的成功并不意味着明天的成功，企业最好的时候往往是没落的开始。

不管大局，最终只有“出局”

领导者工作过程中最忌讳的就是鲁莽行事、只顾眼前而不顾未来。正所谓“运筹帷幄之中，决胜千里之外”。做任何事情之前，都应从全局出发，考虑到方方面面和所有可能出现的后果，然后把计划和步骤全都考虑清楚，再去执行，这样才能避免失败的发生。置身于领导者的位子上，个人的失误不仅会给自己造成不良影响，还会给自己的下属甚至整个企业带来损失。所以领导者一定要从大处着眼，从全局出发看待问题，才不会被判“出局”。

领导者要顾全大局，有总揽全局的能力，遇事冷静，不要一有问题就自己先乱了阵脚，这样只会给下属造成更大的压力，让他们感到不安。

领导学家查尔斯·汉迪认为，所谓把握全局，指的是领导者有计划、有步骤、妥善而又完整地把握工作的全过程，并运用灵活机动和确实有效的领导方法，带领下属去完成计划的一种能力。对于领导者而言，把握全局既是他最重要的工作方法之一，也是他工作的灵魂和核心，更是他必须具备的职业素质。

一个领导者，想要带好一个团队确实不容易，因为团队本身就是由各种性格的下属组成的，大家的经历、年龄、爱好和性别等存在着很大的差异，而且下属在不同的任务和工作岗位上又会产生不同的需求。在这种特定的环境中，如果领导者没有清醒的头脑和灵活机动的处世方法，以及丰富的经验和把握全局的能力，是很难将领导工作做好的。

查尔斯·汉迪在他的著作中明确指出："作为一名领导者，总是希望下属能够在他的带领下步调一致，但却往往事与愿违。这是因为在一个团队中，所有的人各有所需，虽然大家彼此认识，而且同属一个组织工作，但毕竟存在经历、层次和修养等不同的特点，再加上家庭背景的不同和生活条件的不一致，因此，在工作的过程中，难免会出现下属之间的利益冲突。领导者应该努力使下属在完成任务的前提下尽量满足他们合理而又可能的要求，而不应该有意或无意地去伤害一些下属的自尊心。防止矛盾冲突发生，最为恰当的办法莫过于事先把工作做得尽善尽美。"

"其办法是尽量使整个团队始终保持在一定的范围内工作，使得既能管住'面'，又能抓住'点'，既管大又抓小，有机结合。所谓'管大抓小'，是指领导者正确处理下属间的利益关系，同时又要把两者关系尽量圆满解决。比如，从全局的角度出发，把问题想清楚。"

可见，作为一个组织的核心人物，领导者把握全局的能力是否恰当、充实，都会影响下属的情绪和心理活动，继而影响工作成绩。领导者只有在做任何事情之前，都从全局出发，才能稳定人心、带好团队。

好的领导总有新的目标

鸟无翅不能飞，人无志不成才。一个人必须为自己树立远大的理想，确立能够为之努力的目标，才会有所成就。但凡成功的人，没有一个是没有目标而盲目努力就能成功的。一个好的领导者，时刻都有为之努力的目标，当一个目标实现之后，另一个新的目标又出现了，就这样循序渐进，最终达到人生的成功境界。

一个领导者设立的目标要明确，不仅要将长期目标和短期目标相结合，还要懂得确立每一个工作阶段的目标，这是极其重要的。因为梦想要通过行动来完成，而行动需要目标作指引。好的领导不会忽略任何一个小目标，也不会让自己在某个阶段没有目标，在他们的工作日程上，永远都会有激励下属前行的希望——目标。

星巴克总裁霍华德·舒尔茨在《寻找美国最优秀的商业领袖》一书中指出："一个优秀的领袖应该对自己企业的未来有一个图景。领导者需要学会将心中对于未来发展的图景和那些希望与你共事的人分享，越具体越吸引人。当你工作时，公司未来发展的图景应该每天都在你的脑海里，而且随着时间的变换而发展。一个优秀的领导者会时时更新这个图景。这样，员工们才会感觉到他们与企业的未来休戚与共。"

没有伟大志向的人是不可能成功的。身为领导如果不能确定自己的工作目标，没有工作志向，那么必定会被眼前鸡毛蒜皮的事情弄得头昏眼花，也必定会成为下属的笑柄。所以领导者要树立明确的目标，这是使团队沿着正确的方向稳步前进的必要条件。但目标定得要适当，必须是经过努力才能达到的，否则它不但无法起到相应的作用，还会对下属造成负面的打击，使他们失去信心。

孔子说："吾十有五而志于学，三十而立，四十而不惑，五十而知天命，六十而耳顺，七十而从心所欲，不逾矩。"孔子正是为自己人生的不同阶段都立下了不同的目标，并为之努力，终于成为我国知名的教育家、思想家，也成就了自己在弟子眼中好老师的完美形象。

在今天，孔子的学说和理论早已传到了世界各地，并为一些优秀的领导者奉之为管理经典，运用于管理工作之中。一个领导者也应像孔子一样，对自己工作的每一个阶段立下一个目标，让自己的领导生涯中总有新的目标，这样才不会在工作中迷失方向，才不会带领下属误入歧途，才会向既定的方向稳步前行。

网易领导人丁磊是个言出必行的人。他曾说过："其实当你的成果受到市场欢迎的时候，就说明你快要被别人超越了，而且别人怎样超越你，你永远也不会知道。既然如此，从成果出来的那一天起，你就只有自己否定自己，开发一个更新更好的产品，永远战战兢兢，永远如履薄冰。网易之所以有今天，就是不断地在实现了一个目标以后又开始了新的征程。"他也用事实证明了：在网易，没有目标和计划的人是不会有立足之地的。

目标，是指引人不断前行的灯塔，它不但指引了前进的方向，还为努力着的人增添了前进的动力。世界上没有哪一个成功的领导者不是从树立目标开始，通过努力实现它，然后又开始一个新目标的跋涉的。有目标才有动力，有了目标，下属才能尽力工作，领导者才能带领下属成就大业。

不满现状，给予自己更大的挑战

不满是向上的车轮。人生之路上只有永不满足，才能不断拼搏进取，才能最终获得成功。对于领导者，同样如此。骄傲使人退步，自满是扼杀前进步伐的刽子手。领导者切不可有“自己已经是领导，在事业上也是‘小有成就’”这种想法。如果一个领导者有这样的想法，那么他永远就只能停留在“小有成就”上，永远不会看到更美丽的风景，永远不会得到更大的、真正的成功。

一个好的领导者一定是一个对现状抱着审视眼光的人，他不会被眼前的一点成绩所迷惑，也不会因为下属对自己的拥护就停止前进的脚步。对这样的领导而言，只有攀登更高的山峰，获得更好的成绩，带领下属走向更宽广的成功之路才是接下来要做的事。

下面是李开复在他的《给青年人的一封信》中所写的一段话：

“我在苹果公司工作的时候，有一天，老板突然问我什么时候可以接替他的工作？我非常吃惊，表示自己缺乏像他那样的管理经验和能力。但是他却说，这些经验是可以培养和积累的，而且他希望我在两年之后就可以做到。有了这样的提示和鼓励，我开始有意识地加强自己在这方面的学习和实践。果然，我真的在两年之后接替了他的工作。我个人认为：一个人的领导素质对于他将来的治学、经商或从政都是十分重要的。在任何时候、任何环境里，我们都应该有意识地培养自己的领导才能。同时，我建议你给自己一些机会展示这方面的能力，或许像我一样，你会惊讶自己在这一方面的潜力远远超过了想象中那样。”

这段话字里行间都表达出了李开复不断进取、自我提高的意志和努力，这也正是李开复能在苹果公司获得成功的重要因素。当我们羡慕李开复的成就和地位，被他的成功理念影响的同时，是否也看到他自我超越的那种信念和努力？作为领导者，尤其是一个希望自己成为一个优秀领导的人，也许可以从中得到一定的启示。

一个人最宝贵的东西是生命，生命属于我们只有一次。因此人只有选择不满足的自我奋斗之路，才能让自己的一生过得精彩和充实。

一个优秀的领导者与一个平庸的领导者在一般的问题上，看法和做法也许没有太大的差别，但是在那些有难度的、挑战性很大的问题上，这种差异就会表现出来。有时候甚至差距大得令人难以想象。美国作家威廉·福克纳说过：“不要竭尽全力去和你的同僚竞争。你更需要关心的事情应该是：下一分钟的你要比现在的你更强。”

是的，领导者应该给自己更具有挑战性的任务和计划，让自己不满足于现状，有更多的时间和动力追求那些更有意义的东西。不要让自己对眼前的一点成就感到满足，而是要给自己更大的挑战，激发自己内在的潜力和进取精神，让自己永远处在永不停歇的前进之中，只有抱着永不满足现状的信念，才能一路遥遥领先。

第三章

增强影响力，维护你的权威

权威是领导者非常宝贵的资源，也是领导者影响力必不可少的重要组成部分。它是靠领导者的品德和能力获得被领导者的信任来确立的。一个优秀的领导者，应当充分认识权威的重要性，在日常工作中，根据主客观条件和实际现状努力建树，做出业绩，逐步形成权威，成为能力强、威信高、有职有权的领导者，更好地在团队以及社会上树立起自己的崇高威望，不断增加对他人的影响力。

领导的威望要靠自身提高

领导者之所以能服人，就是因为他们声望高，有影响力、感召力、说服力，能做到振臂一呼，应者云集。

望文生义，威望其实就是“威”与“望”的合称。“威”指的是一个人在才华、能力、气质、业绩等方面所表现出来的霸气，代表人物有汉朝的汉武帝刘彻；“望”则指的是一个人由其自身品德、修养、资历、人缘等魅力所聚集起来的人气。

汉武帝睿智、果敢，他遇到诸侯独霸、权力纷争、制度异化、匈奴侵扰等问题时总能以绝对权威解决，他征匈奴，伐朝鲜，讨西南，开西域，占河套，灭南越，收东瓯，交乌孙，诛大宛，拓宽了疆域，勾勒出了今天中国的基本轮廓。他“罢黜百家，独尊儒术”，对后世产生了极其深远的影响。汉武帝之所以能成为“功越百王”的历史英雄，就是依靠自身足够的威信，才保证了下属忠实、坚决地执行他的命令。

而汉光武帝刘秀则不同，他年轻时是一位老实、憨厚、勤劳的庄稼汉，性情柔和，后来远赴长安，拜中大夫许子威为师。这期间，刘秀非常刻苦，学习了《尚书》等许多优秀的著作，让自己有了渊博的学识和过人的智慧，加上他温和谦虚、机智果断的性格，成了一位极富魅力和感召力的人物。在后来反对王莽、恢复汉室的斗争中，刘秀更是充分发挥了自己敏锐的政治眼光，释放奴婢、刑徒，减免赋税刑法等一系列利民举措，不仅成功瓦解了敌军，壮大了自己的势力，也进一步提高了他的人格魅力，让他深孚众望。25年，刘秀在部属的簇拥下足登金殿，成为东汉的开国皇帝。

作为领导者，必须具备一定的威望。威望是领导者实现领导意图、实施有效管理的无形资产和基本素质，是提高领导力的不二法门。然而威望并不是上级能任命的，也不是花钱就能买到的，它必须靠日积月累的努力才能赢得。建立和提高领导威望，领导者需要在以下几个方面不断努力、不断提高：

1. 以德立威

以德为先，德包括道德、品行、作风等，优秀的思想品质和良好的道德情操是领导者受人敬仰的基本条件。领导者要想树立良好的威望，做到“德可以服众，威可以慑顽”，首先必须强化道德修养，陶冶情操，净化心灵，树立正确的价值观、地位观、金钱观，不为名所累，不为权所缚，不为利所驱，不为欲所惑，做到严于律己、宽以待人，吃苦在前、享受在后，这样才能达到“不言而信，不怒而威”的境界。

2. 以廉生威

“公生明，廉生威”，自古以来就是只有廉洁奉公、两袖清风的官才能受到人民群众的拥戴。“己身不正，何以正人？”领导者要常修为官之德，常思贪欲之害，常怀律己之心，常弃非分之想，常省己身之过；要耐得住寂寞，抗得住诱惑，正确行使手中的权力，做到堂堂正正、光明正大。

3. 以才增威

作为一个领导者，知识的多少、能力的强弱对其威望的高低也有直接的影响。一个不学无术、说话破绽百出、遇事束手无策的领导者，自身品德再好，也不过是一个老好人，而无法成为一个优秀的领导者。因此，领导者要不断学习业务技术，努力优化自身的知识结构和能力结构，增强自己的才干，才可增加威望。

4. 以绩树威

骄人的业绩是领导者树立良好威望的又一撒手锏。领导者所具有的渊博的业务知识、丰富的管理经验、高超的工作能力等，最终都必须通过业绩才能得以检验。如果领导者能带领下属干出实实在在的业绩来，肯定会赢得下属的拥护和信赖，提高自己威望的含金量。

5. 以勤补威

勤就是要身先士卒、率先垂范，就是要在工作上尽职尽责、兢兢业业。勤奋是成功之本，实干是成事之基。无数的事实说明，空谈误国，实干兴邦，坐而论道不行，纸上谈兵也不行。身教重于言传，只有苦干实干再加巧干，才能让下属争先恐后地追随。应注意的是，领导者不是大事小事都抓，而是要做到“三勤”：一是脑勤——多思考、多谋划；二是嘴勤——多了解、多请教；三是手勤——多做事、多干事。

6. 以诚取威

诚就是诚实与守信。诚实就是实话实说，不欺瞒，不假打；守信就是说到做到，不失言，不爽约。人无诚信不立，家无诚信不和，业无诚信不兴，国无诚信不宁。领导者要提高自己的公信力，就要做到为人厚道、做事诚信、表里如一，工作要胸怀坦荡，承诺要一诺千金，唯有如此，领导者才能在下属心中树立较高的威望。

7. 以公助威

领导者做事要公开、公平、公正、公道。领导者能公道处世，就能聚人、聚心、聚财、聚威；反之就会导致离心、消极、涣散、丧威。因此，领导者对待下属务必要一视同仁，不能厚此薄彼，不能分亲疏、拉帮派，要将一碗水端平，坚持公平公正，按制度、按程序办事。

8. 以和养威

领导者在管理中要平易近人，不能用官压人，不摆架子，要与下属在平等的基础上谈心、交流。如果领导者装腔作势，高高在上，下属就会敬而远之，领导者就没有办法与下属进行思想感情方面的沟通。即使是批评下属，也要对事不对人，把握分寸，不要伤害下属的自尊心。只有做到这些，才能使得整个团队琴瑟调和，上下和衷共济，领导者才能赢得下属的尊敬和爱戴。

9. 以情育威

无数的管理经验都证明了这样一件事：不讲原则就没有战斗力，不讲感情就没有凝聚力。领导者威望的建立过程其实就是一个情感沟通的过程，除了要做好以上几点之外，领导者还要有情有义，要体现出浓郁的人情味，对下属要多沟通、多交流、多关心、多支持，多作换位思考，设身处地地为下属着想，及时解决下属在生活和工作中的实际困难，使他们由衷地对领导产生亲近之情，继而与领导成为工作上相互支持的同事，生活上亲密无间的挚友。

总之，一个人威望的提高靠任何外力都没有用，只有自己才能提高。因此，领导者要想有威望，就必须靠自己的努力，用自己的行动去树立。

提升魅力，让下属自愿跟随

在现实世界里，众所皆知的一流领导者无一例外地都具有一种罕见的人格特质，他们处处展现出魅力领袖的风范。他们不但能够激发下属们的工作意愿，又具有高超的沟通能力，能够动之以情，晓之以理，浑身散发出吸引人的力量，尤其重要的是，他能带领团队屡创佳绩，拥有一连串骄人的辉煌成就。运用奖励与强制力来领导，也许会有效，但是如果要提高自己的领导魅力，让员工自愿跟随，就必须尽最大的努力以影响和争取下属的心。谁能够做到这一点，谁就能成为一位成功的领导者，而且能完成许多不可能完成的任务。

可见，从领导效能的观点看，我们不得不承认：魅力远胜过权力。优秀的领导才能，特别是个人的魅力或影响力，才能促进下属发挥最大潜力，让下属自愿跟随。

那么，提升魅力，领导者要从哪里入手，要注意哪些基本原则呢？

如果我们希望成为一位更具魅力的领导者，现在第一件要做的事情，就是赶紧培养一项吸引下属追随的超凡特质。要使下属追随，必须先懂得如何激发他们的追随动机。领导者做到下面 4 件事情，就会具有激发下属追随动机的魅力。

首先，领导者要让下属感到自己对领导而言是重要的。每个人都希望能受到重视，要设法让下属感到自身很重要，并竭尽所能满足他们的这种心理要求。

其次，领导者要推动自己的远见、目标，并说服下属相信你的目标是值得全心投入的。

再次，领导者还要记住：想要别人怎样待你，你就必须怎样对待别人。你想让别人追随你，你就要关心他们，公平地对待他们，将他们的福利放在你的眼前。

最后，领导者要为自己的行为负责，也要为下属的行为负责，千万不要将责任推给别人。领导者要随时提醒自己："这是我的错，不能怪任何人。"

另外，培养和提升领导魅力，是要讲究方法和技巧的。当领导者激发了下属的追随动机后，还必须确实做到下面 3 点，才能进一步展现令人慑服的魅力，有效吸引下属为之赴汤蹈火，永远跟随。这 3 件事就是：

（1）扬善惩恶，是非分明。

（2）做一个前后一致的人。

（3）注意别人，也让别人注意你。

不过，提升魅力并不能一蹴而就，它需要一点一点地建立。因此，领导者塑造个人魅力，需要一步一个脚印。

用强有力的语言增强影响力

在一些适当的场合使用某些词语可以强调所说的话，这些词语如果使用得自然、诚恳，可以增强领导力。下面是一些强有力的语言的例子：

（1）告诉下属说你想让他们"释放出创造性潜能"，而不要只是简单地提出建议。

（2）解释说我们共同拥有一个“需要为之奋斗的明确前景”，而不要只简单地说出制定的几个奋斗目标。

（3）说自己参加了一次“有影响”的贸易展销会，而不是简单地说一次贸易展销会。

（4）只要开始进行某个项目，就要说“接近”完成某一项目，而不是具体说差得有多远。

（5）要求团队“一次就做对”，而不是简单地说避免错误。

（6）当领导的部门赢得了一次部门间的小争论或胜过了竞争对手，就说你们“战胜”了他们。

使用有影响力的语言是体现领导艺术的重要方法，但如果对语言修饰得太离谱或太频繁，也还是会显得靠不住。

此外，领导还可以频繁地使用类比和比喻。类比能使人们注意到两件事物各方面的相似之处以便做出比较。“我们公司很像微软公司的早期”，这是很多小型高科技公司创始者想激励员工时所使用的一个类比。比喻也是一种比较，但它没有类比明显。它是两件互不相关的事物之间的比较。譬如把一个小型的高科技公司比作美洲幼狮等。

其实，领导者的比较是比喻还是类比并不重要，重要的是这种比较是否能吸引住人们，人们能否被与自己所面临的挑战相关的类比和比喻所鼓舞。

权威不等于职权

《伊索寓言》中有这样一则小故事：

一只山羊爬到一个农家的高屋顶上，下面有只狼走过。山羊以为自己处在高位，野狼也拿它没有办法，便骂道：“你这傻狼、笨狼。”狼于是停下来说：“你这胆小鬼，骂我的并不是你，而是你现在所在的位置啊。”

山羊自以为很厉害，却不知这不过是位居高位的原因。没错，一个人所处的职位不等于已经具有了可以指挥别人的权威。企业中领导者同样应该认识这一道理。

企业生命周期理论认为，领导者权威的源泉来自职权、势力和影响力。

（1）职权。职权是指因职位而带来的制定决策的权力，即“是”和“否”的权力，这是正式的权力。

（2）势力。势力是指进行奖惩的能力。工作中如果某人只是通过拒绝而不合作的话语就可以阻碍进程，那么他就拥有势力。

（3）影响力。影响力是指不用求诸职权或势力就能让人行动，即说服别人按照自己所想而行动的能力。

领导者的权威，也就是领导所拥有的绝对的控制力，不单单来自职权，而应该是职权、势力和影响力的总和。职权，就是一个人把自己的意志强加到另外一个人行为之上的能力，即一种强制力。而权威的力量则是来自人们发自内心的自愿服从。如果一个人意识到自己应当遵循权威的意愿去行事，那权威者就没有必要对其施加强制性措施。一般情况下，即便是维护社会秩序也不可能对人们每一个行动都采取强制性的权力措施，而必须靠人们自动服从才能得以维持。因此，当某一事件需要动用强制性的权力才能解决时，就意味着这已经是不得已的、最后的办法了。这和法国伟大的启蒙思想家卢梭说的“除非把权力变成法律、把强制变成义务，否则最强者也无法进行统治”是一个道理。

但是，在现实企业中仍有不少领导并不是靠“实力”，而是靠“头衔”来工作。比如某位领导“在位”时，经常可以听到员工奉承的话，但当他即将退休时，却发现员工们一反常态，不再听指挥了。

“原来他是我的领导，即使他讲了些没道理的话，我也没办法，只能忍耐。现在他要调走了，这真是太好了，以后再也不用对他忍气吞声了！”“他已经辞职不干了？太棒了！这下没什么好生气的了。”如果听到员工如此评价他的领导，那么领导者就该好好警醒一下了。为了不让员工在背后也如此说你，聪明的领导者会做到不靠“头衔”工作，而是用权威征服下属。

在现实生活中，一个人也许并没有什么职权，但如果他具有高尚的品德、卓越的才能，并且掌握着真理，那么这种人肯定就拥有权威，人们也乐意自觉地去服从他。相反，一个人倘若没有渊博的知识、模范的行为和优良的素质，即便他位高权重，那也只是拥有职位给他带来的权力，而未必就有权威。

职权其实是一个社会意义上的术语，即一个个体是相对于其他个体而拥有职权，一个团体也是相对于其他团体而拥有职权。可见，职权这一概念最突出的特征就是人们之间的相互作用。而且，职权也不是绝对的或不变的。它是一个随着情景和个体的变化而改变的动态关系。

而权威则指的是一种以领导者自身因素决定的、自然的、内在的影响力，是由品格因素、能力因素、知识因素和感情因素等构成的，其核心是德和才。在这种因素的影响下，员工的行为常常表现出信任、自觉、顺从和追随的特征。与职权的影响力不同，权威对别人的影响不带有强迫性，它是建立在员工对领导者崇敬信服的基础之上的。这种影响力即便与“职权”脱钩，效果也不会有明显的改变。

领导不应靠权力，而应靠威信、毅力、丰富的经验、多方面的工作及卓越的才能。领导者能否取信于下属，让下属跟随，关键在于如何发挥和运用自己的权威，也就是领导影响力中的品格因素。也就是说，领导者本人的觉悟、道德、品德、人格、责任感、事业心等对全部下属所产生的影响力，才是非权力性影响因素的关键。

由此可见，职权与权威虽只有一字之差，意义却截然不同。职权把当官当成职业，权威则把当官当成职责；职权把当官当成荣耀，权威则把当官当成使命；职权把当官当成享乐，权威则把当官当成奉献。如果领导者把权威当作职权，再好的上下级关系也会被拖垮。权威者则不然，他们把职权当成工作平台，以服务为职业，处处展示人格魅力。其威信、威望远远超出职权本身。

当然，由于职权与权威都以“权”为基础，因此它们虽有区别，也有联系，在一定条件下可相互转化。一个优秀的领导者，在工作中应该做到有职权却不凭职权，不靠资格，而是依靠自己掌握的真理，靠正确地处理问题，靠自己的真实行动，赢得尊严，获得权威。

第四章

作决策：抓大放小，准确而果断地拍板

决策是领导的核心内容，它贯穿于领导过程的始终。决策的正确与否，关系着组织的兴衰成败。正确的决策，能指导组织沿着正确的方向、合理的路线前进；错误的决策，就会使组织走上错误的道路，可能导致组织的失败与消亡。优秀的领导者，能“抓大放小”，抓住有利时机，准确而果断地做出决策。

决策要“牵牛鼻子”

领导者就是要高屋建瓴、统揽大局，“抓住重点，带动一般”，“突破难点，搞活全局”，能抓住主要矛盾，找准重点问题，这样才能做出正确的决策。这种领导艺术，人们更喜欢用“牵牛鼻子”来做比喻。一头硕大的水牛，怎样驱使它？推它、打它都不灵，唯有牵着牛鼻子，牛才会乖乖地听人使唤。领导作决策也一样。

唐朝末年，浙江以东的裘甫起兵叛乱，不久就攻占了几个城池，朝廷任命王式为观察史，镇

压动乱。王式一到任上，就立即命人将县里粮仓中的粮食发给饥民。众将官迷惑不解，都说：“您刚上任，军队粮饷又那么紧张，现在您把县里粮仓中的存粮散发给百姓，这是怎么回事呢？”王式笑着说：“反贼用抢粮仓中存粮的把戏来诱惑贫困百姓造反，现在我向他们散发粮食，贫苦百姓就不会强抢了。再者，各县没有守兵，根本无力防守粮仓，如果不把粮食发给贫苦百姓，等到敌人来了，反而会用来资助敌人。”果然，在叛军到达后，百姓纷纷奋起抵抗，不到几个月的工夫，叛乱就被平定。

王式眼光敏锐，牵住了牛鼻子——粮食这个工作重点，轻而易举就平定了叛乱。

日本著名经营管理学家镰田胜说：“优秀的领导者，都是把力量集中到一点上，靠全力以赴攻关才取得了一般人不能取得的卓越成果，其秘密就是如此简单。”他还说：“如果一个领导在一个岗位干了很长时间仍不知道关键的工作，那就是一个不合格的领导。”这话说得不错。领导者如果心无定性，遇到什么事情就干什么事情，不能分清工作的主次、轻重、缓急，牵不住“牛鼻子”，只知道胡子眉毛一把抓，到了最后肯定是一无所获。那么，怎样才能在作决策时牵住“牛鼻子”呢？

（1）登高望远，树立全局意识。要提高抓住问题关键的能力，必须培养领导的全局意识和大局观念，坚持在全局下思考，在全局下行动。对关键决策部署和长远目标任务等一定要了然于胸；对本组织发展面临的机遇和挑战、优势和劣势，一定要心中有数，目光要远大，对未来的发展走势判断要准确，不为局部利益所诱惑，不被暂时的困难所吓倒，要通过谋长远、抓关键来最大限度保护发展潜力，激发发展活力，并从中积聚更厚重的发展后劲，为组织和谐发展打下坚实的基础。

（2）作决策，信息工作要做足，预测是关键。领导要明确是否已经掌握了足够的信息和必要的事实。前面的工作是否严格按照科学决策的程序要求进行，是否扎实，有无漏洞，是否具有充分而可靠的信息保障。充分而可靠的信息是科学决策的基础。只有掌握了丰富、及时、准确、适用的尽可能多的材料，并在此基础上积极对组织未来发展趋向做出预测，领导才有可能

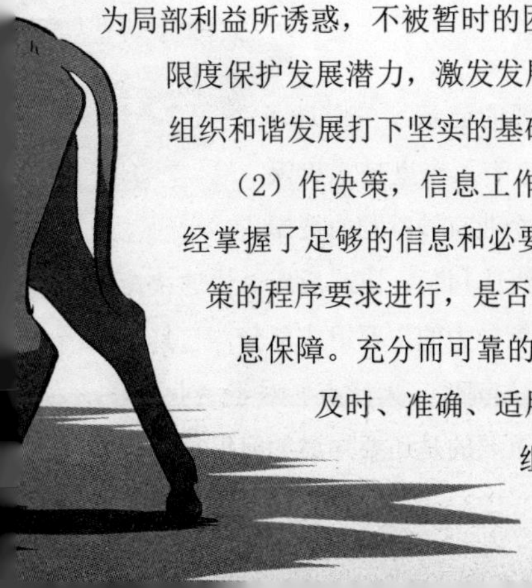

抓住问题的关键，做出比较准确、全面、成功的决策。

（3）以执行为前提，抓住关键环节。对于一个组织而言，决策固然重要，关键还在落实。没有落实，再正确的决策也不会发挥其应有的作用。如果领导在作决策时没有落实的观念，忽视了落实，不抓落实，那么，再缜密的计划、再正确的政策，都只能成为一纸空文。领导作决策要以执行为前提，抓住落实这个关键环节。

从这几个关键入手，可以从最基本的大方向上规避决策失误，只有牵住了“牛鼻子”，决策才能顺利进行，顺利执行。

提升领导者的决断力

这是一个很旧的故事：

> 布里丹的驴子肚子饿得咕咕叫，于是它到处寻找吃的东西。布里丹的驴子真幸运，很快发现左边和右边都有一堆草可吃。于是它到了左边那堆草边，可审视一番后觉得没有右边那堆草多，所以饿着肚子跑到右边去。结果到了右边以后又发现没有左边那堆草的颜色青。想想，还是回到左边去吧。就这样，一会儿考虑数量，一会儿考虑质量，一会儿分析颜色，一会儿分析新鲜度，犹犹豫豫，来来回回。这只可怜的驴子，最后被饿死了。

故事虽然很旧，却给了我们一个很重要的启示：在瞬息万变的市场经济浪潮中，一个企业要想避免陷入布里丹式旋涡里，就必须有具有决断力的领导者把航，让企业直驶胜利的彼岸。

所谓“决断力”，指的是企业的决策者快速判断、快速反应、快速决策、快速行动及快速修正的综合能力。它是企业领导力的主要组成部分，它具有攻击性、快速性、实战性、灵活性、复合性、关键性6大特点。对于企业而言，仅知道什么是企业领导的决断力是不够的，重要的是还要知道如何提高企业领导的决断力。

1. 决断前做好 5 个问答，可以有效地减少决断失误

（1）“何事”即“What”。了解决断的目标。

（2）“为何”即“Why”。了解决断的方向，决断的目的，决断的价值。

（3）“何人”即“Who”。明确应该由谁来决断，由谁负责，由谁执行，由谁监督。

（4）“何时”即“When”。强化决断的时效性，因为决断的质量与决断的时机密切相关。

（5）“何处”即“Where”。进一步界定决断的环境，决断的地点。

2. 决断时要考虑 5 个因素，用以全面提高决断的质量

（1）风险（Risk）。即决断实施之后的各种不利因素，或各种副作用，要制定相应的对策。

（2）对手（Rival）。你在决断时，竞争对手也在决断。所以知己知彼，考虑对手的决断善于双赢，才能确保企业立于不败之地。

（3）关系（Relation）。由于每一个决断都不是孤立的，它牵扯到方方面面的利益关系和人际关系，因此只有理顺关系，决断才能成为现实。

（4）报酬（Reward）。这是激励实干者，提高决断力的一个极为重要的途径。

（5）结果（Result）。为什么要作这个决断？这个决断实施后能够带来什

么结果？是否值得作这个决断？企业的决策者在决断时要强调务实和效益，不能只考虑动机愿望，只制定目标计划。

考虑了这5个因素，企业领导者的决断就有了系统性、预见性，就有了可操作性和现实性。

3. 决断时要扩大选择的空间

这需要领导者具有创新的观念和开阔思维。而且决断的质量与选择的空间是正相关的。选择的空间越大，决断的质量就越高。反之，选择的空间越小，决断的质量则越低。

4. 决断时要排出标准的顺序

决断重在选择，而选择是有标准的。现代企业的任何决断都不可能是在单一标准下的选择，因此领导在做决断时要考虑经济的标准、社会的标准、环境的标准等多个标准。标准多了就有一个排序的问题。按照重要性排出哪个是第一标准，哪个是第二标准，哪个是一般标准。在决断时能兼顾则兼顾多个标准，但多个标准有冲突时就要首先考虑第一标准，其次是第二标准，最后是一般的标准。

本文开头讲的布里丹驴子的故事，驴子之所以最后会饿死，其问题就出在标准没有排序上面，决断的难点不是多方案选择，而是多标准选择。排序是决断的基本功，领导者须下功夫掌握排序的技能。

5. 决断时要借助“外脑”

现在知识经济时代，显然只依靠决断者的头脑已不够用，大势所趋需要借助“外脑”。

所谓“外脑”，可以是企业的管理人员，也可以是企业的普通员工；可以是本企业本系统的专业技术人员，也可以是企业外部的专家学者；可以是顾客；也可以是供应商。总之，只要他对决断的问题熟悉，有自己独到见解的就可以成为“外脑”。

一般说来，充当“外脑”的人数越多越好。多了就有代表性，有利于从多个方面多个层面开拓“内脑”的思路，提高决断的质量。借助“外脑”的智力可以有效提高企业领导者的决断力。

作决策要遵循的原则

决策是一门科学，如何做好准确的决策分析至关重要。领导者要想做出准确的决策分析，就必须遵从科学的决策原则。从实践来看，领导者要想做出准确的决策，应遵循以下几条基本原则。

1. 选准目标原则

决策目标是指要达到的目的，决策目的明确与否，直接关系到决策效果的好坏。决策目标明确了，选择就会有依据，行动就会有针对性；决策目标不明确，选择就会发生偏移，甚至还会造成南辕北辙的惨痛后果。在进行决策前，领导者要善于发现问题、分析问题，找出问题的症结所在，做出准确的决策。

2. 信息准确原则

现代决策涉及各方面的因素，领导者需要取得比较广泛的准确信息。如果信息是“一鳞半爪”或“道听途说”，决策的依据就不可靠。领导者必须深入调查，获取全面的、准确的信息，才能做出符合客观规律的决策。

3. 系统的原则

这是决策的灵魂。任何决策都应从整体出发，以整体利益为重。一切局部的、暂时的利益都要服从全局的、长远的利益。然而，全局利益又包含于局部利益之中。这个全局和局部的辩证关系，是系统原则的精髓。只有坚持这个原则，才能使决策促进全局和局部的协调发展。

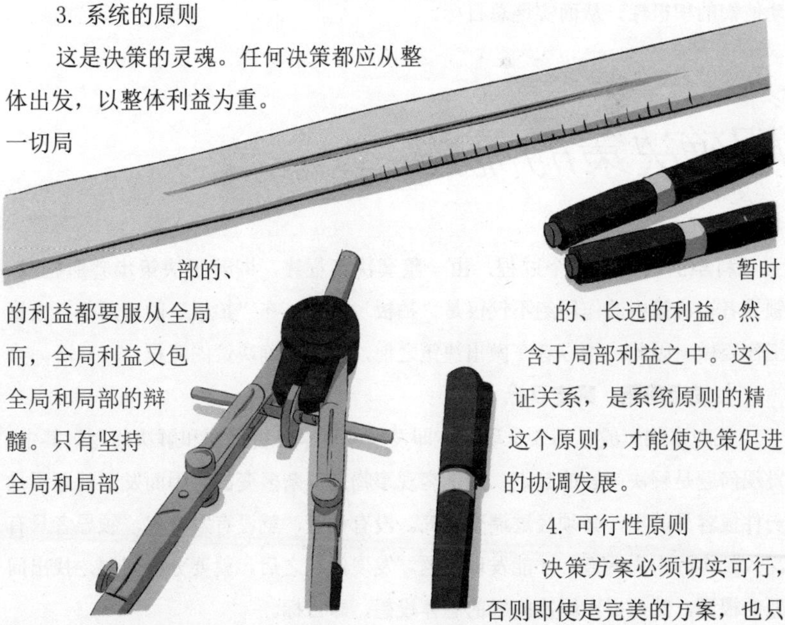

4. 可行性原则

决策方案必须切实可行，否则即使是完美的方案，也只是纸上谈兵。决策方案是否可行，就要对其有利因素和不利因素、主观条件和客观条件做出周密而细致的分析。对已形成的多种方案的利弊得失，必须认真地做出定量和定性的分析比较，做出评估。只有经过审定、评价、可行性分析后的决策，才能有较大的把握和可实现性。

5. 集体决策的原则

在企业的起步阶段，主要靠个人的经验决策。决策的正确与否，主要取决于决策者的个人学识、经验和胆略等。但在企业的壮大阶段，决策的内容是很复杂的，个人的经验决策已行不通了，要吸收多方面的意见。特别要听取专家的意见，进行充分的分析，然后集中正确合理的内容，才能做出科学的决策。

6. 分层次多系统决策的原则

就是根据总的决策目标，由各个层次、各个系统进行具体目标的决策，也就是把总的目标变成各个层次、各个系统的具体责任。这样，才能最终实现决策目标。一般情况下，上级领导不应过多地干涉下级决策，更不能代替下级决策，而应让他们根据实际情况自主决策，这样可以增强各级组织的责任，调动他们的积极性，从而实现总目标。

明确决策的流程

科学的决策是一个过程，由一整套决策程序，即若干决策步骤所构成。领导者在决策中的作用绝不仅仅是“拍板”决断，在“拍板”的前后都有大量工作要做。因此，领导者在做出决策之前，要先明确决策的流程：

1. 发现问题，确定目标

处理事物一般包括3个环节，即发现问题、分析问题和解决问题。其中，发现问题是解决问题的起点，由于客观事物是复杂多变的，因而发现问题不是一件很容易的事，必须经过调查研究。没有调查，就没有发言权，领导者只有深入到实际中去调查，才能发现问题。发现问题之后，就要分析问题，找出问题的根源，然后提出解决问题的总体设想，即目标。

2. 分析价值，拟订方案

目标确定后，要分析目标价值，就是做这件事的投入与产出是否合算，效益有多少、有没有负效益，等等。确认了目标价值，就要寻求实现和达到目标的有效途径和办法，即拟订方案。在拟订方案时要准备多种方案备选，只有一种方案是很难实现科学决策的。

3. 专家评估，选定方案

对于拟订的若干方案，要进行充分的评估。而正确的评估，只能由各方面的专家来实现。

所谓评估，就是对方案进行定量和定性的分析，预测方案近期和远期、局部和整体、经济和社会的效益，如果同时具备这些效益则是最佳方案。但在现实中，同时具备多种效益的方案是极少的，那么就要在各种方案中进行比较，选出那种正效益较高、负效益较低，即比较满意的方案。

4. 实验试行，检验效果

方案选定后就要实施，为了减少失误，在方案全面实施前，一般都要进行实验或试点，以验证方案的可行性和实效性。在实验试点过程中，领导者要认真分析、总结经验和教训，找出带有普遍性的规律来，具体分析出成功与失败、偶然因素和必然因素。如果试点成功，就可进入全面实施阶段。如果失败，则迅速反馈回去，改变决策。

5. 修改方案，普遍实施

这是决策程序的最后一环。如果在实验试行后证明：这个方案在总体上是可行的，那么在修正弊端的基础上，就要全面推广实施。由于实施方案是一个动态过程，主观和客观条件都在不断地发生变化。

因此，领导者要加强方案实施过程中的监督和控制，如果出现小的偏差，那么只作微调；如果主客观条件发生了大的变化，影响了决策目标的实现，那么就必须对原定目标作根本修改。

以上决策流程，只是一般规律，在不同的决策中，各个步骤可以互相交叉进行，有时也可以合并或省略。

充分获取有效信息

信息是产生决策意识的萌芽阶段，任何决策目标的确立和决策备选方案的提出都是对信息进行总结、归纳的结果。

1975 年初春的一天，美国亚默尔肉食加工公司的老板正躺在沙发上看报纸，突然，他看到一则令他大为惊诧的短讯："墨西哥将流行瘟疫。"

这位老板立刻推测，如果墨西哥有瘟疫，必定会从加利福尼亚和得克萨斯两州传入美国，而这两州又是美国肉食供应的主要基地。一旦这两地瘟疫盛行，那么全国肉类供应就必定紧张。

于是，在证实了这个消息的可靠性之后，他立即倾囊购买得克萨斯州和加利福尼亚州的生猪和牛肉，并及时运往美国东部。

不出所料，从墨西哥传来的瘟疫很快就蔓延到美国西部几个州。美国政府立即严禁这些州的食品外运。于是美国全境一时肉类价格暴涨，肉类奇缺。

亚默尔公司数月内净赚 900 万美元，一时占尽风光。

正是亚默尔公司的老板掌握了有效信息，进而做出的决策给公司带来了巨大的利润，可见信息在决策中所起的重要作用。我国古代的《孙子兵法·谋攻》中指出："知彼知己者，方能百战不殆。"其中的"知"归结起来，就是搜集信息的意思。现代决策理论的首创者西蒙也认为："决策过程中至关重要的因素是信息联系，信息是合理决策的生命线。”从某种意义上说，领导者能否做到正确决策取决于他占有的信息量的多少。领导者在决策之前应该掌握哪些信息呢？主要有两个方面的信息：任务信息和背景信息。这两种信息虽然都与决策制定有关，但领导者仍有必要弄清自己正在寻找的信息和已经获得的信息分属哪一类。

任务信息是指管理者为完成工作需要掌握的信息。在这个方面，管理者对这种信息的定义会与普通员工迥然不同。例如，管理者比普通员工更关心来自战略伙伴和战略竞争对手的信息。任务信息一般有3种形式：第一种是有关工作职务的基本信息；第二种是反馈信息，这类信息必须通过便于利用的方式，及时、准确地传递给使用者；第三种是与提高工作中所运用的技能和知识有关的信息，包括培训资料在内。

背景信息是为了判断自己的任务和决策是否与外部大环境相符。背景信息主要包括企业宗旨、相关产业信息、企业领导层之间讨论公司战略的会议内容等。背景信息对于确保管理者从全局角度看待自己的工作具有极其重要的作用。离开了背景信息，领导者制定的决策就会脱离实际，成为空中楼阁。福特公司在位于布里奇恩德的新工厂中的做法是这方面的一个好例子。作为结束管理层与工会长期对立状态的举措之一，该公司与工会达成协议，向员工公开所有的商业信息。一位工会代表对这一举措的评价是：布里奇恩德工厂的管理者与工会有着一个共同的目标，就是要使企业日益繁荣昌盛。

在现代信息高速发展的社会，互联网技术日益成熟，使信息的全球共享成为可能。众所周知，互联网是目前最大的信息集中地，而互联网就是以资源共享为目的而建立起来的信息平台，它极大地丰富了信息来源，也极大地提高了信息传播速度，使人们能够通过多种渠道，以最快的速度收获信息资源。然而，大量的信息往往使决策者面临两难甚至多难境地。

作为企业的领导者，在决策之前如何才能掌握自己需要的信息呢？

首先，领导者要对信息具有高度敏感性，这样才能获得自己所需要的信息。

其次，信息时时刻刻都在不断地变化，不断地更新，新的信息产生、旧的信息淘汰，领导者应紧跟信息更新步伐，及时掌握信息，提高决策工作效率。只有使领导者及其团队掌握更加真实的信息，才能使决策更加科学化。

综上所述，决策是一项背靠历史、立足于现实、面向未来的主题活动。因此，领导者在进行一项决策前，必须全面掌握对决策有利的信息作为决策依据，这样才能使决策更加理性、更加科学。

把握决策的时机

几乎所有的领导者都明白决策的重要性，但是，很多领导者仍然会出现决策失误。有人认为，他们之所以出现这些问题是因为不会决策或者是决策内容不当，但实际上，导致决策失败的另外一个原因往往起了更大作用，那就是决策时机把握不当。

有些领导者处处谨小慎微，害怕风险，即使事情迫在眉睫也不敢拿主意，企图得到有关决策对象全部的信息资料，寻找到所有的决策方案，希望能够准确地预测各种备选方案可能产生的后果，从而选择出最优的决策方案。殊不知，等到做出了一个看似“正确的决策”时，却已时过境迁，落后于客观事物的发展，变成了“马后炮”决策。

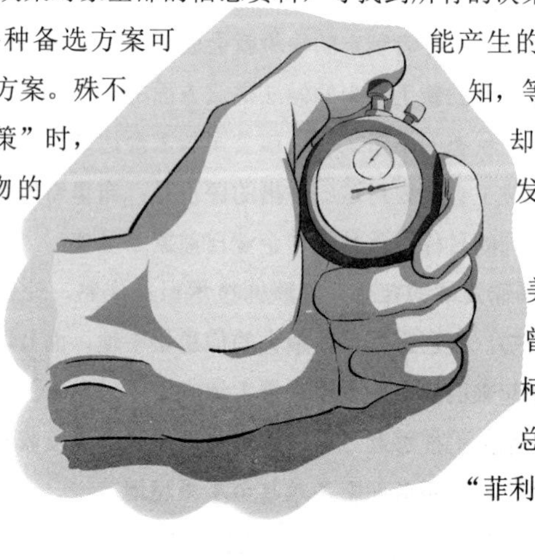

对此，美国的企业家李·艾柯卡曾有一番颇为精彩的议论。艾柯卡曾对接任福特汽车公司总裁的菲利普·考德威尔说过：“菲利普，你的问题就

出在你上过哈佛大学，你所受到的教育是，在你没有获得全部事实根据之前不采取行动。你即使已经得到了95%的事实根据，你也还得花上6个月的工夫去得到其余的5%，而当你得到100%的事实根据时，它们已经过了时，因为市场情况变了。这就是生命的含义——时间性。”因此，艾柯卡的结论是：即使是正确的决策，如果决定迟了，也会是错误的。

现代企业的领导活动十分复杂，领导者所面临的环境不是静止的，而是不断发展变化的。在作决策时过分强求信息完整、规划完整很可能导致坐失良机。记住：贻误时机是决策之大忌。

决策时机并不等于决策速度，把握好决策时机的决策应该是张弛有度的。有些决策基于稍纵即逝的机遇和刻不容缓的威胁，领导者必须利用手中的信息尽快做出决策。但有些情况下，领导者并不需要马上做出决策，广泛收集信息，静观事态发展才是明智之举。

根据时间的轻重缓急，我们可以把决策分成如下几种，决策者应根据不同的时间压力，分别采取不同的对策。

1. 紧急事件的决策

这类决策要求领导者必须能够马上做出反应，立刻采取措施应付危机。例如，有消费者向媒体举报企业产品有质量问题。这类决策等不得，通常是越快越好，否则会给企业带来更大危机。这类决策通常来不及仔细分析选取最优方案，也不能强调决策范围。这就要求领导者根据自己的管理经验，立即做出决策。

2. 等待时机的决策

问题已经出现，但还不明朗，决策的时机还没到来。这类决策可以等待时机成熟或到了问题逐渐明朗时再作决定。

3. 最优决策

在这类决策中，有多种方案可供决策者选择。尽管快速做出决定也重要，但有效的决策取决于对各种方案的分析和评价，取决于决策方案选择得是否合理。对这种决策，找到最佳方案相比决策速度更重要。

4. 无关紧要的决策

这类问题的决策既无时间的要求，也无须追求最佳方案，随便什么时间、采取什么方案都可以。对这类决策，有时间及早决策，没时间可以扔在一边，等有时间再作。

然而在实际工作中，领导者并不能完全按照问题本身的需要来选择决策时机，还往往受到个人性格的影响。于是英国学者德斯迪拉夫根据领导者的决策速度，又将做出决策的领导者区分为兔子型和乌龟型两种。

（1）兔子型

优点：能够快速吸收观点和信息，可以在较短时间内对所发生的情况有一个大致了解；能够找到他人难以发现的捷径；能够随时做出决策；对机遇和威胁迅速做出反应；当机立断；在必要时能够进行现场指挥；能够抓住各种变化带来的机遇。

缺点：易犯“欲速则不达”的错误；对细节问题不耐烦；对复杂问题浅尝辄止；对那些使事情进展放慢的人看不顺眼，尤其是对乌龟型的领导者，认为他们是笨蛋，没有必要时也爱现场发挥；注意力有限；只看问题的一面。

（2）乌龟型

优点：收集复杂详尽的信息，形成完整的意见，从正反两方面看待问题；当事情进展较预期慢时，能够保持足够的耐心；做事有始有终；深挖问题的实质，注重细节；目光着眼于长远。

缺点：在不必要的细节上耽误时间；瞧不起那些脑门一拍就能得出结论的人，特别是兔子型的领导者，认为他们不称职；对机遇和威胁不敏感；看不到关键决策的紧迫性；做事不分主次；优柔寡断。

由此可见，在把握决策时机时，领导者除了要抓住问题的实质，还要认清自身的性格特点，注意发挥自己个性中的优点，克服个性中的缺点。

能洞察时代形势的变化

面对当今瞬息万变的企业环境，解读及预测时代发展趋势，不仅是企业高层的责任，也是许多领导需要共同承担的研究课题。

的确，在当今这样复杂的环境下，要想成为顺利地推动公司组织发展的人，已经越来越不容易了，至少必须具备以下条件：

（1）能找出全球性时代潮流与大众动向，并加以分析。

（2）能综观整个行业，找出自己的定位，并反映在实际的工作中。

（3）能对未来加以预测，并不断顺应时势，修正不合时宜的规划。

（4）能全面考虑工作，进行决断，并让周围的人充分了解你的见解。

（5）能拟订 3~5 年后的中长期进度表。

现代企业更新换代的速度和频率之高，已经无法承受任何因为错误决断所带来的严重后果。一旦判断有误，领导不仅无法将目标与自己的行动结合起来；在实现目标的方法上，也会因为忽略了重要的指导纲领，而无法全神贯注地将精力投入到执行计划的过程中。而出现这所有现象的根源都是因为领导者无法掌握现况，对整体与自己的联系认识不清。

面对这样的状况，领导者的当务之急就是要从颓势中扭转过来。可惜现实中，许多领导却因为不知如何应对这种状态而患得患失，在决策时迟疑不前。常见的情况包括：

（1）因信息不足、缺乏自信，以致浪费时间，错失良机，无法做出明确判断，或是做出错误的决策。

（2）因上司经常表示不满，而导致决策力更为迟钝。

（3）一遇到需要做出正确无误的决定时，就会增加开会次数，以期能集思广益。

（4）因为过去不用心进行自我充实，所以很难迈向更高的层次。

（5）因没有养成深思熟虑的习惯，以致无法发掘事情的真相。

无论从上司还是下属的立场来看，这样的领导都是无法让人信赖的。因此一旦企业需要进行调整，他们就会最先遭到淘汰。应该高度警惕。

某著名企业曾在数年前，执行了一项震撼管理界的决策。内容是在 200 位厂级的领导中，命令其中的 50 位“自己离开公司，在家等待机会”。

这 50 位领导者就是因为不能洞察时代形势，跟不上企业发展的脚步，才被命令离开公司的。

一般来说，观察时代的形势变化时，领导者应该注意以下几个重点：

（1）形势变化不一定是以非常直观的形式来表现，很多时候都可能体现在有效细微的征兆上，这就需要领导者有极其细致的观察能力。

（2）要能敏锐注意到会引发重大事态的形势变化，并积极从各种渠道搜集有关资料。

（3）搜集来的资料必须先由当事人确认无误，并客观地加以验证才能使用，以免因个人偏见或误解而庸人自扰。

（4）面对变化时，不能一味担心抱怨，而应针对该项变化提出应对方案；或修改应对方案，拟订更有效的决策。

形势的转变是稍纵即逝的，如果领导者不能尽早掌握状况，而等到事发后才谋求对应之策，就往往会措手不及，造成无法弥补的损失。这样的企业既无法与其他公司竞争，内部也必定问题丛生，长此下去，必然会被淘汰出局。

甩手掌柜当不得

对领导而言，岗位不仅是一种职业，更应是一种事业。领导者应该恪尽职守，勤于政事，认真对待工作。

洪秀全从41岁进天京（南京）城至52岁去世，从未迈出天京城门一步，他既不上马杀敌，也不过问朝政。11年间仅颁布过25篇诏书，而且1854~1858年这5年竟然未发一诏，全然空白。连他的老对手曾国藩也奇怪地感叹：“洪逆深居简出，从无出令之事。”摊上这样的领导者，太平天国哪有不失败的道理！

现代社会中依然有不少像洪秀全这样的人，一旦有了一官半职，精神就开始变得很松懈，很多事情都不愿意去做了，就是自己分内的事也多交派给下属去做，自己则悠闲地当起了甩手掌柜。比如有的领导，从工作报告、会议讲话到汇报材料等，不分轻重缓急、不论文章长短，从不自己动手，一律由秘书代笔，只在开会讲话时拿着稿子上台念一遍而已。

现代管理理论都重点强调“执行力”这个词，执行力是一个组织成功的必要条件，组织的成功离不开好的执行力，当组织的战略方向已经或基本确定之后，执行力就会变得更为关键。而要想保持良好的执行力，领导者的工作态度、敬业精神无疑就是一个重要因素。

土光敏夫在接管日本东芝电器公司前，东芝已不再享有“电器业摇篮”的美称，生产每况愈下。土光敏夫上任后，并不每天都坐在办公室里办公，而是每天巡视工厂，遍访了东芝设在日本的工厂和企业，与员工一起吃饭，闲话家常。每天清晨，他总会比别人早到半个钟头，站在厂门口，向工人一一问好。员工受到这种气氛的感染，加深了相互间的沟通，士气大振，努力工作。不久，东芝的生产恢复正常，并有了很大发展。

麦当劳快餐店创始人克洛克也是如此，他不喜欢整天坐在办公室里，喜欢把大部分的工作时间都用在“走动管理”上，即到各公司和部门走走、看看、听听、问问。20世纪60年代，麦当劳面临严重亏损的危机。克洛克发现造成危机的重要原因之一，就是公司各职能部门的经理有严重的官僚主义，习惯于躺在舒适的椅背上，指手画脚，将许多宝贵的时间耗费在抽烟和闲聊上。于是克洛克想出一个奇招——将所有经理的椅子靠背锯掉。一开始几乎所有人都骂克洛克是个疯子，然而不久大家明白了他的一番“苦心”。于是他们纷纷走出办公室，深入基层，及时了解情况，现场解决问题。就这样，麦当劳在各级管理者的努力工作下，终于走过了困难时期，逐渐步入良性发展的轨道，规模越来越大。

“官不勤则事废”，如果一个领导者不尽心尽力、尽职尽责地干好本职工作，他所领导的部门或团队必定混乱不堪、弊病百出。

领导者勤于政务是德政之基，善政之要，执政之魂，正如李瑞环所说：“苦干可以出思路出办法，苦干可以出成绩出经验，苦干可以战胜困难开拓前进。”如果领导者对于工作吊儿郎当，贪图清闲，做个甩手掌柜，又怎么能带出纪律严明、执行到位的团队呢？在其职就得谋其政，领导者也有自己的岗位职责、工作任务，应该恪尽职守，勤于政事，认真负责地干好工作。

第五章

带好中层团队，事半功倍

企业未来决胜的筹码是反应速度，此速度得益于企业团队的执行力，而团队执行力很大程度上取决于中层团队的领导力与执行力。中层起着承上启下的桥梁和纽带作用，因此，企业想在未来的竞争浪潮中不被淘汰，高层领导就要充分认识到中层管理者的重要性，将中层管理者培养成自己的左膀右臂。

如何破除一将难求的尴尬

某房产公司的销售经理杨超最近遇到了一件非常奇怪的事。一天，一位看楼的先生执意要置业顾问讲解项目，并点名要杨超帮忙讲解。杨超虽然大惑不解，但还是按自己的工作经验，认认真真地把项目的规划、地段、户型、园林、设计等平时培训置业顾问的内容全部复述了一遍，之后又回答了这位先生提出的若干刁难性质的问题。终于，这位先生把他叫到了边上，表明了自己的真实身份。

原来，该先生是一个未开楼盘的开发商，因

为是第一次做房地产，心里没底，又不想贸然请销售代理公司帮忙，就希望找一个操盘手帮忙从前期设计开始做起。经过事先的了解和上述的考核，他认为杨超不但头脑灵活而且经验丰富，并且很懂销售，想挖走他。该老总承诺，如果杨超愿意，他愿高薪诚聘。之后，他以30万元年薪成功挖走杨超。

这就是企业领导者苦于找不到合格的中层管理人才而去“挖人”的例子，由此可以看出，企业缺乏得力的中层管理者已经到了何种程度。

对于一个企业而言，中层管理者总是发挥着非常重要的作用。中层是企业人才的中坚力量，他们的素质好与差直接影响到企业的生产经营和发展。如果把一个企业比作一个人，高层领导就是大脑，要思考企业的方向和战略；中层管理者就是脊梁，要去协助大脑传达和执行命令到四肢——基层。可以说，中层就是领导者的“替身”，是支持大脑的“脊梁”。

麦肯锡公司的一项调查表明：有的公司能保持持续发展和改革，达到更高的业绩，关键的因素不在于高层领导者，而在于一批具有改革才能的中层管理者和专业人才。可见中层管理人员在企业中起中流砥柱的作用，他们不同于一般员工，他们的素质高低，在很大程度上影响一般员工的职业行为，甚至关系企业发展的成败。因此，对中层管理者的素质，要有更高层次的特殊的要求。这也是为什么会出现一将难求的原因。企业要想获得优秀的中层管理者，破除一将难求的尴尬，领导者要做到以下几点。

1. 发自内心的真诚

领导者应当具备宽广的胸怀，光明磊落，公私分明，而不应斤斤计较。尤其是在接纳优秀中层的过程中，必须抛弃一切个人恩怨，出于真心，以自己的诚心去感动中层，让他心甘情愿地为自己效劳；否则，就会适得其反。

所谓“桃李不言，下自成蹊”，领导者要努力建设自身，使自身的条件、环境以及形象充满吸引人的魅力，这样，即使领导者自己按兵不动，优秀的中层管理人才也会禁不住自动上门拜访。这时领导者甚至可以作壁上观，姜太公钓鱼——愿者上钩。

2. 用自身魅力吸引优秀中层加盟

领导者是自己公司或部门的首脑，代表着公司或部门的形象。人们评价一个公司或部门时，先考虑的就是其领导者的人格魅力如何。尤其是对受过高等教育的人来说，领导者素质的高低直接影响到他们对整个公司或部门的印象。因为对知识层次较高的人来说，他们往往会认为在素质较低、缺乏人格魅力的领导手下工作对他们是一种侮辱和贬低，很显然，他们难以接受这样的领导。因此，作为领导者，必须时刻注意自己的公共形象和影响，同时要形成良好的品行以增加人格魅力，起到表率作用，使自己给人一种清新自然而又激情四溢的感觉，而不是给人一种沉闷、讨厌的情绪。

这里不妨作个简单的比较：两家实力相当的公司同时看中了一个中层，给出的待遇也差不多，而其中一家公司的领导者涉嫌偷税、走私，另一家公司的领导却正直廉洁，多次受到上级的表彰。此时，你当然会毫不犹豫地选择后者。为什么会这样呢？其实这就是人格魅力的吸引。所以，领导者绝不能忽视自己的魅力对公司的影响，要知道自己的形象就如一面镜子，时刻向外面反射着公司的情况。

3. 用企业文化氛围吸引

企业的文化氛围对中层的吸引力也是不容小觑的。如果公司员工的整体文化水平较低，处于一种简单劳作的状态，也就表明了公司的科技水平较低，这样是难以吸引优秀中层的。领导者必须改变这种状态，提高全体员工的素质，营造一个积极向上、充满乐趣的工作环境，这对于中层的吸引与之前将不可同日而语，而其中最典型的是企业家们常说的“大家庭”式管理。

4. 优势感的吸引

人人都希望自己在社会竞争中取得优势地位，占据有利条件，相应地，人们对优势感也产生了一种追求，且常常为自己的优势感到满足。中层管理者对企业的要求也一样，他们都希望自己能到名牌企业工作，以获取优势感，同时他们大都认为，好的企业能给他们的人身予以保障，尽管这也许只是一种心理作用，但仍显得非常强烈。名牌企业比普通企业更能吸引人才，其中不无这种原因。领导者们应当清醒地认识到这一点，努力扩大自己企业的影响，争创名牌产品、扩大企业规范、增加资本……这些措施都能对中层管理者产生较大的吸引力。但同时，企业必须有一个良好的运行状况，面临破产倒闭的企业，重金也难请到一个中层。

让"绵羊"变成"狮子"

有句话是这样说的："一头绵羊带领的一群狮子，敌不过一头狮子带领的一群绵羊。"粗看起来这是说：一个组织的成败取决于这个组织的领导人。领导人的魅力、魄力、预见力等个人特质决定了组织的成败。但随着社会的进步，目前，我国绝大部分企业最主要的问题不是战略问题，而是高效能的中层管理者短缺的问题。经理人断层时代已经来临！如何让脆弱的中层变成适应企业发展的新中层，是目前国内企业必须首先解决的问题。在目前的社会背景下，仅仅提升企业家的竞争力已很难应对市场的快速变化，唯有一同提升中层团队的执行力，才能真正构建企业的核心竞争力。那么，中层的执行力到底该如何提高呢？这就要从"愿意干""能胜任""高协同"3个方向入手！

1. 愿意干

一般而言，提高中层管理者工作意愿的手段有3种：薪酬、福利、员工关系。领导者必须协调好这3种手段，才能让中层愿意干。中层管理者一般都是在工作上有一定经验、在生活上刚解决温饱的人。他们面对工作、生活等方方面面的压力，还是有些孤独无助的。他们头脑里想的不光是"现在能挣多少钱"，还在考虑"以后挣多少钱"，甚至还有"什么时候可以不用这么辛苦地赚钱"等。中层管理者们的着眼点已经由现在转移到未来，也就是说：除非对现有薪酬大幅度提高，否则对他们而言，效果很难显现。

改善福利效果又如何呢？电影票、旅游券、健身卡、体检等手段，就中层而言，都是有能力自己解决的，即使给了他们，他们也未必领情。相比之下，他们对分配股票期权、安排团体养老金更有兴趣，但是这两项对公司的性质和实力又提出了严格要求。较之前两项福利，培训的效用就大多了。领导者从提高他们的能力入手，帮助他们成长，在他们成长的同时，公司也获得了成长，可谓是双赢。

对于员工关系，中层一般都早已形成了自己的小社交圈子，所以如果领导者帮助他们寻找兴趣相投的人就没有多大的意义了；而领导者如果在他们感到孤独无助的问题上加以关心和帮助，就能"收买人心"了！所以领导者可以为他们聘请专业的咨询顾问，随时解决他们的问题和困惑。

2. 能胜任

中层原本都是业务能手，他们的管理技术大多来自工作中的经验，因此既不系统也不专业，这对团队战斗力的影响是相当大的，因此领导者有必要给予相应的训练。让中层不仅“知道”，而且“会用”；不仅“会用”，而且“习惯用”，让中层把技能变成习惯，才能真正提高他们的工作能力，训练才有价值！

3. 高协同

要让员工之间、部门之间相互配合默契。如何提高中层之间的默契程度呢？一是大家要从态度上端正，要互相尊重、互相友爱，要有感恩的心，等等；二是要经常在一起探讨、沟通或参加培训，也就是多打交道，相互熟悉、相互了解；三是要建立感情，透过员工关系，多创造一些生活中的交集，让大家有更多的共同点，逐渐加深感情。

上述分析的 3 点其实有一个交集，就是“训练”——既能提高中层的“工作意愿”，又能提高中层的“胜任能力”，还能提高中层之间的“协同性”。换句话说，领导者通过对中层的训练，来提高中层的执行力，从而提高团队战斗力，是最为有效的方法！如果再辅以成本低廉的“专业咨询”必然会达到相当的效果；如果再能向中层提供“股票期权”或者“团体养老金”，那这个中层团队一定会由“绵羊”变成“狮子”，攻无不克，战无不胜！

用榜样的力量带动下属

领导者是美的生活的组织者、引导者、感受者和创造者。作为领导者，自己首先应该是美的化身。尊敬是赢得的，没有人能通过也不应该通过发号施令获得他人的尊敬。

中层管理者往往根据领导者所做的而不是他所说的，对他做出判断。因此，领导者必须重视以身作则，树立榜样的力量。在进行日常的工作时，领导要意识到大家正在看着自己，自己起到的榜样作用对下属有很大的影响，这要比口头建议、发表讲话或其他形式的交流，效果要好得多。

但令人感到遗憾的是，一些领导者自己不遵守标准，却希望他们的下属能够遵守这些标准。领导甚至相信，他们的职责是命令中层管理者去做，而自己做不做并不重要。最大的错误在于，如果连他们对自己做这些事情都没有坚定的信心，那么让别人去做也不会带来任何成绩。

领导者同样是企业这个大家庭中的一员，但又不是一般的成员。领导者手中握有对整个组织实施管理的权力，肩上担负着保证组织生存与发展的责任。这就决定领导者的品德和才能要高于一般的下属，其行为的水准要高于中层管理者，而不能混同于中层管理者。“领导”一词含有走在前面的意思，就是率领中层管理者向着既定目标前进。这就要求领导者要在行为上做中层管理者的榜样。

在一个组织中，人们往往习惯于模仿领导者的工作习惯和修养。由于领导者的职责大于一般人，其引人注目的程度就远非一般人可比。中层管理者的目光总是时时刻刻在最高层领导的身上扫来扫去。领导者的一言一行，一颦一笑，都会受到中层管理者的审视和仿效。领导者的行为有利于组织，中层管理者会仿效；领导者的行为有损于组织，中层管理者也会仿效。这种普遍存在的“向官”效应，决定了领导者必须牢固树立榜样意识，严于自律，在行动上为中层管理者做出好的表率。

通常，在与领导相处一段时间以后，下属容易变成和他们上司一模一样的人，因为人们的确会从他们的上司那里寻求指导。这种效仿，不管是有意识的，还是无意识的，都会渗透到他们工作的方方面面。所以，领导者希望拥有什么样的中层管理者，不管是行为上的还是交流层面的，领导者希望获得什么样的结果，就一切都要从自己开始！

对领导者来说，最有效的领导方法是身体力行，而不是发号施令。

孙策是东汉末年才干出众的军事家和政治家，吴国的基业多半是由他创下的。他的父亲孙坚实际上从属于南方的袁术势力，生前虽有建树，却因受袁术操纵，在跨江击刘表时战死。孙坚死时，孙氏基业几乎损耗殆尽。年仅 17 岁的孙策在袁术手下干了段时间，就渡江而去，逐个击败江东的大小割据势力，创立了一个强有力的孙氏政权。可惜的是，这颗耀眼的明星升起时间不长就陨落了。纵观孙策短暂的一生，是锐意进取，开拓创业的一生。

在孙策身上诸多的优秀品质中，有一点十分突出，那就是身先士卒。作为江东的霸主，三军的统帅，按常理，孙策的主要任务应当是指挥作战，而不应亲自冲锋陷阵，但孙策认为，如果自己"不亲冒矢石，恐将士不用命耳"，所以，他常常亲自出马，与敌方的战将拼杀。凭着高强的武艺和超人的胆气，他与刘繇手下猛将太史慈杀得不亦乐乎。在另一次战斗中，刘繇部将于糜与孙策交战不到 3 个回合，就被孙策生擒，挟在掖下回阵。刘繇另一部将樊能挺枪来赶，孙策回头大喝一声，声如巨雷，樊能惊骇，从马上掉下来摔死了。孙策回到门旗下，于糜已被挟死。孙策挟死一将，喝死一将，自此人称"小霸王"。孙策如此勇猛，从而也带动手下的将领奋勇杀敌。

很多时候，人们常用自己的亲身经历作例证，对别人进行说服。这种说理方法具有现实性强、可信度高的特点，只要运用得当，很容易达到说服别人的目的。所以领导者用自己的行动，为中层管理者做出榜样，才有号召力，才有资格率领他们前进。

中层管理者期待的领导者，在非常时期能够表现得与众不同，且能够断然地做出决定，迅速敏捷地采取行动。只有这样的领导者，才能强有力地支配部下。

企业中的领导者也是如此。在竞争愈来愈激烈的今天，企业随时随地都会面临各种困难。如果企业不加紧脚步，就很难在这困境中取得一席之地。当面临困境时，领导者能够身先士卒面对难关，坚定沉着的精神就会传达给中层管理者，让大家都能够勇敢地面对挑战。

领导者既然要求中层管理者做到，自己就应率先做到，这样才能取得主动权，才能得到中层管理者的信任，他们才会自觉地跟着领导者走。可见领导者的行动比嘴巴更能调动中层管理者的积极性，所以身教重于言教，言行不一是身为领导者的大忌。除了工作上要带头之外，领导者的表率作用也应体现在日常生活中的小事上。领导者不能忽视生活小节，不能搞特殊化，不能因自己是领导者而忽视纪律，这样才能体现一个领导者对自己的严格要求。

充分利用“鲶鱼效应”

鲶鱼效应来源于这样一个故事：

挪威人的渔船返回港湾，鱼贩子们都挤上来买鱼。可是渔民们捕来的沙丁鱼已经死了，只能低价处理。渔民们哀叹起来：“上帝，我们太不幸了。”

只有汉斯捕来的沙丁鱼还是活蹦乱跳的。商人们纷纷涌向汉斯：“我出高价，卖给我吧！”

商人问：“你用什么办法使沙丁鱼活下来呢？”

汉斯说：“你们去看看我的鱼槽吧！”

原来，汉斯的鱼槽里有一条活泼的鲶鱼到处乱窜，使沙丁鱼们紧张起来，加速游动，因而它们才存活下来。

在自然界中，鲶鱼效应十分常见。科学家曾观察过大自然中的鹿群，他们发现，如果一个鹿群的活动区域里没有狼等天敌，它们缺少危机感，不再奔跑，身体素质就会下降，这个鹿群的整体繁衍能力就会大受影响。在企业中也常有这种现象，缺乏竞争的组织，其生命力远远不如在激烈竞争中磨炼的组织。

尤其当这些像一桶拥挤的沙丁鱼一样没有激情的人是企业的中层管理者时，那对企业带来的危害可就难以预计了。这时领导者不妨引入一些“鲶鱼”来，让它们搅浑平静的水面，让“沙丁鱼”们都动起来。鲶鱼效应在组织人力资源管理上的有效运用，会带来出乎意料的效果。

当企业内部中层管理者出现类似沙丁鱼的特性时，就有必要加入一两条“鲶鱼”刺激一下。这样做，一方面可以从横向和纵向扩大工作范围、深化工作内容，让员工们体验丰富的工作活动，感受努力工作的成就，让他们体验面对挑战性工作时的激动与欲望；另一方面运用轮岗的方式增长员工的才干，让他们工作中的鲶鱼越游越欢。

当然，在应用鲶鱼效应时，还要注重人与岗位性格的匹配，鲶鱼就要做鲶鱼的事情，沙丁鱼就要做沙丁鱼的事情，岗位中既要有鲶鱼性工作内容也要有沙丁鱼性工作内容，最重要的是要发现中层的偏好，看哪些工作能够让他们产生鲶鱼的动力与激情，只有匹配了之后，鲶鱼效应才能真正发挥它的作用，不然虽然设置了鲶鱼性工作内容，却发现这种工作根本不能让员工为之动容、为之奋斗，那么这条鲶鱼就成了死鱼了。

善待中层管理者

中层管理者是依靠知识、经验和信息创造价值的人才。企业要成为优秀的、具有竞争力的企业，就必须拥有一些善于管理、能胜于重任的中层管理者。领导者要最大限度地利用中层管理者拥有的知识、经验，促进组织目标的实现，必须充分地了解自己的中层管理者，并且在工作中善待中层管理者。

在以往的企业中，对员工的管理主要强调控制与服从。中层管理者的自身特点决定了企业高层不能运用传统的管理方式来对待他们，主要应从以下几个方面着手：

1. 把他们当作企业资产而不是成本

一个具有专业知识的中层管理人才与非专业中层管理人才最大的不同是后者没有自己的生产资料，一个经验丰富的中层管理者，只有被人雇用，为之提供生产资料，才能有他们的用武之地。但知识型中层管理人员则不同，他们拥有“生产资料”，即他们头脑里的知识。正因如此，他们的流动性就比较大；他们中的相当一部分人可以一生专注于自己的专业，但不一定忠于一个企业。如果他们在一个地方只能发挥50%的知识资源与聪明才智，那他们就会带着知识流动到能发挥70%能力的地方去。此外，非专业中层管理人员从经济学上来说属于成本，而成本是要加以控制和尽可能降低的，所以人员减少才能提高效益。但知识型中层管理者却不是成本而是资产。对资产不是加以降低，而是应使之增值。但资产只有通过流通、运作才能增值。同样，知识型中层管理人员也只有恰当地加以使用，才能使之创造价值，创造财富。因此，面对人才争夺战的新形势，领导者大有必要一改以往依靠行政命令，依靠灌输方式的用人之道，而应学会平等地与人沟通、交心，并以尊重、爱护、理解的心态去对待中层管理者。

2. 当作伙伴而非上下级

在知识经济时代，一个拥有专业知识的中层管理人才与非专业中层管理人才相比，他们对自己的业务比他们的上级或同事更熟悉，因此在用这些人时，不应是上下级关系，而应是合作伙伴关系；不是通过发号施令，指挥他该干什么和怎么去干，而是要通过沟通、协商、引导，了解他们的价值观，以及他们对事业的理想，以便为他们创造一个有利于调动他们积极性的机制和环境，使之能自觉自愿地发挥他们的聪明才智。

3. 强调以人为本，实行亲情化管理

中层管理者具有较强的获取知识、信息，以及处理、应用知识和信息的能力，这些能力提高了他们的主观能动性，因而做事情常常不按常规。和这些人员进行交往时，传统的官僚管理作风只会碰壁，因此领导者需对中层管理者实行特殊的宽松管理，尽量顺应人性、尊重人格，激励其主动献身与创新的精神。应该建立一种善于倾听而不是充满说教的气氛，使信息能够真正有效地得到多渠道传播，也使中层管理者能够积极地参加与决策，而非被动地接受指令。

4. 去除一切栅栏，使其可以独立自主

由于中层管理者更多地从事思维性工作，固定的工作场所和工作时间会限制他们的发挥。为了鼓励知识型中层管理者进行创新性活动，企业应该建立一种宽松的工作环境，使他们能够在既定的目标和自我考核的体系框架下，自主地完成任务。

5. 重视他们的个体成长和职业生涯的发展

在知识型经济时代，人才的竞争将更加激烈，人力资源管理的一项重要任务就是要吸引和留住优秀人才。然而，较强的流动性又与此相悖，中层管理者更注重个体的成长而非组织目标的需要。因此，领导者首先应该注重对中层管理者人力资本投入，健全人才培养机制，为中层管理者提供受教育和不断提高自身技能的机会，从而具备一种终生就业的能力。

中层管理者对知识、个体和事业的成长不懈地追求，往往超过了他们对组织目标实现的追求，当中层管理者感到他仅仅是企业的一个高级打工者时，就很难形成对企业的绝对忠诚。因此，企业不仅仅要为中层管理者提供一份与其贡献相称的报酬，使其能够分享到自己所创造的财富，更要充分了解中层管理者的个人要求和职业发展意愿，为其提供适合其要求的上升环境。也只有当中层管理者能够清楚地看到自己在企业中的发展前途时，他才有信心为企业尽心尽力地贡献自己的力量，与组织结成长期合作、荣辱与共的伙伴关系。

6. 加强培训与教育

由于科技发展高速化、多元化，知识与财富成正比例增长，知识很快就会过时，只有不断更新自己的知识才可能获得更大的收入。因此中层管理者大多非常看重企业是否能提供知识增长的机会。如果一个企业只给其使用知识的机会，而不给其增长知识的机会。企业不可能保证中层管理者永远就业，当然也就不能指望中层管理者对企业永远忠诚。同时，大多数高素质的中层管理者更希望通过工作得到发展和提高。企业举办各种培训，能在一定程度上满足中层管理者的这一需求。因此，企业应该注重健全人才培养机制，为中层管理者提供受教育和不断提高自身技能的学习机会，使其具备适应本企业工作要求的能力。

该放权时一定要放权

“越级管理”其实就是放权不彻底的有力佐证，是管理中的大忌，会严重影响中层管理人员的积极性，但是一些企业中的中层管理者仍然常常面临这样的困境：下属越级汇报，上级越级管理。

蒋锐是某公司的中层管理人员，公司初建期间，老总很喜欢对蒋锐的下属进行越级安排，时间久了，下属也常常越级上报，以至于到了现在，公司经过了创业期进入了扩展期时，老总还是亲自指挥蒋锐的下属，蒋锐的下属也经常越级向老总汇报工作。甚至一些下级更是把越级汇报当作展示自己才能的方式，在老总面前表现自己而否定蒋锐。以至于很多关键工作，身为负责人的蒋锐都是间接知道的。多次下来，蒋锐觉得老总看自己的眼神越来越不对，老总对他的器重程度也大不如前。他也曾经就这件事情跟老总正式谈过，但是收效甚微，老总还是很乐意自己亲自去指挥员工工作，而下属则越来越不把蒋锐当上级。

领导者如何才能避免让中层陷入蒋锐这样的尴尬境地呢？这就要求领导者要下放该放的权力。

如果领导者不但喜欢听取下级越级汇报，还动不动就来个越级指挥，是领导者的不对，因为如果出现越级汇报的情况，就意味着直属主管的管理权限被弱化，最终的结果肯定是中层管理者们都开始不负责任，如此一来，那些有理想、有抱负的中层管理者就会离开公司，企业也变成领导者的“一言堂”。

高明的领导者善于“抓大事”，而昏庸的领导者则喜于“管小事”。抓好“大事”则事事都得到治理，事半功倍；样样都管，而事事荒废，事倍功半。这就是“抓大事”与“抓小事”的辩证法。

领导者的职责是思考全局性的、综合性的问题，做出正确决策，协调内部关系，激发下属的战斗力，最终完成团队的奋斗目标。领导者应该是帅才，做好“面”上的工作；中层干部是将才，做好“线”上的工作；职员则是士兵，做好自己的本职工作，也就是每一个“点”上的工作。想要点、线、面的工作都卓有成效，领导者必须学会放权。

唐玄宗李隆基即位初期，任用姚崇、宋璟等名相，整顿武周以来的弊政，推动了社会经济的发展，出现了著名的“开元盛世”。在这个时期，李隆基就很讲究用人之道。

有一次，姚崇就一些低级官员的任免事项向李隆基请示，连问了3次，李隆基皆不予理睬。姚崇以为自己办错了事情，慌忙退了出去。正巧高力士在旁边，就劝李隆基：“陛下即位不久，天下事情都由陛下决定。大臣奏事，妥与不妥都应表明态度，怎么连理都不理呢？”李隆基说：“我任崇以政，大事吾当与决，至用郎吏，崇顾不能而重烦我邪？”

这番话，虽然是批评姚崇用小事麻烦他，实际上却是放权给姚崇让他敢于办事。后来姚崇听了高力士的传话，就放手处理事情了。

领导者如果舍不得放小权，必然要事事亲为，由于精力所限，结果自身忙得团团转，中层管理者却只能袖手旁观。领导者与中层管理者之间，要各司其职，各负其责。作为领导者，要深知自己的岗位职责是什么，哪些工作该管，哪些是中层管理者职责范围内的事情，你和中层管理者都各有哪些权力等，都必须搞明白。该给中层管理者的权力，领导不要占有，该是自己行使的职权，也不能疏忽。主要权力集中在领导手中，部分权力分散给中层管理者，正所谓“大权独揽，小权分散”。上下形成两个积极性，工作才会形成一个合力。领导“大权独揽”也好，中层管理者“小权”在手也好，其目的都应该是一个，这就是干好一个企业。

中层能同甘却不能共苦该怎么办

在企业管理的过程中，很多领导会遇到这样的尴尬：企业发展好，势头强劲的时候，人才趋之若骛，享受令人羡慕的优厚待遇；而一旦企业出现危机了，形势便直转而下，那些人才、骨干纷纷避之唯恐不及，独留领导一人神伤……

某公司由于公司规模进一步加大，公司的资金流出现了问题。针对这一问题，公司董事长王海在公司干部大会上对当前的紧迫形势作了分析，并且对公司将来的发展前景也做出相当可行的规划与设计，并勉励全体领导干部咬紧牙关，艰苦奋斗，迎接公司下一轮的发展。然而，让王海始料不及的是，公司动员大会后不久，就有工程管理、财务、设计等多名中层骨干集体跳槽。

经营一个企业，风险始终伴随左右，中层管理队伍的稳定一直是令企业领导者头痛的问题，特别是当企业经营一旦出现风险时，最先选择离开的往往是那些能力最强的中层管理者。因为他们跟随企业的发展一路打拼，已经具备了较强的职业技能和丰富的管理经验，同时又是人才市场的宠儿，他们离开本公司，迅速找到一份新工作并不难，但有的企业却可能因此走上破产之路。

然而现实情况中，往往在企业遇到危机时，选择离开的中层管理者正是那个可能扭转危机或处理危机的关键人物。以生产牛肉干而闻名的绿盛公司就是一个很好的例子。

绿盛公司生产牛肉干发展很快，销售量从几百万公斤发展到几千万公斤，2007 年销售额已经突破了 5 亿元。但公司上下基本上是老总的亲朋好友，特别是在一些重要的岗位方面。随着品牌越来越响，一些

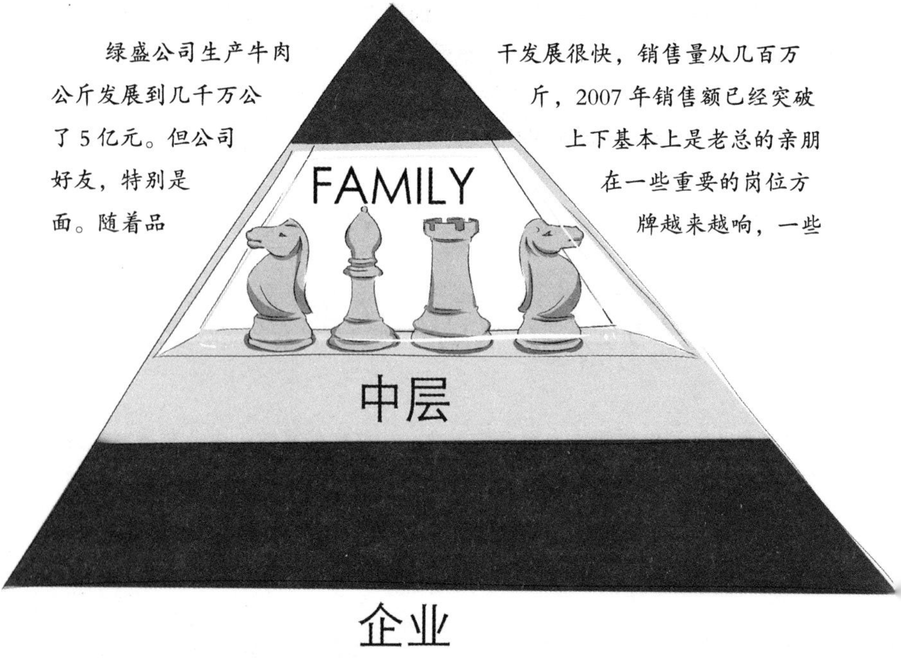

意想不到的麻烦也随之而来，有的问题简直让老总林东措手不及。

2006年10月，林东接到了一个员工的电话：让他赶紧上网看一下关于“绿盛”的新闻。看到网上关于绿盛牛肉干存在安全隐患的新闻和图片，林东愣了几秒钟，把文章从头到尾看了好几遍，这才明白出事了。接下来会怎样？他不敢预想。林东的手机开始响个不停，不断有人来询问，包括经销商、记者、朋友、家人等。“是不是真的？”这句话当天下午到晚上出现了不下几百次。林东当天晚上连夜让人赶写声明，表示质量没有问题，一定会对消费者负责。一批又一批质监局的人开始到工厂检查各种细节；国家质监总局在全国170多个点抽查绿盛牛肉干；很多超市为了表明自己对消费者负责，纷纷将牛肉干撤柜。网络舆论一边倒，骂声一片……

而更让林东失望的是，他本想让公司的质量总监出来替公司说句话，没想到总监竟不辞而别了！

不少企业都会出现类似的问题，企业一旦出现危机，一些需承担责任的中层管理者就会纷纷辞职，甚至会像例子中的那个质量总监一样不辞而别，使得领导者大呼：“为什么公司平稳时，大家你好我也好，一到公司有难时却不能共同分担？”

像绿盛公司质量总监那样因道德缺失而在公司发生危机时选择离开的中层管理者，企业在对其行为表示谴责的同时，更要注意避免再出现类似的人。公司在招聘人才时，应该注意选择道德素养比较高的员工，务必要慎重录用那些一年换一个公司甚至几个公司的中层管理者。同时，企业应选择那些潜力、价值观与公司制度和文化相一致，能够维护公司声誉并完善公司品格的人。企业还应根据企业的特点招聘合适的中层管理者，就像埃德华兹公司的首席执行官所说的：“我们只要和我们同心同德，有个性的员工，与公司文化协调一致，我们要的是白头偕老，像一桩美满的婚姻一样。”

最重要的是，领导者要把中层管理者当作是家人，让中层管理者感觉企业像自己的家一样，如此一来，中层管理者自然也就不会在企业遭遇困难时离开了。试想，有谁会愿意不管家里遇到的困难就离开的家人呢？

第六章

慧眼识人，做优秀下属的“伯乐”

“世有伯乐，然后有千里马。”在单位中，领导者就是伯乐。但如何从下属中去发现千里马，培养千里马，就需要领导者慧眼识珠，以德为先，用诚意求才，大胆起用各种各样的人才。

优秀人才具有哪些品质

领导者选择人才，首先要看重一个人的品行，因为具备优秀品质的人才才是可塑之才。一般而言，优秀的人才都具有以下 8 种品质。

1. 进取心与责任心

进取心是使个体具有目标指向性和适度活力的内部能源，认真而持久的工作是个体事业成功的前提，而具有进取特质的个体也就具有了职业成功的心理基石。责任心强的人往往能够审时度势选择适度的目标，并持久地、自信地追求这个目标，所以责任心强的人事业更容易成功。

2. 自信心

自信为个体在逆境中开拓、创新提供了信心和勇气，也为怀疑和批评提供了信心和勇气，自信总能使自己的好梦成真。没有信心的人会变得平庸、怯懦、顺从。喜欢挑战、战胜失败、突破逆境是自信心强的人的特点。

3. 自我力量感

虽然人的能力存在差别，但只要个体具有中等程度的智力，再加上善于总结经验、教训，善于改进方法和策略，那么，经过主观努力之后，许多事情都是能够完成的。因此，可以把成功和失败归因于努力水平的高低和工作方法的优劣。

4. 情绪稳定性

稳定的情绪对技术性工作有预测力。冷静、稳定的情绪状态为工作提供了适度的激活水平。焦虑和抑郁会使人无端紧张、烦恼或无力，恐惧和急躁易使人忙中出乱。

5. 自我认识和自我调节

了解自己的优势和短处，与组织环境的关系，善于调节自己的生涯规划、学习时间等。

6. 社会接纳性

在承认人人有差别和有不足的前提下接纳他人。社会接纳性是建立深厚的个人关系的基础，领导者应真诚地对他人及他人的言语感兴趣，在其言语表达时认真倾听并注视对方。

7. 社会敏感性

对人际交往性质和发展趋势的洞察力和预见力，善于把握人际交往间的逻辑关系。行动之前要思考行为的结果，设身处地地想一想他人的处境，乐于与人交往，能设身处地地体察他人的感受。

8. 社会影响力

有以正直和公正为基础的说服力，有使他人发展和合作的精神，有一致性和耐力。善于沟通和交流。具有自信心、幽默等对情感的感染力，仔细、镇静、沉着等对行为的影响力，仪表、身姿等对视觉的影响力，忠诚和正直等对道德品质的感染力。

如果一个人具备以上 8 种品质，那他就会是一位不可多得的人才。

知人，知面，更要知心

知人，知面，更要知心，这是识人学上的一个基本定律。从外部观察一个人，并由此了解其性格、为人是“知人行事”的第一步，而摸清对方的心理和意图则是一门更为高深的“功夫”，这不仅需要察人者有一颗善于思考和机敏的大脑，还需要有在社会中不断阅人的经验。领导者只有在不仅知人知面而且知心的情况下，才能决定是否启用或重用这个人。

《孟子·梁惠王章句上》上记载说：“权，然后知轻重；度，然后知长短，物皆然，心为甚。”意思是说，称一称，然后知道轻重；量一量，然后知道长短；什么东西皆要经过衡量及考虑，然后才知道其轻重，人心更是如此。所以，要了解一个人才的“贤”或“不贤”，“能干”或“不能干”，绝非仅靠将个人的经历拿来“权”“度”一番，就能找到一群“志同道合”的同志加入你经营的团队一起来“干活”，而必须掌握一定的方法技巧，避免“知人知面不知心”。

战国时期的韩昭侯有一天在剪指甲的时候，故意将一片剪下的指甲屑放在手中，然后命令近侍：“我把刚才剪下的指甲屑弄丢了，心里毛毛的，很不是滋味，快点帮我找出来。”

众人手忙脚乱地找了一阵之后，谁也没找到。这时，有一位近侍偷偷剪下自己的指甲呈上，禀报说找到了。昭侯由此发现他是一个会说谎的人。

又有一次，昭侯命令属下四处巡视，察看是否有事发生，结果属下回报说没有动静，经昭侯再三追问，才被告知南门之外，有牛进入旱田偷吃了谷苗一事。

昭侯听完之后，命令报告的人不准泄漏这个消息，然后派遣其他的人出外巡视，并且告诉他们：

“近来发现有违反禁令，让牛马牲畜践踏旱田的行为，你们速去探知，快来回报。”

不久之后，所有的调查报告都呈了上来，但其中并没有一件是关于南门外事件的报告，昭侯于是大发雷霆，命令属下重新严加调查，终于查出了南门外发生的事件。

从此，部下都畏惧昭侯料事如神的能力，再也不敢马虎从事了。

韩昭侯利用探视人心的能力，剔除了身边不堪重用的人，留下一批真正的人才。如果领导者也能像韩昭侯一样具备探视人心的能力，那就也能识别出哪些是真正的人才。为了使领导者能更好地掌握探视人心这一技巧，下面介绍几种试探方法：

（1）直截了当地询问，从他对事情了解的程度来判断。

（2）追根究底，层层逼问，看他的反应如何。

（3）把秘密泄露给他，从他的反应观察人格。

（4）让不相干的人，从侧面探寻，观察他的反应。

（5）将经济重任托付给他，从旁观察他的品格为人。

（6）以艰难的工作试探他的勇气。

人不可貌相，海水不可斗量

人不可貌相，海水不可斗量。领导者不能被下属的外表而迷了眼睛，应该由表及里，通过观察现象认清他的本质，看准下属的“庐山真面目”。

当一个应试者衣冠楚楚地站在你的面前时，或许你会赏心悦目于他的外表，但要记住：华丽的外表与能力的大小不一定成正比。企业需要的是有能力的人，而不是时装模特或电影明星。一个穿着普通的人也许会成为企业业务发展的栋梁之材。

怎样才能避免仅以貌识人的错误呢？作为一名领导，要想迅速而有效地

识别和发现潜在人才，应注意以下几点：

1. 观其行看其追求

一个人的行为，体现着一个人的追求。任何一个人，一旦进入了自己希望进入的角色，就会为了保住这个角色而多多少少地带点“装扮相”，而那些处在一般状态中的人才，他们既没有失去角色的担心，又不刻意寻觅表现自己的机会，所以，他们的言行都比较质朴自然。领导者如果能在一个人才毫无装扮的情况下透视出他的“真迹”，而且这种“真迹”又包含和表现出某种可贵之处，那么大胆起用这种人才，十有八九是可靠的。

2. 听其言识其心志

潜在的人才大多尚未得志，他们在公开场合说官话、假话的机会极少，因此他们的话，绝大多数都是在自由场合下直抒胸臆的肺腑之言，是不带“颜色”的本质之言，因而就更能真实地反映和表达他们真实的思想情感。

3. 闻其誉察其品行

善于识别人才的人，应时刻保持头脑清醒，有自己的独到见解，不受“语浪言潮”所左右。对于已成名的显露的人才，不跟在吹捧赞扬声的后面唱赞歌，反而应多听一听负面意见；对于未成名的潜在的人才所受到的赞誉，则应留心在意。这是因为，人们大多有“马太效应”心理，人云亦云者居多，大家说好，说好的人愈发多起来；大家说不好，说不好的人也会随波逐流。而当人才处在潜伏阶段时，是不会受到“马太效应”影响的。再者，人们对他吹捧没有好处可得。所以，人们对潜在的人才的称赞是发自内心的，所以用人者如果听到大家对一位普通人进行赞扬时，一定要引起注意。

4. 析其能辨其才华

潜在的人才虽处于成长发展阶段，有的甚至处在成才的初始时期，但既是人才，就必然具有人才的先天素质。或有初生牛犊不怕虎的胆略，或有出淤泥而不染的可贵品格。总之，既是人才，就必然有他不同寻常之处，否则就称不上人才。一位善识人才的“伯乐”，正是要在“千里马”无处施展腿脚之时识别出它与一般马匹的不同，若是“千里马”早已在驰骋腾越之中显出英姿，又何须“伯乐”识别！

领导者通过以上4点，就可以避免以貌取人，从而在实际工作中顺利找到真正的人才。

对人才不能求全责备

赵国有一个人，家中鼠患成灾，于是到中山国去，讨了一只猫回来。这只猫善捕老鼠，却有个爱咬鸡的毛病。过了一段时间，家中的老鼠被捕光了，消除了鼠患，但家中的鸡也被那只猫全咬死了。

于是，儿子问父亲：“为什么还不把猫赶走呢？”言外之意是说猫有功也有过。

父亲回答说：“这你就不懂了。咱们家最大的祸害在于有老鼠，不在于没有鸡。有了老鼠，它们会偷吃咱们家的粮食，咬坏我们的衣服，弄坏我们房子的墙壁，毁坏我们的家具器皿，我们就得挨饿受冻，不除老鼠怎么行呢？没有鸡，最多不吃鸡肉。赶走了猫，老鼠又来为患，那为什么要赶走猫呢？”

赵国人深知猫的好处远远超过猫所造成的损害，所以不愿赶走猫。日常生活中，确实有像赵国人家的猫那样的人，他们的贡献是主要的，比起他们身上的毛病和他们所做的错事来，要大得多。如果只是盯住别人的缺点和问题不放，怎么去团结人，充分发挥人才的积极性呢？领导者在用人时也应该像这个故事中的赵国人一样，不能求全责备，世上十全十美的人才是没有的。只要一个人的长处能为我所用，其短处不会对事业产生危害，就应该大胆地使用。

某计算机公司的一位女推销员在与客户周旋时总能游刃有余，谈笑风生，可是一接触文字工作就会束手无策，头痛不已。她说："每当我看见表格、文件，比如与客户会谈的报告、费用表时，我会立刻神经紧张。"针对这种情况，公司老板不是强求她去克服缺点，而是再雇一个人来帮助她处理文字工作方面的事宜，使她能将精力全部投入到产品推销方面，她的工作绩效由此提高了一倍。

这个老板无疑是聪明的。如果对这名女推销员弃之不用，肯定是浪费了人才；如果总是强调她改正缺点，就会让她陷入自己不想干、干不好的文字工作中，当她被自己的劣势折磨，就会直接影响到她另一特长的发挥。请一个人来协助她，只需耗资新增销售利润中的一点点，不仅经济总账上是得远大于失，而且还会获得该女推销员的感激与忠诚。

南宋戴复古说："黄金无足色，白璧有微瑕。""金无足赤，人无完人"，世界上没有十全十美的人才，人总难免有短处与缺陷。面对这样的现实，领导者要如何解决，陆贽给出答案——只求能人，不求完人。他是这么说的："人之才行，自昔罕全，苟有所长，必有所短。若录长补短，则天下无不用之人；责短舍长，则天下无不弃之士。"

子思曾向卫王推荐过苟变："他有可以率领五百辆战车的才能，可任命他为军队的统帅。如果得到这个人，就会天下无敌。"卫王却说："我知道他的才能可以成为统帅，但是苟变曾经当过小吏，去老百姓家收赋税时，吃过人家两个鸡蛋，所以这个人不能用。"子思开导卫王说："圣明的人选用人才，就好像高明的木匠选用木材，用它可用的部分，抛开它不可用的部分。现在您处在纷争的时代，要用的是军事将领，不能因为两个鸡蛋就不用能打仗的人才啊！"卫王如梦初醒，马上拜谢说："愿意接受你的指教。"

苟变的故事告诉领导者，不能因为人才有缺点，就放弃使用他的大才干。鲁迅曾拿书与人才作比较："倘要完全的书，天下可读的书怕要绝灭；倘要完全的人，天下配活的人也就有限。"那些明智的领导者正是认识到了这一点，不仅会用人之长，还能容人之短，用人不求全责备。他们看重的是人的才干，而不是缺点，不会因为人才有哪一方面的缺陷就放弃使用。

求贤若渴是领导者责无旁贷的职责，但这并不是要求领导者一定要选用十全十美的人才。领导者选人应该将人才的长处短处都看得清清楚楚，只要这个人的长处能为我所用，短处不会对事业产生危害，那么，这个人就是人才，就要大胆地使用。

要知道，能力比学历重要

成功的企业领导者在识人用人方面从来都崇尚实才。注重实才，慧眼识英才，大胆起用人才也是领导者提高识人用人能力的重要途径。但是要想真正地做到人才为我所用，就必须树立正确的识人用人观，注重所用之人的真才实干，不慕虚名，不唯学历。在实践活动中能够真正做到这一点，企业领导者才有可能获得事业的成功。

不唯学历是领导者起用人才的一个重要内容。

文凭的性质和作用是认可一种知识和获得新知识的能力，现代社会中，许多企业老板都把严格的学历要求看作保证人才素质的重要条件。有的公司在选拔任用制度上，对学历有明文规定，甚至达到十分严格的程度。企业领导过于注重人员的学历文凭，已经成了一种十分普遍的社会现象。

诚然，企业领导在选择录用人才时，把学历作为一个条件是应当的，而且也是必要的。但是，如果不从实际出发，竞相制定一些高学历的规定，对学历的要求十分苛刻，甚至唯学历取人，大搞唯文品论，则绝对选拔不出真正优秀的人才。

其实学历并不代表一个人真正的知识水平和实际才能，它只表示一个人可能达到的某种知识程度，可能向社会提供的劳动质量和数量，仅是对其

才学程度和能力大小做出预测的一种根据。所以说有学历不等于就有能力，有文凭也不等于就有水平。无数事实说明，在没有较高学历、没有大学文凭的人中也同样存在着不少才华横溢、能力卓绝的人才，这些优秀人才的才华和能力是很多高学历者所不具备的。

世界知名的文化人陈寅恪先生、梁宗岱教授、王国维先生以及鲁迅先生等都是一些有实才而学历却不高的优秀人才。他们学历不高，但是却凭着自己的真才实学为世界文化做出了突出的贡献，在世界文化史上留下了光辉的一页。

鲁迅先生的经历很多人都知道，他以“医专”学历在北师大、厦门大学、中山大学等高校担任教授之职。他后来的文学成就与这些教职应当有所联系。学校营造的学术氛围使他的学术研究有了突破性的进展，给他奠定了深厚的、非同一般的基础。今天人们读鲁迅论文，常惊叹其犀利，而杂文写到耐读、耐时光打磨，绝非随随便便看到报纸发一段论文可及。

如果论学历，梁漱溟先生只是中学毕业，但蔡元培先生读到他的《究元决疑论》一文之后，马上请他到北京大学任教。

舒芜先生虽然“高中未毕业”，但后来却在许多所高等院校任教，并且最早接受副教授职务时，年仅22岁，这算是真正的“破格”录用。

所以企业领导者不能以文凭取人，推行学历主义。日本管理学家占部都美说：“注重学历，只看时间早晚的形式主义的人事工作方法最省事，不需花精力，但永远无法掌握正确识别人的能力。”企业领导者在识人用人时就应当不唯学历，而要注重真才实干。

从基层员工中识别真正的人才

有些企业的领导者，一味地埋怨自己身边没有得力的助手，殊不知本企业的基层岗位上就有可能存在一些有真正才能的人才。

松下电器公司旗下有一个“中尾纪念研究所”，它是专门为了纪念公司

副董事长中尾哲二郎先生设立的。中尾哲二郎先生如果不是被颇具慧眼的松下幸之助发现并重用，很可能终其一生也只能是一个普普通通的工人。

中尾先生进入松下电器公司时，日本正值关东大地震的复苏时期。起初，中尾先生在一家工厂干活，该厂厂长龟田先生一直没有重用他。

一天，松下幸之助到工厂参观，看到一名矮个子工人正勤奋地工作，操作机器相当熟练。

“你什么时候开始在这里做事的？”松下先生问道。

“差不多有10个月了。”矮个子工人回答。

松下幸之助看到这个年轻人热忱而勤勉地工作，心里十分感动。不久，当他再次与龟田先生见面时，就特意称赞了那个矮个子工人。

龟田先生却不屑地说：“他这个人，话最多，连我说的话，他都不放在心上，有时甚至和我争吵，这种人只怕没有真才实学。”

松下幸之助莞尔一笑。

“这样吧，”松下说，“既然你不太欣赏他，不如让我带走，我想你也会很乐意的。”

这名工人就是中尾哲二郎。后来，他被松下幸之助委以重任。

或许，当时如果不是松下幸之助发现并把中尾哲二郎带走，中尾哲二郎也许将一直被埋没。

人才就是企业发展壮大的根本。现代企业更需要那些有创造性且能独立思考的人才，但是这样的人才往往因在重要问题上坚持己见，甚至不惜与领导一辩高低而不被某些自视甚高的领导欣赏，无奈地被埋没在基层。

某无缝钢管厂有一位青年工程师，他既有学识，又有工作经验；既肯干，又能干，但有些人说他骄傲犯上，不听话。只因他在工作中顶撞过不少领导，包括厂长。但厂长是一位心胸宽广的领导者，在经过认真分析后，他认为这位青年工程师很有主见，于是力排众议，任命他为车间主任。更大的平台让这位青年工程师充分发挥长处，带领车间工人为企业做出了贡献。后来厂长总结道："不能用那种听话，但没有本事的'绵羊干部'，而要用有本事、敢登高山的'山羊干部'。"

只有大度的领导，才能心平气和地听取下属的意见，并加以分析，采纳其中合理的成分。面对不能容忍优异人才的中层领导者或消极对待部属的部门领导，高阶层的领导者就要具备慧眼识人才的本领，给人才创造条件，让他们有充分发挥自己才能的机会，为企业创造更大的效益。

如何做好面试的工作

所有的公司都有其选拔员工的办法和惯例，领导者不要以为随便招一些员工到自己帐下就算完成招聘工作了。一般来说，企业面试通常会分以下 3 个步骤进行。

1. 电话沟通

电话沟通通常是人事部门用来决定该申请人是否参与面试的第一步。通过电话的沟通，招聘者可以迅速获得充足的信息，并初步了解申请人员的沟通能力和语言表达能力。但电话筛选还须谨慎运用。因为如果电话面试不成功，申请者可能会认为招聘者未免过于草率，仅凭一次电话就决定了他不能得到足够的机会来展示学历资料及才能。

在进行电话沟通之前，应该为申请者有可能的回复作充足的准备，以便能够高效运用这种工作方式。

而且，领导还应该准备一系列问题，以便能在电话的问答中获得足够的信息。

例如，招聘一名营销人员。

你好，这里是×××单位。我们正在寻求一位营销人员，如果你有时间交谈的话，我将问你一些问题。

（1）你现在从事什么工作？

（2）你有经验吗？

（3）你一分钟能够打多少字？

（4）你所期望的薪水是多少？

（5）你可以用来工作的天数和小时数是多少？

上面是全部的问题。谢谢你对我公司的青睐。请问你的电话号码和电子邮箱（通讯地址）是什么，我们将很快通知你有关申请此职位的情况。

一旦发现申请者的条件符合要求，就可以邀请申请人到公司进行第二轮面试。

2. 简历筛选

个人简历和自荐信是找工作的第一份材料。因此，求职者最愿意在个人简历和自荐信上下功夫。即便如此，还唯恐自己准备的材料拿不出手，求行家里手来加工润色。现在有人专门设计个人简历和自荐信样本，求职者只要改动几个字就可以了。于是乎，招聘人收到的个人简历和自荐信几乎千篇一律，有的甚至连样本上的地址、电话号码也不改。招聘人头痛之余，不得不来一番去伪存真。

如果你要求申请人发送简历到公司，那么你就需要通过筛选这些简历来挑选候选人。在评价一份简历时，没有唯一的标准，因为这些简历存在许多不同点。你可能接到一些传统的简历，它们包括录用日期、职位、单位名称和地点以及对每一种工作的描述；你也可能接到一些职能类型的简历，上面将候选人所具备经验中的特殊部分进行了分类。这些经验一般按业务功能进行分类，如营销、销售或领导，并将所有申请人的能力置于一个主题之下。它提供了从一个方面迅速了解申请人能力的方式。

通过一番简历筛选，领导者就可以对剩下的申请者进行下一步的面试了。

3. 正式面试

面试主要是根据测试结果以及简历等资料加以归纳和整理，并且根据面试中所得的印象，去判断申请人是否符合工作的要求。这是企业使用频率最高的面试步骤，因为：第一，面试时，主考官直接面对申请人，可以对申请人做出判断并可以随时解决各种疑问，而申请表和测试无法做到这一点。第二，面试可以让主考官有机会判断和评估申请人的情绪控制能力以及是否热忱等性格特质。

为了使面试顺利进行，主考官必须掌握如下所示的一些技巧：

（1）发问的技巧。为了形成一个良好的面试气氛，同时有针对性地对于申请人的某一方面状况或素质有所了解，主考官必须掌握一定的发问技巧，恰当地发问。

（2）听的技巧。这是主考官必须掌握的技巧，以便能够在

申请人谈话时，获得所需信息。

（3）观察的技巧。主考官应掌握好观察的技巧，从一些侧面留心观察，以便掌握一些有关申请人的信息。因为一个人的体态在无意间暴露他的心态，例如不敢抬头仰视对方的人，很可能怀有自卑感，不断地晃腿或抖腿表明此人焦虑等。

除了以上面试方法外，在面试过程中，主考官还应注意在合格人选条件差不多的情况下，优先录取那些工作经验丰富而工作绩效较好的人选。招聘录用人才应遵循重视工作能力的原则，如果合适人选的工作能力相同，则要优先录取那些工作动机较强的候选人。

在思考录用对象时要集中精力，全力解决你所了解的事情，忽略那些你所不了解的事情。在作最后的聘用决定时要记住以下 4 点：

（1）使用全面衡量的方法

要录用的人才必然是符合企业需要的全面人才，对于所需要的各种才能分别赋予不同的分值权重，然后用加权法求出各个求职者的得分总值。录用那些得分最高的求职者。

（2）尽量减少下达录用决定的人

企业决定具体录用的人选时，只需由面试主考官决定即可。如果把所有的人都叫来决定，只会给录用决策增添困难，因为每一个人都有自己的录用偏好，都希望自己的建议得到采用，并为此而争论不休，浪费了大量的时间和精力，浪费了大量的金钱，而且，由于你们将讨论的是求职者的长处和短处，这些材料外露不利于求职者在企业中生存。

（3）确定录用人选时要迅速而果断

如今，优秀的人才在市场上很抢手。谁都不希望看到这样的结果：花了许多时间做出决定，结果却发现最终想录用的求职者已经接受了别的工作，或他不再对这份工作感兴趣。在录用决策时该出手就出手，切不可拖拖拉拉，以免延误时机。

不要推迟录用时间，要尽快做出决定，然后付诸行动。

（4）不要吹毛求疵

有些主考官录用人才时总是希望能招到十全十美的员工，遇到一点小毛病便挑剔，永远都不满意。企业必须分辨出哪些能力对于完成这项工作是不可缺少的，哪些是可有可无的，哪些是毫无关系的，抓住问题的主要方面，才能录用到合适的人才。

把得力干将留住

“千金易得，一将难求”，“培养良才，难以保留”……随着企业的发展，人才问题日益成为广大领导的关注焦点，而能帮助企业实现战略目标并且具有较高替代成本的核心员工能否认可公司，继续为公司孜孜不倦地工作，更成为领导工作的重中之重。

好的领导者需要拢住人才，因为对企业而言，得力干将的离开，不仅仅意味着客户流失，还意味着要增加生产成本。同样，对领导者而言，得力干将的离开，不仅意味着又要重新寻找和培养得力干将，还意味着领导的失败。

得力干将为什么会离开？或者是对自己的待遇不满意，或者是对自己的工作环境不满意。不管是哪种情况，都和领导者有着很大的关系。如果一个领导者能够及时地了解得力干将的需要，并且在合理的范围内加以满足，那他又怎么会冒着重新开始的风险离开呢？了解并满足得力干将的需要并不是去讨好他们，领导者完全不必勉为其难。事实上，这是一种责任，是一种只要是站在领导者的位置上，就必须担负起的责任。

作为领导者，要留住得力干将，一般可以采用以下两种办法：

1. 留人先留心

不管怎么样，人总是有感情的，作为领导者可以有意识地对这些得力干将进行培养，多给他们施展才能的机会和平台，甚至可以吸收他们进入自己的核心层。一般来讲，只要得到重用，能有发挥他们才能的平台，这部分骨干员工还是可以管好并留得住的。

2. 明修栈道，暗度陈仓

某大型企业的分公司总经理张宇手下有个员工小赵，小赵平日里勤学好问，刻苦耐劳，很快便成了张总经理的得力干将。但是随着小赵能力的提升和阅历的增加，小赵对待遇的期望越来越高，而张总经理所在的分公司并不能给他更高的待遇。然而这时一家更大的企业却以高薪向小赵伸出了橄榄枝。

张总经理一时陷入了左右为难的境地。但是这时却得知总公司要选派一位优秀员工担任新建立的分公司副总。于是张总经理灵机一动，找到了留住小赵的办法。

他向总公司推荐了小赵。由于素质和能力已经达到总公司的要求自然应聘通过，小赵成功留在了公司。

后来的事实证明，张总经理的做法是对的。一则小赵有了更高的发展平台，自然对张总经理心存感激；二则张总经理的举荐，让总公司拥有了一个非常棒的人才，自己也受到了总公司的赞赏。

通过上述案例，我们可以得出当领导者无法满足得力干将更高的需求时，可以采取变相的方式来留住他们继续为自己服务。

领导者除了要以职位留人，以舞台留人，还要学会以感情留人。尤其是在人情社会，感情留人是非常有效的。充分沟通，加强与员工的关系，增强员工对团队的感情，是挽留员工的高级方式。日本索尼公司总裁森田一直都与同事保持着密切的协作关系和往来，几乎每天都要与手下的职员共进晚餐，并且经常聊到深夜，这种方式对稳定团队起到了重要作用。

选择一个得力的助手

拥有一个得力的助手，是领导者成功的秘诀之一。任何一个希望把工作做好的领导者都应该懂得选择或培养一个人成为自己的得力助手，事必躬亲的领导是愚蠢的，有一个能配合自己的人作为左膀右臂，你轻松，助手也高兴。

现实中，更多的领导者喜欢把自己的能力和经验想方设法藏着掖着，总防备着下属把本事学去。就算上司吩咐，他都未必肯教下属，更别说主动培养了。再说，培养一个得力的助手做什么，顶掉自己的位置吗？那不自找苦吃嘛。其实对于领导而言，不管职位有多低，培养一个好的助手，都是很有必要的，因为在发生紧急情况而领导者不在时，助手可以代替领导者主持全局，支撑着天不塌下来。一个好的助手，不但会成为领导者最有效的执行者，也可以把领导者完全从琐碎的工作中解脱出来，专心腾出精力思考大问题。一个真正有本事的领导者，可以让自己的助手主持全局，自己却去打高尔夫，并且公司里还不会出任何状况。

但是如何慧眼识金，却颇令人踌躇，这往往取决于企业文化和领导的管理风格。在选择助手时，不能只考虑资历深浅或是否强干，而要选择受员工尊敬，能进逆耳忠言的人，选择的助手要是敢于对领导说“你错了”的人。

助手在经理和一线员工之间起着缓冲作用。下属的请求和投诉上达，由他决定哪些该提交给领导者考虑。因此，他要善于讲“不行”，又不会伤别人的心。不同的领导需要不同类型的助手，你可以通过审视自己的管理风格，来确定助手的具体职责范围。无论是什么类型，领导者所选择的助手，都要满足以下 5 个条件：

1. 全局观

作为领导的助手，应善于站在领导的角度思考问题，如果没有全局观，其实质与下级干部无异。领导也可以对其进行潜移默化的教育，使之能充分发挥助手的作用。

2. 好的参谋和军师

领导毕竟也是人，不可能事事都正确。助手应多替领导思考问题，提出自己的看法并纠正领导的错误。如果对领导的任何意见都表示赞同，就失去了助手的意义。在大多数企业中，对领导点头称是的人太多，如果助手也是如此，错误的决策就无人敢于纠正，这是相当危险的。

3. 能够分担责任

领导的过程，必然是一个得罪人的过程，助手应善于替领导着想，并不怕开罪于人。如果把矛盾都上交给领导，领导必然焦头烂额，这就不是一个得力的助手。助手的主要作用就是替领导承担部分责任，让领导腾出精力专心思考大问题。不肯替领导承担责任的人，不能选择其作为助手。

4. 能够帮你树立威信

助手应该主动处理一些领导不便亲自参与的事情，义不容辞地承担起这个责任，使领导成为团体的精神支柱和信心源泉。

选择一个得力的助手不容易，领导者一旦找到了适合的人选，就最好不要藏私，通过各种方法帮助他成熟起来，比如随时向他解答工作上的问题，不放过任何机会向他阐述领导者的职责所在，甚至当运作正常无甚大事时，放手让他独立掌一会儿舵。

5. 能够与你互补

助手应尽力朝领导短处的方向发展，以弥补领导的短处，这样才

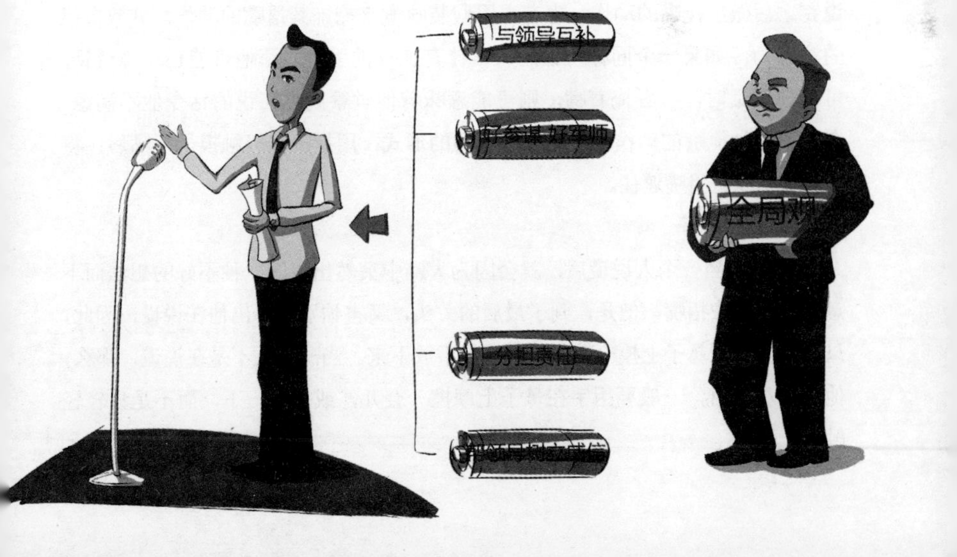

会形成水乳交融的上下级关系。如果助手一味朝领导长处的方向发展，只可能形成一种“竞争”关系。比如，某外贸公司的总经理英语很好，其副手的英语也不错，那么，总经理非但不会欣赏副总经理的英语，反而可能挑出副总经理的语法错误。反之，如果副总经理法语一流，那么，总经理一定会欣赏副手流利的法语。

另外，人际关系对助手至关重要，领导者要重点指导他如何同下属交往。这一点，可以通过放手让助手负责项目，并授以决策权来实现。但是领导者不要忘记在项目结束时作全面评估。总之，领导不仅仅需要一个助手，最好还要把他打磨成一个和领导自己同样优秀的领导候补，作自己的接班人。

如何通过假动作识人

假动作多见于说谎者。以下是常见的几种假动作：

1. 掩嘴

这是一种明显不成熟、还带孩子气的动作。用拇指触在面颊上，将手遮住嘴的部位称作掩嘴。也许说谎者大脑潜意识中并不想说那些骗人的话，才会在说完之后做出掩嘴的动作。也有人用假装咳嗽来掩饰其捂嘴的动作，分散自己的注意力。如果一个同你谈话的人常伴有掩嘴的手势，那他可能正在说谎话。可当你讲话时，听者掩着嘴，则可能意味着他觉察到你在说的话令他不满意。有时，这种掩嘴的动作可能会出现不同的形式：用指尖轻轻触摸一下嘴唇；将手握成拳状，将嘴遮住。

2. 触摸鼻子

有时，当一个人说谎后，就会因为大脑中突然出现的一种不好的想法而下意识地用手去捂嘴，但是，到了最后的关头，又害怕别人看出他在说谎，因此，只是很快地在鼻子上摸一下，马上就把手放下来。当一个人不是在说谎，那么，他触摸鼻子时，一般要用手在鼻子上摩擦一会儿，或搔抓一下，而不是只轻轻触摸一下。

3. 搓耳朵

有时，这种手势暗示着听者没有听出谎言。搓耳朵的变化形式还包括拉耳朵，这种手势是小孩子双手掩耳动作在成人动作中的一种重现。搓耳的说谎者还会用手拉耳垂或整个耳朵朝前弯曲在耳孔上，后一种手势也是听者表示厌烦的标志。

4. 挠脖子

有时，说谎者讲话时用写字的那只手的食指挠耳垂下方部位。有趣的是这种手势要挠上 5 次左右。

5. 摩擦眼睛

有些人在说谎时，会假装眼睛难受，用手摩擦眼睛以避免与人的目光接触。从男人来讲，摩擦眼睛较用力，如果是说大谎时，他会转移视线，如用眼睛看着地板。如果是女人，多会在眼的下方轻轻地揉。这样做一是为了避免动作粗鲁，二是怕弄坏了自己的化妆。为了避开对方注视，她们常常眼看天花板。

6. 拉衣领

有时，当一个人说谎时，会引起敏感的面部和颈部组织的刺痛感，因而就必须用手来揉或搔抓。说谎的人感到对方怀疑他时，脖子似乎都会冒汗，这时他下意识地拉一拉衣领。

一个说谎者，除了以上几种表现外，还有其他一些表现，比如：言辞模棱两可，音调较高，似是而非；答非所问，或夸大其词；故意闪烁其词，口误较多；对你所怀疑的问题，只一味地辩解，并装出很诚实的样子；精神恍惚不定，座位距你较远，目光与你接触较少，强作笑脸；对于你的讲话，点头同意的次数较少；或平时沉默寡言，突然变得口若悬河，不自觉地流露出惊慌的神态，但仍故作镇定等。

辨认对方的假动作是一项非常重要的技巧，领导者掌握这一技巧，有助于识破对方的谎言。

第七章
用对人，才能做对事

会用人是最大的本事。现代社会的竞争说到底是人的竞争。“得人才者得天下”，古往今来的事实证明，谁善于汇聚众人的智慧，把各种各样的人用好，人尽其才，各尽其能，谁就拥有了无敌的制胜法宝，他的事业便可兴旺发达。

知人善任的能力不可少

人才是企业永恒的资本和决定因素，优秀的领导者要具有一双“慧眼”，善识人才，善用人才。识人准确，用人恰当，辨其贤愚，端其良莠，让藏龙腾飞，卧虎猛跃，在激烈的企业竞争中，只有知人善任才能战无不胜。

“知人”是“善任”的前提条件，用好人才，必须首先做到“知人”。所谓“知人”，不仅应“知”人才的长处和短处，而且要“知”人才的过去和现在，更要“知”人才的将来。例如，有的人雄才大略，既有战略眼光，又有组织才能，可以放在决策部门担任领导工作；有的人思想活跃，知识面广，综合能力强，既有真知灼见，又能秉公直言，可以担任智囊参谋部的工作；有的人铁面无私，耿直公正，执法如山，联系群众，可以从事监察工作；有的人社交能力强，适合采购、推销部门；有的人语言表达能力强，适宜放在宣传教育部门。

所谓“善任”，就是选拔人才加以任用时，领导者要善于发挥人才的长处，克服其短处。善于调动人才的积极性，从各方面为人才才能的充分发挥创造条件。企业用人最忌讳勉为其难。人有共性，也有个性，每个人既有与其他人相同的地方，也有其独特的地方。如果领导者能用人所长，那么他就能大显身手，而如果领导者用人所短，勉为其难，那实在是不明智之举。

美国前总统罗斯福就是一个知人善任的总统，他于1933年上台以后，就雷厉风行地推行大规模的改良政策——“新政”，缓解了美国的经济危机，使美国经济走出困境。

在实施新政过程中，罗斯福针对当时美国严峻的形势，并不以政见取人，只要是有助于恢复经济，无论是持有新思想、新主张的还是具有正统思想的，他都一概将他们吸收到内阁里，从而大大提高了政府的综合决策能力。

罗斯福组织内阁，对内阁成员的任命虽然不拘一格，可是他任命的内阁成员在工作中都发挥了不可估量的作用。最有影响的一个是预算局长道格拉斯，他协助罗斯福实行节约政策，做出了非常出色的成绩，以致罗斯福在就职一个月后就称他为“政府发现的用途很广的最大宝物”。因为道格拉斯把钱袋的绳子抓得很紧，很快他就获得了“决一死战的预算平衡家”这一美名。

值得一提的是，罗斯福的用人智慧完全是建立在“知人”的基础上的。然而现代企业中存在一种误区，一些领导为了显示自己对人才的重视，一开始就授予这些人很大的权力，并给予很高的福利待遇。

尽管这些领导者顺利地留下了人才，但是其带来的消极作用也非常明显：首先，很多人来到企业并不是真的做事，而是看中企业在招聘时开出的职位或待遇，缺乏对企业的认同感；其次，享受这些优待的人才会产生一种莫名的优越感，从而会形成一种不正常的心态，不利于形成踏实的工作作风；再次，其他下属并不一定买他的账，从而不利于人才权威的树立和企业共同理念的形成；最后，由于缺乏经验或者对企业实际的了解，这些人才难免会出现工作上的失误，通常这些工作失误对他们来说是毁灭性的，因为这会使得企业对他们的期望值下降。

因此，企业领导者若想发挥人才真正的潜能，就必须向罗斯福学习，做到“知人善任”。一个领导者是否做到“知人善任”，可以从以下几个方面进行判断：

（1）任用此人是否符合人尽其才的原则，其担子是轻了还是重了？

（2）任用此人是发挥了其长处还是限制了其长处？

（3）任用此人是否符合人才群体结构和理论的要求？

（4）任用此人对面前的工作困难，有没有力量克服？困难来自何方？

（5）此人能否在工作岗位上有所建树？发展趋势如何？

通过对以上问题的反思，领导者可以自我检验“知人善任”的程度，或者可以发现自己过去用人不当之处。

领导者只有充分做好人才的知人善任工作，才能发挥人才的潜能，为企业发展贡献一分力量。否则，就会阻碍企业的发展。

掌握方与圆的用人智慧

在企业中，领导要掌握方与圆的智慧。“方”指用人的原则性，包括用人的规范和范围，是用人的内在要求。“圆”指用人的灵活性，包括用人的技艺和策略，是用人的艺术形式。方与圆的智慧其实就是“方”与“圆”的辩证统一，也就是原则性与灵活性的有机结合。过于求“方”，可能有“迂腐”之嫌，会导致下级和员工敬而远之；过于求“圆”，则会有“圆滑”之嫌。出现这样的结果，都是管理者没有掌握方与圆智慧的缘故，没有通过运用方与圆的智慧发挥人才的最大效益，是领导不称职的表现。

如果你想成为一名称职的领导，就必须做到“方”与“圆”的辩证统一。那究竟如何做到方与圆的统一呢？就是在管理过程中要方中有圆，圆中有方，方圆相济，方圆适应。

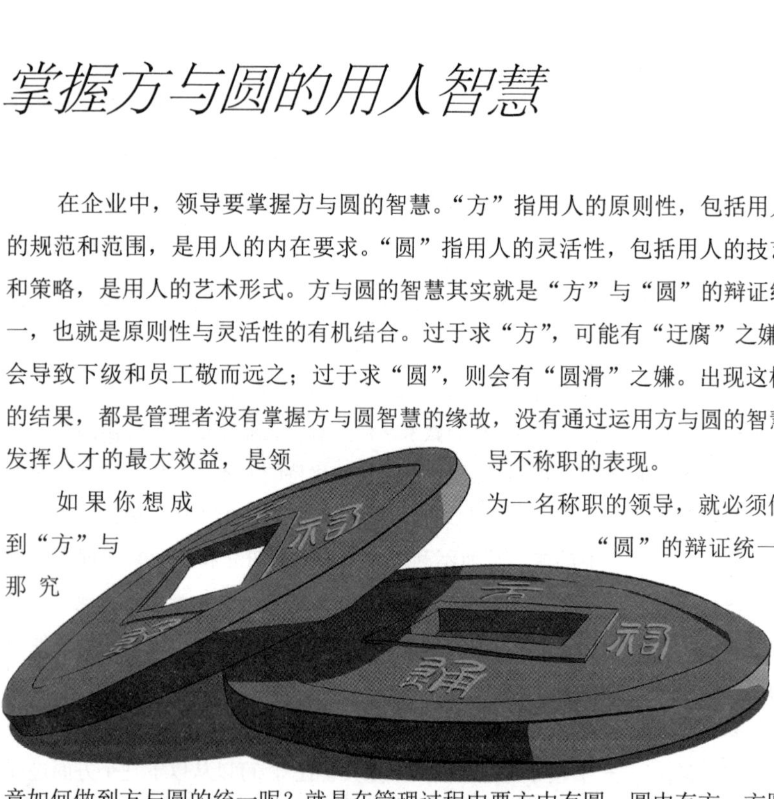

具体地说，有以下几个方面：

1. 开局需先圆后方

开局即领导刚刚走马上任之时。俗话说，“新官上任三把火”，作为领导，就一定要把这“三把火”烧出艺术来，不能烧得太急。因为这时即使自己有不少的抱负，由于对新环境不熟悉，要经过一段时间的摸索才能逐渐进入角色，才能把自己的抱负付诸实施。三把火烧好了，有利于领导者以后顺利打开工作局面。开局用人艺术应该是先圆后方，首先着眼于人际沟通，与上级的沟通，与同级的沟通，与下属的沟通。着力于调查研究，增进相互了解，逐步在领导活动中扩大用人权的使用范围，由圆而方。

2. 进局需外圆内方

进局是指开局过后，新的领导者要改变或发展前任领导留下的局面，形成自己用人风格的领导过程。这时的用人艺术是：在继承和模仿中融入己见，在容忍中纠错。对于前任领导的用人弊端既要有宽宏的肚量，又不能为求稳定而遵循守旧；对前任领导的成功用人之道，要继承和发扬，通过兴利除弊来形成自己的用人之道，这就叫作外圆内方。

3. 中局需人方我圆

中局是指进局过后，领导可以而且应该站在源头，以开拓和创新的用人气概做出自己贡献的时期。这个时期领导者要讲究人方我圆的用人艺术。这种用人艺术的关键之处在于充分调动人的积极性，也就是我们常说的用干部出主意。主意出得好，用人用得好，就可以让别人按照自己的意图主动去开拓创新，领导只需适当介入，着重从旁观察、背后支持和当面制约，并不断地探索，不断地总结经验。

4. 定局需上圆下方

定局是指领导者形成自己相对稳定的领导格局的状态。在这种状态下总体上代谢减弱，以维护自己的领导格局与开拓兼顾为宜。这一时期，领导对上级的工作意图要彻底掌握，不能完全自行其是，应该把自己在用人方面的开拓与创新也纳入上级领导的范畴之中，做到原则性与灵活性相统一，这就是“上圆”。所谓“下方”，是指领导在这一时期用人必须坚持原则，排除各种制约因素，只要自己认准了的，就应当坚持到底，而不应畏缩不前。

5. 选才需腹圆背方

所谓“腹圆”，是指领导在行使用人权时应该有开放的心态和容才的海量，善于接纳各种类型的人才，知人善任，不要怕他们“分权”。所谓“背方”，是指领导用人时要坚持标准，严格要求，公道正派，切不可任人唯亲。

6. 立威需近圆远方

领导通过一系列手段建立自己的威信叫作立威。对领导而言，至少需要立两种“威”：一是在企业中的威信，二是在行业中的威信。前者可使领导有效地实现领导目的，后者能使领导及其单位在社会上树立良好形象，吸引各种人才的关注与兴趣。领导立威艺术在于近圆远方。

所谓“近圆”，是指领导在企业内部要充分尊重各类人才，善于听取他们的意见，尊重他们的意愿，多为他们排忧解难，多为他们办好事、办实事。所谓“远方”，是指领导在参与各种外界活动的过程中，要坚持站在本企业的立场上代表本企业的利益，这“方”是维护本单位以及本企业人才的合法权益，而不能用损害他们的利益来换取别人的好感。

7. 激励需形圆神方

激励的目的在于调动人的积极因素，团结和谐，形成群体合力。所谓“形圆”，是指激励时要注意手段和方法，并加以灵活应用。所谓“神方”，是指激励必须坚持正确的原则，即针对不同需要，注重工作和人才本身，努力做到公正、公平。

8. 处世需方圆兼顾

企业是一个复杂的群体，人与人之间的各种争端和矛盾不可避免。领导在处理争端和矛盾时一定要做到方圆兼顾，既要通情达理，又要合情合理，不能失之偏颇。只有方圆兼顾，才能公正；只有公正，才能平衡，才能减少人才的内耗与矛盾。

9. 协调需小圆大方

沟通协调，是领导处理人才之间相互关系常用的方式，它的艺术在于小圆大方。所谓小圆大方，即在整体上和方向上坚持原则，在细节与局部上宽宏大量。领导要把握好原则与细节、整体与局部的关系：其一，求大同存小异，求“大方”而可“小圆”。其二，善于“委曲求全”，增加人才之间的相互依赖与信任。

10. 建立领导模式需表圆本方

“表圆”旨在保住新用人模式的认同基础，以免格格不入；“本方”旨在继承中发挥自己的优势，形成自己的独特风格，把人才对前任领导的认同慢慢转移到自己身上来。

来说是非者，便是是非人

任何团队或组织中都会有一些喜欢搬弄是非、挑拨离间的人，领导者要对这些人保持足够的警惕，不能耳根发软，听信他们的离间之语，而导致在用人方面做出错误的决策。离间术能扩大人与人之间的分歧，或加深误会，或编造谎言、制造矛盾、破坏他人团结。离间术的目的就是使人人为己，抑人扬己，损人利己。作为领导者，在对下属产生怀疑时，一定要警惕离间术乘虚而入。“来说是非者，便是是非人”，领导者在用人问题上，我们要警惕某些人因为种种原因而采取的离间术。

一般情况下，离间术有以下特征：

1. 目的性

任何离间术都有其明确的目的。只有在目的的驱使下，离间的所有行为才可以表现出实际意义。离间有时是为了获取个人的某种利益，有时则表现为满足个人的某种心理，有时也可能是为了小集团的利益，但无论如何，它都是建立在私欲、颓废、反动之上的。离间者的目的不在离间过程本身，而在于达到离间之后的结果。

2. 隐蔽性

离间者的目的决定了行为的隐蔽性。因为伴随着离间术的实施，离间者对被离间者的侵害行为已经开始，而这种侵害又是巧借被离间者之间的摩擦力量去进行的，况且，一旦离间成功，被离间者的利益受损则是绝对的，所以，离间者只有使被离间者在表面上知情，而不能在根本上知底，才能达到他离间的目的。因此，隐蔽性贯穿在离间活动的始终。

3. 欺骗性

离间的隐蔽性决定了离间手段的欺骗性。因为离间是一种侵害行为，而且要借助客体之间的摩擦力量才能实施，又要做到隐蔽得“天衣无缝”，这就很难采取正当公开的手段实施。所以，离间者往往会制造假象欺骗客体，使其

产生错觉，做出错误的判断，形成错误的认识，以便让对方在不知不觉中落入圈套。

离间术虽然有以上3个方面的特征，但是也并非是不可破译的。要想破译离间术，需从以下3个方面进行分析。

首先，是联系分析。任何离间者要想达到离间他人的目的，必然要与被离间者发生这样那样或明或暗的联系。因为没有联系就无法借助客体之间的摩擦力量，再高明的离间术也无法得以实施。因此，谁突如其来地与你发生联系，谁就有可能在实施离间术。

其次，是利益分析。一般说来，离间术通常是伴随着利益冲突而实施的，而离间者往往又是被离间者发生矛盾后的直接或间接受益者。因此，领导者对人际冲突制造者的利益得失进行分析，就会有利于识破离间者的真面目。

最后，是反常分析。任何离间术，无论如何高明绝伦，只要它付诸实施，就一定会留下一些反常的痕迹。因此，领导者要对反常的蹊跷行为进行认真分析，进而反向思维，弄清人际冲突的来龙去脉，这对于破译离间术很有帮助。

总而言之，离间术的破译应建立在对其行为特征的综合分析之上，领导者既不能盲目猜疑，又不可掉以轻心。

疑人不用，用人不疑

“疑人不用，用人不疑”的核心就是“信任”。作为一个合格的领导者，具备这样的用人之道，毫无疑问是其最基本的素质之一。但是，在具体运作的时候，很多人会觉得真正做到这一点是十分困难的。

与员工建立良好的信任关系，是领导者试图达到的一种理想的用人状态。所谓“疑人不用，用人不疑”，讲的就是这个道理。问题的关键是：你如何在用权的时候赢得下属的信任，或者如何使下属对你的权力支配心甘情愿呢？一些领导者之所以紧抓住权力，其中一个重要的原因就是不信任下属，怕下属把事情办砸了。因此，领导者放权的一个前提就是信任下属。没有信任，上下级之间很难沟通，很难把一件事处理好，这样，领导用起人来，就很困难，甚至受到阻碍。

信任下属——要做到这一点，必须用人不疑，疑人不用！这就是说，必须是在可以信任的基础上用人，否则可以坚决弃而不用。因为没有信任感地用人，即使委以重任，也形同虚设，起不到应该起的作用。“疑人”是必要的，但不是“用人”的前提。假如一个员工某些方面存在严重不足，已经属于“疑人”范围，要么弃而不用，要么等到条件成熟后再用，不必非要冒险，这是常识。

日本人曾盛誉松下公司创始人松下幸之助为“用人魔鬼”。他在用人方面，就很有手腕。

松下幸之助是一位在日本企业界，乃至全世界的企业家中大名鼎鼎的人物，被誉为日本的“经营之神”。在日本现代企业经营史上，获得成功的大小企业家数不胜数，但只有松下幸之助一人被誉为“经营之神”。之所以如此，是因为他不仅是一个白手起家的成功者，而且是一个优秀的企业经营思想家。

松下幸之助的成功，与他的用人之道分不开。松下幸之助可以称得上是用人不疑，疑人不用的企业家的典范。他的秘诀之一，就是充分相信自己的下属，最大限度地调动他们的工作热情和积极性。

在松下幸之助还只是个20岁的小伙子时，对人的理解就已经达到了相当高的水准。当时日本流行一种用沥青、石棉和石灰等构成的烧制材料。为了维护各自的利益，一般的企业都把这种烧制材料的制作配方作为企业的秘密严加保护，除了亲属绝不外泄。

但是，年轻的松下幸之助却一反常规，他不仅不对自己的员工保守秘密，而且还毫不犹豫地将技术传授给刚招进厂的新职工。有些人很为他担心，松下幸之助却不以为然地说：“只要说明原委，新职工是不会轻易背信弃义随便向外泄露秘密的。重要的是相互信任，否则不仅事业得不到发展，也无法造就出人才。”结果，他的工厂不仅没有发生泄密的事情，而且还收到了良好的效果，职工因受到信赖而心情舒畅，生产热情十分高涨。

这件事也让松下幸之助初次尝到了用人不疑的甜头。后来松下幸之助为了扩大市场，需要在西海岸的金泽市开办一家营业所，推销产品，为此必须派出一名主任领导这项工作。在营业所主任的人选上，他看中了一名初中毕业参加工作才两年的年轻人。别人认为这个小伙子没有经验，资历也不够，但松下幸之助坚持己见，破格提拔他为主任。

松下幸之助对这个年轻人说了这样一段话："你已经20岁了，这个年龄在古代已是武士到阵前取回敌方大将首级的年龄了。你也有了两年的工作经验，一定可以胜任这个职位。至于做生意的方法，你认为怎样做对，你就怎样去做。你一定会干好的，你要相信自己。"

结果，这个年轻人因为松下幸之助的充分信任而激动万分。他信心十足地率领派给他的两个学徒在新的地点拼命工作，不仅很快打开了局面，而且获得了极大的成功。

这件事一直是松下幸之助最为自豪的往事。松下幸之助从这件事得出了这样的结论："人只要有了自觉性和责任心，就有力量去完成乍看起来好像不可能完成的困难任务。"

松下幸之助的用人之道至今在日本的企业界被到处传诵着。他的成功，除了具有胆识和魄力以外，还主要源于他对人的了解。只有充分了解各种各样的人，才有可能从中发现人才，并将其放到能发挥作用的地方，合理使用人才。银行界大亨摩根把他无数的钱财，全部交给属下分别掌管，这并非是他不重视这些钱财，而是他已经训练出他的属下具有了确实负起责任而无疏忽大意的能力。当然，摩根的信任决非盲目，他先将小的责任交给手下人，待手下人陆续用事实证明自己确实可信任时，再委以重任。

可见企业领导者最好的用人办法是给员工充分的信任和鼓励，大胆起用人才，做到疑人不用，用人不疑。

让合适的人做合适的工作

“垃圾只是放错了地方的宝贝。”人们的短处和长处之间并没有绝对的界限，许多短处之中蕴藏着长处。有的人性格倔强，固执己见，但他同时必然颇有主见，不会随波逐流，轻易附和别人意见；有的人办事缓慢，手里不出活，但他同时往往做事有条有理，踏实细致；有的人性格不合群，经常我行我素，但他很可能有诸多奇思妙想，富有创新精神。

因此，用人贵在合适。所有的事都由合适的人去做，所有的人都做相应的事，这样就能充分挖掘人才的潜力，产生巨大的效益。

有一只很富有的蜥蜴，它拥有自己的庄园，手下还有几十名仆人。

最近一段时间，蜥蜴心情很不好，原因就是家里有很多的苍蝇和蚊子，吵得它没办法睡觉。严重的睡眠不足导致它白天没精神、头脑混乱，炒股常买错号，一赔再赔，生意越做越差。

这一天，蜥蜴把家里所有的仆人都召集到一起，说：“你们中会捉苍蝇和蚊子的站出来，老爷我有重赏。”

话音刚落，蜻蜓、青蛙、壁虎和蜘蛛就陆续地站了出来。蜥蜴一看有这么多仆人都自告奋勇，对杀“蚊蝇计划”充满信心。它马上开始分派任务——蜻蜓和青蛙负责在自己的卧室捉蚊蝇，壁虎和蜘蛛则负责在水塘捉蚊蝇。任务分派完后，蜥蜴高高兴兴回屋准备睡个好觉。

蜻蜓和青蛙来到了主人的卧室，各自分了工，青蛙在地面上捕捉，蜻蜓在空中捕捉。结果蚊蝇看到青蛙就飞到高处，看到蜻蜓就钻进墙缝，结果把蜻蜓和青蛙累得趴在地上动不了了，它们只好无功而返。

这边，壁虎和蜘蛛也来到水塘边，看到很多蚊蝇在水面上空盘旋，可就是够不着。壁虎一看到水就头晕，蜘蛛结的网也都被水融化了，没有办法，它们也只好无功而返。

第二天，蜥蜴暴跳如雷，一气之下把蜻蜓、青蛙、壁虎和蜘蛛全都解雇了。

蜥蜴永远也不会明白：明明4个捕捉蚊蝇的高手，为什么一到它这儿就变得一无是处了呢？原因就在于它并没有真正地了解它们的特长，没有把适合的人安排到适合的职位。相信如果让蜻蜓和青蛙负责水塘，让壁虎和蜘蛛负责卧室，情况就会完全不一样了。

“尺有所短，寸有所长”，“金无足赤，人无完人”，选择合适的人去做合适的事才是一名领导的用人之道。

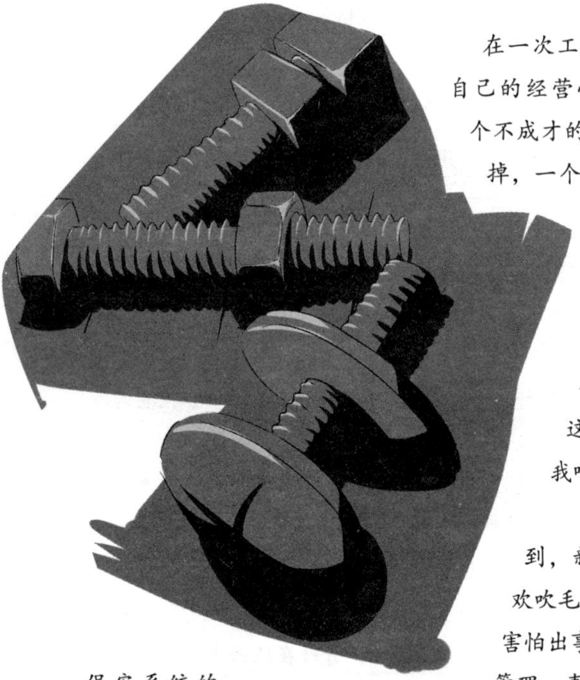

在一次工商界聚会中，几位老板谈起自己的经营心得，其中一位说：“我有3个不成才的员工，准备找机会将他们炒掉，一个整天嫌这嫌那，专门吹毛求疵；一个杞人忧天，老是害怕工厂有事；还有一个经常摸鱼不上班，整天在外面闲荡鬼混。”另一位老板听后想了想说：“既然这样，你就把这3个人让给我吧！”

这3个人第二天到新公司报到，新的老板开始分配工作：喜欢吹毛求疵的人负责管理产品质量；害怕出事的人，让他负责安全保卫及保安系统的管理；喜欢摸鱼的人，让他负责商品宣传，整天在外面跑来跑去。3个人一听职务的分配和自己的个性相符，不禁大为兴奋，兴冲冲地走马上任。过了一段时间，因为这3个人的卖力工作，居然使工厂的营运绩效直线上升，生意蒸蒸日上。

人才并不意味着样样精通，他们只是在某一方面做得特别出色，而有的方面的能力也很一般。让所有的事都由合适的人去做，让所有的人都做相应的事，这样就能充分挖掘人才的潜力，产生巨大的效益。

不要让“助手”变成“对手”

众所周知，再高明的领导者也离不开得力的助手。有了得力的助手，领导者就更能够游刃有余地驰骋商海，取得成功。但是，在严酷的市场竞争中，有时也会出现助手变成对手的可怕现象。遭遇这种情况，往往会使企业处于万分危险的境地。因此，领导者不可不慎。

仔细分析起来，助手变成对手的原因，不外乎以下几种：

（1）助手贪财好利而临阵倒戈。

（2）助手觉得怀才不遇而另投他家。

（3）助手一心谋求“自我发展”，而另立门户。

（4）因领导者自身的弱点，使助手弃他而去。

那么，企业领导要怎么做才能防止助手向对手的蜕变呢？一位哲人说得好：并非每一片乌云都能带来风暴，然而一切风暴，事前却必定有乌云。在助手变成对手之前，肯定也会有大量的征兆，精明的领导者必定能从中发现不少蛛丝马迹，从而及时化解危机。

不过，要想彻底防止助手变成对手，领导者还应防微杜渐，从点点滴滴的小事做起，让助手变得忠心。

（1）领导者在选择自己的助手时，要仔细考察对方的品行如何，这一点很重要。不少领导喜欢“量才录用”，这固然不错，但是，有才者未必一定就有德，选择助手一定要德才兼备才行。

李总是某投资公司的负责人，无论他出现在什么场合，身旁总带着那位其貌不扬、憨厚笃实的助手。接触多了，大家渐渐发现，李总的那位助手在公司并非精明能干之流，只是一个中等人才而已。于是，有人禁不住好奇，询问李总为什么不选一个才华横溢、能力超群的人做自己的助手。李总淡淡一笑：“人才固然好，但是他们多不安分，总是这山望着那山高，一有机会，就可能要‘人往高处走’，到那时，他的才华越高，能力越强，对本公司的威胁也就越大。既然一流人才不好留，我们干脆就选用那些顾全大局、勤勉肯干的中等人才，这样有利于公司的稳定和发展。”虽然李总的话并不完全准确，但是也从另一个角度揭示了领导者在决定助手人选时应考虑的一面。

（2）领导者一旦选定自己的助手，就要像老师对待徒弟一样倍加爱护、严加指导，并且用之不疑，大胆地让其行使自己的权力。千万不要认为，对方不过是自己的助手，事事都必须由自己支配，从而束缚了助手的手脚，使他的才华得不到充分的发挥。要知道，领导者适当地下放权力，助手们的工作会变得更加主动积极。

（3）领导者要多给助手一些“感情投资”。根据马斯洛的原理，人的需求分为5个层次，对物质利益的需求只是一种低层次的要求，人们往往在物质基本能满足自己的一般需求后就希望实现更高层次的需求，即精神需求。尤其是在如今这个生活节奏越来越快的社会，人们对精神方面的需求日趋强烈。而领导者适时的关心、发自内心的欣赏和爱护、真诚的赞美与尊重，这些都会使领导者与助手们形成一种亲密的战友关系，在这种情况下，助手才可能是永远忠心耿耿的助手。

总之，警惕助手变对手的最好方式莫过于让助手时刻觉得自己的利益和命运与公司休戚与共，这对于所有希望梦想成真的领导者来说，都是一门必须掌握的艺术。

成功的领导都离不开得力的助手。但正因为助手位置的举足轻重，又必须谨慎防止出现助手变对手的局面。其根本方法，首要的是选择德才兼备的人，其次要严加指导、倍加爱护、放手使用，再次要多一些“感情投资”，建立一种休戚与共的关系。

请合适的人上车，不合适的人下车

“如果你有智慧，请你拿出来；如果你缺少智慧，请你流汗；如果你既缺少智慧，又不愿意流汗，请你离开！”这是蒙牛集团始终坚持的一种用人观，也是任何一个企业都在追求的一种用人观。毕竟任何一家企业，需要的员工都是要能创造效益的有价值的员工。

企业要发展，就必须提高自身的竞争能力，而团队职业化的高低直接影响竞争能力的强弱，团队的整体职业素质是制约团队发展、团队业绩提升的瓶颈。要想突破这个瓶颈，就要确保每一个员工的素质都要达到一定的水平。这就要求企业从一开始就要作好员工的选拔工作。

有一群虫子在草地上开联谊会，它们一边兴奋地聊着天，一边开心地吃着可口美味的食物。不多久，就把准备好的汽水喝了个精光。

聊了很久，大家口渴难耐，于是就商量要派一个代表跑腿帮大家买汽水，而卖汽水的地方离这里有一段很长的路程，小虫子们认为要解决口干舌燥的急事，就一定要找到一位跑得特别快的代表，才能胜任这样的任务。

大伙你一言我一语，终于一致推选蜈蚣为代表，因为它们认为蜈蚣的脚特别多，跑起路来，一定像旋风那么快。

蜈蚣在所有小虫子们的期待下，起身出发为大家买汽水，小虫子们则放心地继续嬉闹欢笑，一时忘记了口渴。

过了好久，大家东张西望，焦急地想蜈蚣怎么还没回来。情急之下，螳螂跑去了解究竟发生了什么事。它一推开门，才发现蜈蚣还蹲在门口辛苦地穿鞋呢！

有的领导者往往会根据外表来判断一个人的能力或人格。然而，实际上看走眼的概率是相当高的。毕竟，一个人的能力或人品实在无法单凭外表来评判。此外，人们也常常产生先入为主的偏见，以为只要腿长或脚多，就一定跑得快。然而像故事中的蜈蚣一样，虽然脚多，却不见得跑得快。所以，客观地评估价一个人的优缺点对于选择人才是很有必要的。尤其对人事主管而言，在招聘或任用时，更应站在不偏不倚的角度，去除个人的偏见，甚至发展或建立一套客观的评估标准来选择合适的人才，才不会造成人力资源的虚耗。

在选拔人才时只将合适的人请上车还不够，还要定期将不适合企业的人请下车。老鹰是所有鸟类中最强壮的种群，根据动物学家所做的研究，这可能与老鹰的喂食习惯有关。

老鹰一次孵出四五只小鹰，由于它们的巢穴很高，所以猎捕回来的食物一次只能喂食一只小鹰，而老鹰的喂食方式并不是依平等的原则，而是哪一只小鹰抢得凶就给谁吃。在此情况下，瘦弱的小鹰吃不到食物都死了，最凶狠的存活下来，代代相传，老鹰一族愈来愈强壮。

这个故事告诉我们：适者生存，公平不能成为组织中的公认原则，组织如果没有适当的淘汰制度，常会因为一些小仁小义而耽误了进化，在竞争的环境中将会遭到自然淘汰。

一般而言，企业里往往有 4 种人：

第一种是为国家创造财富、为企业增加积累的人；

第二种是不思进取但求无过的人；

第三种是赚钱买花戴的人；

第四种是职位低、权力大的人。

对于第一种人，领导者应该积极鼓励；对于第二种人，领导者要稳定；对于第三、四种人，领导者则有必要进行教育。

然而，如果教育之后，他们仍旧是停滞不前，不思进取，那就应该采取果断措施——辞退。企业里的人才要有进有出，绝不能像死水一潭，要让员工有危机感，坚信人无压力，便无动力。

关键岗位敢用外人

企业除了要最大限度开发利用好自身的人力资源外，还要善于利用外部的人力资源。借助他人为自己谋利，善于借用他人的力量为自己的企业创造财富。“好风凭借力，送我上青云”，借助他人之力能促进企业少投入多产出，飞速发展，走向辉煌。尤其在一些关键岗位上，敢用外人，更能体现出领导者的胸怀和魄力。

1. 领导者要善于发挥智囊团的作用

现代社会纷繁复杂，政治、经济、文化各个巨大系统。纵横交织在一起，而现代科学技术和生产力的飞跃发展，又使社会中的各个系统，都处在不断变化之中。面对如此复杂且不断变化的社会，任何高明的领导者，都不可能单靠一己之力做成大事。他还必须借用他人的力量，即发挥智囊人物或团体的决策参谋作用。而智囊人物往往担任企业的关键岗位，领导者要敢用外人才能有助于获得更多更好的建议，利于企业的发展。

在现代企业，决策具备“断”“谋”分家的特点。“断”是领导者的决策，“谋”则是指专门智囊人物或团体想出的各种方案。在领导者决策之前，智囊团积极地发挥作用，为领导者提供各种信息资料，拟定各种可供选择的方案。然后领导者再查看每种方案，做出最后决策。可以说，现代企业领导者的决策正是智囊团“谋”的结晶。因此，任何一位高明的领导者都必须充分认识智囊团的功能，并积极发挥其作用。

2. 尊重贤士，视其为知己

智囊人员并不是在任何时候都表现得很高明，也不是处处比领导者厉害，领导者绝不是事事必须听他们的意见，但是，智囊人员的确是学有专长，在某些方面比领导者了解得更多更透彻。富有才华的领导者也不可能处处高明，只有借用智囊人员的高明之处，才能真正做到决策中万无一失。因此，领导者切忌刚愎自用，端着架子指使别人，而应该虚怀若谷，恭以待人。只有这样，善于借用外脑，才能算得上是真正高明的领导者。

3. 不设任何限制，任其自主

领导者不应以任何形式把自己的主观意志强加给智囊人员，而只需积极地为他们创造一个独立进行工作的环境。领导者必须尊重他们工作的独立性，不干涉他们的工作，让他们通过研究得出他们自己认为是科学的结论。这样才能真正让智囊团发挥作用。

4. 兼听百家，决断自主

领导者要有“兼听”的胸怀，应认真借助咨询机构的力量，但是又不能为智囊人员的意见所左右。毕竟最终做出决策的还是领导者本人。

俗话说：“一个篱笆三个桩，一个好汉三个帮。”一个人再怎么聪明，再怎么能干，终究不过是一个人而已。

作为领导者最大限度地发挥多数人的主观能动作用，比起只相信自己，只靠自己劳神苦思的孤家寡人策略要高明得多。

善于用人之长，避人之短

《淮南子·道应训》中有记载：

楚将子发非常喜欢结交有一技之长的人，并把他们招揽到麾下。当时有一个其貌不扬、号称“神偷”的人，子发对此人也是非常尊敬，待为上宾。有一次，齐国进犯楚国，子发率军迎敌。由于齐军强大，3次交战，楚军3次败北。正当子发一筹莫展的时候，那位其貌不扬的“神偷”主动请战。当天夜里，在夜幕的掩护下，“神偷”将齐军主帅的帷帐偷了回来。第二天，子发派使者将帷帐送还给齐军主帅，并对他说：“我们出去打柴的士兵捡到您的帷帐，特地赶来奉还。”那天晚上，“神偷”又将齐军主帅的枕头偷来，然后又于次日由子发派人送还。第三天晚上，“神偷”又将齐军主帅头上的发簪子偷来，次日，子发照样派人送还。齐军士兵听说此事，甚为恐惧，主帅惊骇地对手下们说：“如果再不撤退，恐怕子发要派人来取我的人头了。”于是，齐军不战而退。

一个企业需要的人才是多种多样的，同时，每个人也只能够在某一方面或某几个方面比较出色，不可能在各个方面都非常出色。高明的领导者在用人时，不会盯住人才的缺点，而是发现人才的长处，让他的某方面特长能为团队的事业做出贡献。

明代永乐皇帝朱棣是一位很有作为的皇帝。他当皇帝20多年，摸索出了“君子与小人”的一套用人经验。有一次，他和内阁辅臣聊天时谈到用人，对现任的六部大臣逐一评价，说了一句：“某某是君子中的君子，某某是小人中的小人。”这两个人当时一个是吏部尚书，一个是户部尚书。

用“君子中的君子”我们很容易理解，举国上下那么多人，为什么朱棣还要让一位“小人中的小人”担任那么重要的职位呢？这正是朱棣用人高明的地方：让“君子中的君子”做吏部尚书，不会结党营私，把自己的门生、亲戚和朋友全部安排到重要岗位上，而是以国家利益为重，为国家、朝廷选拔人才；而“小人中的小人”做户部尚书，能为了把财税收起来不择手段。朱棣每年的军费开支非常大，正常的财政收入根本无法应付，除了常规的赋税外，每年还必须要有大量的额外收入来支撑军费。所以他必须找一个会给他搞钱的“小人”。

有人说：没有平庸的下属，只有平庸的领导。每个人都是长与短的统一体，任何人只能在某一领域是人才，一旦离开他精通的领域，人才就会变成庸才。因此领导者在用人时，只能是择其长者而用之，恕其短者而避之。任何人的长处，大都有其固有的条件和适用范围。长，只是在特定领域里的“长”。如果不顾条件和范围，随意安排，长处就可能变成短处。

有那么一位颇具盛名的女园艺工程师，专业上很有造诣。不料被上司选中，一下子提为某局局长。结果，女工程师的业务用不上了，对局长的工作呢，既不擅长，又不乐意干，两头受损失，精神很苦恼。这就叫作“舍长就短”。举人者也是出于好心，想重用人才，但由于不懂用人的“长短之道”，反而浪费了人才，造成了新的外行。

领导者应以每个下属的专长为思考点，安排适当的位置，并依照下属的优缺点，作机动性调整，让团队发挥最大的效能。最糟糕的领导就是漠视下属的短处，随意任用，结果总是使下属不能克服短处而恣意妄为。一个成功的领导者，在带领成员时，并不是不知道人有短处，而是知道他的最大任务在于发挥他人的长处。

然而，如果一个人的短处足以妨碍其长处的发挥，或者妨碍到团队组织的纪律、正常运作与发展时，那么领导者就不能视而不见，而且必须严正地处理了。尤其是在品德操守方面，正所谓：人的品德与正直，其本身并不一定能成就什么，但是一个人在品德与正直方面如果有缺点，则足以败事。所以，领导者要容忍短处，但也要设定判断及处理的准则。

敢于用比自己强的人

敢不敢用比自己强的人？这恐怕是领导者在用人中对自己最大的考验，同样也是老板最容易犯的错误。

“他都比我强了，那别的员工眼里，他是老板还是我是老板？”

有些领导者认为：（1）别人比他强就意味着自己不称职，同时意味着会在员工心目中丧失威信，而后就做不了老板。（2）员工中有比自己强的人，那他一定会对自己的位置虎视眈眈，总想取而代之，不能养虎为患。（3）有能力的人或多或少都是有野心的，明知等他们强大后会自立门户，为何却还要给他营造个发展的机会，多个强劲的对手呢？（4）在企业，我称老二就不能有人敢称老大……

在这类心态的支配下，领导者往往就希望别人无限放大他的才能，而他自己却无限缩小别人的才能。当员工工作取得比领导者好的成绩，获得更多的支持时，领导者就会觉得他们是在树立自己的威信并且威胁到他的领导权。领导者在这种心态支配下，势必会严重挫伤这些员工的积极性。

其实，一个优秀的领导者，想获得成功，不是要处心积虑地去压制属下，而是要想方设法雇用比自己优秀的人，并且让他们受到重用，让这些比自己更优秀的人来效忠。

全球零售巨头沃尔玛的总裁李·斯科特，就是一位敢于聘用比自己更优秀的领导者。

1995年，斯科特雇用了一个员工迈克·杜克负责物流工作，向自己汇报。到现在，迈克已经是沃尔玛的副主席了。

当时迈克被提升接管物流部门的同时，斯科特自己也升职了。那一天他正在法国，忽然收到了一封传真，调任他做新的销售部总经理。

这让斯科特有点吃惊，之前他一直负责物流和仓储运输，从来没有从买方的角度来工作。于是他就问老板为什么要自己来负责全球最大零售商的销售，得到的答案是：因为斯科特可以找到一个雇员，做得比自己还好。即使斯科特把销售部搞得一团糟的时候，至少还有迈克可以让物流部保持原样！

正因此，斯科特一直认为是因为他雇用了比自己更强的人，他才能够走到今天这一步。

凡是想要成大事的人，都应该像斯科特一样，能把比自己强的人招揽到自己旗下，并诚心相待。

美国的钢铁大王卡内基的墓碑上刻着："一位知道选用比他本人能力更强的人来为他工作的人安息在这里。"卡内基的成功在于善用比自己强的人。在知识经济时代，领导者就更需要有敢于和善于使用比自己强的人才的胆量和能力。

领导者要想成功，除了敢用比自己强的人外，还要做到以下3点：

（1）领导者要具备足够的胆量。因为，任用比自己强的人，往往会产生一种"珠玉在侧，觉我形秽"的危机感。作为一名领导，要想做到乐于用比自己强的人，就必须有胆量去克服嫉贤妒能的心理。那些生怕下级比自己强，怕别人超过自己、威胁自己，并采取一切手段压制别人、抬高自己的人，永远不会成为有效的领导者。所以，领导者敢用和善用比自己强的人，一定要有足够的胆量。

（2）"强者"并不等于"完人"。优秀的人才最可贵的地方就在于他有主见、有创新能力，不随波逐流，不任人左右。真正的人才需要具备很强的创造力，能为组织带来绩效及为领导开创局面，甚至其能力超过领导者。然而，他们也并不就是完人，所以领导者还要具备容人之雅量。

（3）要允许失败。失败乃成功之母。在创造性的工作中，失败是常有的事，不能因为他们强就剥夺他们失败的权利。

领导者只有在敢用比自己强的人的基础上做到以上3点，才能真正保证企业在市场上保持持久的竞争力，获得成功。

让下属不好意思失败

许多人都是冰棍做的性子，你越冷，他越硬，能折不能弯。跟你过几招他敢，照顾你几拳他敢，要他服软可就难了。他们声称自己：文打官司武打架，软的硬的全不怕。

实际上，这种人也不是真的什么都不怕，他们也有一样怕的东西。他们怕敬。“你敬我一尺，我敬你一丈。”所以企业领导说下属难管，不是他们不好管，而是管得方法不当。

你看《水浒传》里宋江说服霹雳火秦明的那一段，梁山好汉要杀他时他不服软，可是宋江往地上一跪，一声“将军”称呼下来，立刻让他惊讶不已，再自称一声“罪囚”，就吓得他滚在地上叫“哥哥”，立马就当了朝廷的叛徒。

再看明朝大将常遇春，他也是个天不怕、地不怕的人。普天之下，他就怕两个人，第一个是老婆，第二个是朱元璋。他的老婆，并不是一个凶狠彪悍的母夜叉，相反，她知书达理，深明大义。常遇春为什么怕她呢？因为她敬重他，将他当成一个人物，对他寄予厚望。常遇春阵前争锋，屡立战功，有一半的原因就是怕老婆失望。朱元璋虽然是上司，让常遇春害怕的，仍是一个“敬”字。朱元璋同样把常遇春当成一个人物，对他寄予厚望。常遇春出生入死，也是怕朱元璋失望。

在企业中，怕别人敬重，不怕别人贬低的人很多。他们怕表扬，不怕批评。他们觉得自己把事情做得漂漂亮亮很难，但马马虎虎对付却很容易。领导看低他，他正好拣容易的做，马马虎虎对付一下。领导把他看高，他好意难却，只好勉为其难地往好里做。

还有的人生怕别人不贬低他，故意自我贬低，也是这种避难就易的心理在作怪。对付这样的下属，领导最好用的就是一个“敬”字，敬他，让他不好意思失败！

有幸得到一个好助手，就不要换来换去

聪明的领导都知道一个好的助手对自己的意义有多大：一个好的助手胜过一大沓存单。因为一个好的助手对于领导者而言，不仅仅是增加了金钱方面的优势，更重要的是他能为领导分担很多精神上的负担，能够让领导从一些琐碎繁杂的事情中脱身，有真正的放松和休闲的时间。

所以，很多领导者都在寻找好的助手。他们知道，“智者当借力而行”。真正聪明的领导者永远都不嫌助手太好。而绝大多数的领导者都认为，最好的助手一个最基本也最可贵的品质就是忠诚。

著名商业大师巴纳姆认为：“如果你得到一个好帮手，最好能一直把他留在身边，而不要换来换去。他每天都能够有新的收获，你可以因为他经验的积累而获益匪浅。他对你的影响力今年比去年大，如果他没有不良的习惯并且一直对你忠心耿耿，无论如何你都不应该让他离开。”因为忠诚对于领导而言，不仅是利益的需要还是精神的需要。但并不是每一个助手都能对领导忠心。一旦助手背叛领导，那对领导者而言会比失去了一个绝好的商业机会更为痛心。

所以，如果领导者有幸得到一个好助手，就不要换来换去。

第八章

充分授权：放开下属的手脚，束缚自己的权欲

领导者不可能将所有的事情一揽己身，亦不能通晓所有的知识。授权予下，不仅可以使领导者自己从繁忙的工作中解脱出来，更可以增强下属的工作积极性，发挥其主动性。这种一箭双雕的事情，是每位领导者都应学会做的。

接受的工作越重要，员工越有干劲

对于人才培养，最重要的是委以重任。要逐渐拓宽被培养者处理工作的范围，这是促其成长的动力。

通常而言，员工都有一种强烈的欲望，希望被别人重视，想多担负一些责任。因为担负了责任，自己就有责任感，换句话说，给了某人责任与权限，他就可以在此权限范围内有自主性，以自己的个性从事新的工作，一旦员工尝到了在重要的工作中获得成就的甘果后，就能调动自身的内在潜力和干劲，迸发出更强烈的进取欲望。

所以，领导者要让所有的员工都明白，你希望他们能完成艰巨的工作任务，希望充分发挥他们的水平。

一个人的精力虽然不是无穷无尽的，但是有时候也能发挥出超越自身极限的力量来。员工在困难中的紧张感，对自己的信心，对困难工作的坚决果断，以及坚持到底的热情，不怕苦难必须成功的毅力，这一切融合在一起的时候，就会爆发出巨大的威力，做出原先想不到的成就。

如果员工认为自己的工作不重要，就会在很大程度上影响他的积极性。曾经有一员工说："现在的工作分工越来越细，也越来越单调，如果长期如此，就会越干越没兴趣。"也有员工说："我根本不知道干这份工作有什么意义，简直太乏味了！"可见，如果员工认为自己的工作并不重要，或者对工作的重要性认识不足，那他就看不到工作的价值，也就激发不起他们工作的热情，更无从激发其潜力了。

工作的重要性有两重含义：一是在企业内部，全体员工公认是一项重要的工作；二是从整个社会来看是一项重要工作。

在企业内部，将工作细分之后，其个人承担工作的重要性也就削弱了。领导者要善于授权，并赋予工作以重要意义，从而增强员工的荣誉感和使命感。

一位旅馆经理吩咐一位男服务生去关一间房间的窗户，在这位男服务生可能埋怨只让他做这份本该由女服务员做的简单工作之前，经理就以一种非常慎重的态度告诉他："那间房间的窗帘非常昂贵，你现在必须赶快把窗户关好，否则待会儿刮风下雨，窗帘一旦损坏，就会出现重大损失。"

这位男服务员听完之后，立即飞奔去关窗户了。

这位饭店经理的高明之处在于，他让那位男服务生认为自己负担的责任不仅仅是关窗户而已，还需要他去保护价值昂贵的窗帘。

因此，领导者有必要谨记一点：让对方知道他必须如此做的理由；让对方知道他所担负的某项任务的重要性。

一个人一旦有了成就，就会产生一种满足感，为了获得更大的满足感，他就会做出更大的成就，这就是一种良性循环。

有效授权必须经过充分准备

有效授权是贯彻分层管理原则的需要，也是管理抓大事管全局的需要，同时也是调动下属积极性的需要。但是授权并不是一件简单的事，要想让授权达到理想的效果，必须经过充分的准备。总的来说，领导者在实施授权之前，

当然，有的工作并不是人人都乐意去做。这时候，领导者就该把这些任务分派一下，并且承认它们或许有些令人不快，但是无论如何这个工作也必须完成。

这种时候，领导者千万不要装得好像给了被分派这些任务的人莫大的机会一样，一旦他们发现事实并非如此的时候，也许就会更讨厌去做这件事。这样一来，想想看，工作还能干得好吗？为什么总有些领导会觉得把工作派给别人去做是件如此困难的事情呢？下面这几点就是可能出现的原因。

（1）如果领导者把一件可以干得很好的工作分派给下属去做了，也许他达不到领导者可以达到的水平，或者效率没有领导者那么高，或者做得不如领导者那么精细。这时，求全责备的思想就会以为把工作派给别人去做，不会做得像自己做得那么好。

（2）领导者害怕自己一旦把工作交给别人做了之后，就会无事可干。所以那些手握小权的领导者，哪怕是芝麻大的事也不舍得放手让别人去干。

（3）如果让别人去做领导者自己的工作，领导者可能会担心他们做得比自己好，而最终取代自己的工作。

（4）领导者没有时间去教导别人该如何接受工作。

（5）没有可以托付工作的合适人选。

其实，如果领导者确确实实想要把工作分派下去，那上面列举的这5个问题都不会成为真正的问题。因此领导者要对付的第一件事就是自己对此事所持的推诿态度。

如果领导者确实有理由担心，因你的员工在工作上出了差错之后，领导者就会丢掉自己的工作；或者在领导者工作的地方，氛围很差，领导者担心工作不会有什么起色，这时候，领导者就有必要和自己的上司谈谈这些情况，从而在分派工作的问题上获得他的支持。

如果确实还没有可以托付工作的人选，而领导者自己又已经满负荷运转，那么，也许领导者就有必要考虑一下是不是应该再雇一个人。

当然，放权也要有个度。其中，“大权独揽，小权分散”是现代企业中实行的一项既授权，又防止权力失控的有效办法。

法国统盛·普连德公司是一个生产电子产品、家用电器、放射线和医疗方面电子仪器的大型电器工业企业。该公司属下各分公司遍布全球，为了对这个年销售额达到数十亿美元的大企业进行有效的管理，公司实行了“大权独揽，小权分散”的管理制度。

总公司紧握投资和财务方面的两大关键权力。而且公司所属的分公司，每年年底都要编制投资预算报告，并呈报总公司审核，总公司对预算报告进行仔细分析，如果发现有不当之处，就让各公司拿回去进行修改。当投资预算获得批准后，各公司都必须照办。当然，这些预算也不是不可变更的，只要在预算总额内，各分公司的主管还可以对预算内的金额进行调整。通常，分公司的经理拥有对每一个预算项目增、减10%的权力，如果数目超过10%，那就必须经过高一级的主管批准。

该公司建立了一项十分有效的管理控制员制度，对下属公司的生产，尤其是财务方面进行监督。这些管理控制员在执行任务时，都得到了总公司董事会的全力支持，他们对各公司的间接制造费用、存货和应收款等特别注意，一旦发现有任务不正常的迹象，就立即报告总公司，由总公司派人进行处理。各分公司每个月的财务报表都必须有管理控制人员签字，才能送交董事会。

我们看到，该公司在投资和财务两方面牢牢掌握住大权，但是在别的方面却实行了分权。该公司的领导者认为，大的企业，其领导者不可能事必躬亲，分权制度可以减少领导者的工作压力；即使是小企业，其领导者也不可能事无巨细，包揽每一项工作，也必须给下属分权，让下属发挥其聪明才智，为企业出谋划策，促进企业的发展。

因此，该公司的每一家分公司都自成一个利润中心，都有自己的损益报表，各事业部门的经理对其管辖的领域都享有充分的决策权，同时他们也尽量把权力授予下级，充分发挥分权制度的最佳效果。

自从实行分权管理制度后，统盛·普连德公司就成功调动了各分公司的积极性，生产蒸蒸日上，利润年年增加，获得了相当大的成功。统盛·普连德公司“大权独揽，小权分散”的成功经验，也给现代企业管理提供了很好的借鉴。公司的要害部门要直属，公司的关键大权要掌握在自己手里；其余的权力能放就放。这样，上下级就能劳逸平均，各得其所，各安其职，每个人的积极性、创造性都得到了充分的调动，同时又不至于发生权力危机。

授权也应因人而异

大多数领导者的下属并不是个个都很出色。团队中总有这样或那样的员工令人不太满意。如果领导者能根据每个人的特点及你的战略思路对所有员工都适当授权，不仅可大大提高领导者的工作效率，克服总是使用“得力”下属所带来的负面影响，还可以化腐朽为神奇，促进团队作风的形成，减少内耗，使整个团队的工作事半功倍。

从理论上讲，一个较为完善的组织里，应由哪些人接受授权，是应该早已确定的，是遵循一定规则的。作为领导者，如果偏离了这一规则，而又无足够的理由，就可能伤害一些下属的感情。领导者确定授权人选时，有两类人是最重要的，这两类也常常被领导者认为是“得力人选”。

一类是“法定”代理人。这类人不一定能力最强，但地位或资历一定是仅次于领导的，一旦领导者不在，他就理当成为充当维持局面的角色。可以向这类人分配的工作，应以荣誉性、充数性、维持性的工作为主，比如：出席一些二流会议，接待一些不那么重要却非见不可的来访，在领导者外出时（哪怕是极其短暂的时间）为领导者看看“摊子”等。

另一类是潜在“接班人”。他们不一定是代理人，但却极具资质和潜力。可让他们参与并为你分担一些重要事项的预案准备、前期铺垫及后期扫尾工作，更成熟时，可独立、半独立地从事一些较重要的项目。从组织学角度来看，潜在接班人的最佳人数应为两人，以起到竞争和“备份”的作用。

上面这两种人物是最重要的人，他们只占组织中的一小部分。除此以外，在组织中，都或多或少地存在着下面这几类人物：

1.“孙悟空式”的人物

这类员工的特点是有能力，但狂妄自大、不太听话。对这种情况，彼得·德鲁克说过："一个有成效的管理者应该懂得，员工得到薪酬是因为他能够完成工作而非能够取悦上级……一个完美无缺的人，实际上不过是个二流人才。才干越高的人，其缺点往往也越显著。"对这类员工，领导者首先要多多委以重任（如重要项目策划等），经常鼓励并与之沟通；但一旦犯了错误，应该严厉批评，不批则已，一批批透，但同时也要给他留些余地和面子，一般不要当众批评。

2. "猪八戒式"的人物

这类员工的特点是有一定的业务能力，但"成事不足，败事有余，毫不利人，专门利己"，而且经常"嫉贤妒能，煽风点火"。对这类员工，领导者依然可委以一些较为重要的工作，但必须与之绝对讲明将要进行检查的地方，并加强监督和批评；如有可能，应列出尽可能详细的项目检查要点清单，定期或突袭按项检查；也可考虑派"孙悟空式"的人物从侧面代为监督，但仅限向领导打"小报告"，而不宜他直接介入其事。

3. "沙僧式"的人物

沙僧的特点是踏实加令人无奈的平庸，缺乏自信。可将领导者手中已做熟的"套路"类工作交给他，并每完成一项，就大加鼓励，使之逐步树立自信，再逐渐增加工作的难度。

4. 生手

没有一个人不是从生手开始的。虽然"不把工作交给会给你添麻烦的人做"是效率上的一个重要信条，但领导者如果不对生手进行培养，他永远也成不了"熟手"。

生手的优点在于热情高、不会轻易放弃，往往能够从新的角度提出和处理问题。如能适当委派工作，是发现人才苗子的一个非常重要的途径，并有提高组织士气的功效。对于委派新手从事"你才能做的工作"，应格外予以关照，给予鼓励，给予指导并尽量明确告诉他何时何地可以得到何人的何种援助。

俗话说：一样米养百样人。领导者不可能以一副"模子"来套用所有的人；反过来说，如果真的在组织中只有一种类型人的话，那么组织就一定会是一潭死水，毫无生气的。授权要因人而异，重在"物尽其用"上，这样大家才会为着一个共同的目标而各尽其能。

第九章

领导的口才艺术：不会说话当不了好领导

口才就是讲话的才能，它是衡量领导能力和素质的最重要指标之一。很多领导都有这样的共识：卓越的口才是他们真正的助手，领导口才的水平直接决定领导的工作效率、工作效果和社会绩效。

让开场白为你加分

一场演讲的成功与否，关键在于开场白能不能吸引听众，一段话说得吸不吸引人，关键在于开始那几句话能不能抓住人的注意力。一般来讲，领导者一定要保证在开始说第一句话时就讲得趣味盎然，不要等到第二句，更不要等到第三句。第一句话是至关重要的。开场的第一句话到底应该说什么，怎么说，需要通过观察听众，结合演讲的题材和当时具体的情境自行做出决定。如果领导者的第一句话说得不好，接下来想要紧紧抓住听众的注意力就很难了。所以，开场白至关重要，一定要巧妙设计，从一开始就抓住听众的心。

一般而言，开场白要求简洁而富有吸引力。常见的开场白类型有以下 6 种：

1. 开门见山的开场方式

开门见山，用精练的语言交代演讲意图或主题，然后在主体部分展开论证和阐述。这种开场白方式可称之为开门见山式。例如 1883 年，马克思逝世，恩格斯发表了著名的题为《在马克思墓前的讲话》的演讲：

3 月 14 日下午两点三刻，当代最伟大的思想家停止思想了。让他一个人留在房里总共不过两分钟，等我们再进去的时候，便发现他在安乐椅上静静地睡着了——但已经是永远地睡着了。

这个人的逝世对于欧美战斗着的无产阶级，对于历史科学，都是不可估量的损失。这位巨人逝世以后所形成的空白，在不久的将来就会使人感觉到。

恩格斯的开场白以简洁的语言交代了演讲的中心论点：马克思的逝世是无产阶级不可估量的损失。

领导者直接表明主题，让听者能立即明了谈话的内容，很快进入谈话情境。

2. 说故事的开场方式

说故事式开场白是通过一个与演讲主题有密切关系的故事或事件作为谈话的开头。这个故事或事件要有人物，有细节。如周光宁《救救孩子》的演讲开场白：

去年5月24日的《新民晚报》披露了这样一个事实：一个四年级的小学生，每天要带父母亲手剥光了壳的鸡蛋到学校吃。有一次，父母忘了给鸡蛋剥壳，差点憋坏了孩子，他对着鸡蛋左瞅右看，不知如何下口。结果只好带回。要问他怎么不吃蛋，回答很简单："没有缝，我怎么吃？"

周光宁通过小学生不会剥鸡蛋这样一则新闻报道开场，把听者带入他的演讲主题：全社会都要重视培养孩子们独立生活的能力和战胜困难的勇气。

由于故事式开场白容易调动听者的注意力，对语言技巧的要求也比较简单，因此适用范围很广。

3. 幽默风趣的开场方式

幽默风趣式的开场白是以幽默、诙谐的语言或事例作为谈话的开场白，它能使听者在轻松愉快之中很快进入倾听的状态。

幽默式开场白切忌低级庸俗笑话或粗俗的语言。

4. 直接引用的开场方式

谈话也可以直接引用别人的话语作为开场白，为展开自己的谈话主题作必要的铺垫和烘托。例如，演讲题为《让生命在追求中闪光》的开场白是：

美国黑人教育家本杰明·梅斯有句耐人寻味的名言："生活的悲剧不在于没有达到目标，而在于没有想要达到的目标。"这话是极有道理的。

一般作为开场白的被引用材料，需要具备两个基本条件：

（1）被引用的材料极其精辟，具有相当强的概括力、说服力和感染力。

（2）被引用的材料出自权威、名人或听众十分熟悉的人物，说话者利用权威效应或名人效应唤起听者的注意。

5. 制造悬念的开场方式

悬念能激发听者的好奇心，能促使听者尽快进入说话者的主题框架。

一位老先生在演讲开始时首先向听众提问："人从哪里老起？"（听众纷纷作答，有的说人从脚老起，有的说人从脑子老起，会场气氛十分活跃）老先生最后自我作答："我看有的人从屁股老起。"全场哄堂大笑。老先生继而解释道，"某些干部不深入实际，整天泡在'会海'里，坐而论道，那屁股可造孽了，又要负担上身的重压，又要与板凳摩擦，够劳累的了。如此一来，岂不是屁股先老吗？"

这位老先生在抨击官僚主义之前，先利用一个提问制造了第一个悬念，调动了全场听众的兴趣，然后利用一个出乎听众意料之外的自答制造了第二个悬念，使听众在笑声中等待悬念的揭开，从而有效地控制了听众的思想和情绪。

有时也会以实物悬念作为开场白。

一位日本教授在给大学生作演讲前，面对台下叽叽喳喳、谈论不休的大学生们，他没有急于宣布他的演讲主题，而是从口袋里摸出一块黑乎乎的石头扬了扬：

"请各位同学注意看，这是一块非常难得的石头，在日本，只有我才有这一块。"

当同学们都伸长脖子想看个究竟时，这位教授才说明，这块石头是他从南极探险带回来的，并开始了他的南极探险演讲。

运用悬念式开场白要注意两点：

（1）不要把人人都知道的常识性问题硬性转换成悬念。

（2）不要故意吊听众的“胃口”，否则可能引起听众对说话者的反感。

6. 夸张的开场方式

夸张式的开场白是把要论及的内容加以适度夸张或从常人未曾想象过的角度予以渲染，以引起听者的高度重视。

美国一家广播公司在宣传无线电作用的科普演讲中是这样开头的：

“各位可知道，一只苍蝇在纽约一个玻璃窗上行走的微细的声音，可以用无线电传播到中非洲，而且还能使它扩大成像尼亚加拉大瀑布般惊人的声响。”

这则广播演讲选择普通人难以想象也不会去付诸实践的角度宣传无线电的特殊效能，构成了夸张式的开场白。

需要注意的是，夸张式的开场白不能一味夸大，以免造成故弄玄虚、骇人听闻的负面效应。

俗话说，万事开头难。想要在一开场就“俘获”听者并不是简单的事情，这需要在平时努力练习。当然，不论领导者如何开头，主旨思想应该都是不变的，那就是要抓住听众的心，接着才容易打开局面。千万不要故弄玄虚，或是东拉西扯，不着边际。

寓庄于谐，营造和谐愉悦的氛围

在这个世界上，彼此熟悉的人只占非常小的一个比例，而陌生的人却有千千万万。有人说，别看大城市里熙熙攘攘、人来人往的，可每个人却都像生活在孤岛上一样。也有人说，城市生活就是几百万人在一起感受寂寞。但幽默却能让人走到哪里都有笑脸绽开，即使在竞争激烈的商场，也能给人平添几分轻松的氛围，拉近人与人之间的距离，使原本陌生的人变得亲近起来。

和谐愉悦的气氛往往能缓解谈话中的紧张情绪，激发一个人的想象力，增进人与人之间的感情。在良好的氛围下，人与人之间更容易被理解、被尊重，也更容易获得支持和关注。反之，在沉闷抑郁的环境下，人与人之间很容易滋生猜忌和隔阂。在交流中，如果不能营造出一种良好的气氛，就会像机器缺少“润滑油”一样，给人很别扭的感觉，也就谈不上有效地减少双方心理障碍，给双方沟通增加困难。例如，谈判是一件非常严肃的事情，双方站在各自的立场，为争取各自的利益努力。但如果身为领导者的你固执地认为，谈判就不可能轻松愉快地进行，那就错了。如果领导者总是一副严肃的面孔，以极其认真的态度一开口就“言归正传”，没有一点活泼的气氛，谈判场所死气沉沉，总给人一种压抑的感觉，就会不时出现暂停、休会的现象，就会随之出现满足双方利益的灵活方案少，有建设性的提议，达成协议的日期一推再推的情况，所以领导者应该主动去营造良好的谈判气氛。

寓庄于谐是一种在谈话过程中营造和谐愉悦氛围的有效手段，指的是用诙谐幽默的语言来说明事理，使人在轻松和愉悦中体悟其蕴含的意思。这样能表现说话者的风度、素养，使人在忍俊不禁之中，在轻松活泼的气氛中工作和学习，提高工作学习效率。

不过，领导者在运用寓庄于谐时要注意两点：

（1）寓庄于谐需运用得当，才能为谈话锦上添花，叫人轻松之余又深觉难忘，反之就会产生反面效果。

（2）寓庄于谐要特别注意“谐”的分寸，“谐”过了头，就会适得其反。必须表面是“谐”，内在是“庄”，“庄”以“谐”为载体，“谐”为“庄”服务。换言之，“谐”只是假象，“庄”才是实质，才是领导者真正的情感倾向。

如果领导者能在寓庄于谐时做到以上两点，就能顺利营造出和谐的气氛。

言之有物，员工最烦领导的大话空话

真正会讲话的领导，并不见得说得很多，但他的谈话内容一定是最能够触及问题实质，并能提出解决办法的。但凡能吸引人的讲话一般都有一个非常明确的观点，让听者一目了然，而不是天马行空，想到什么说什么，内容不切实际，只有些大话空话。只有当领导者有了明确的观点，以及实质性的谈话内容，才能吸引住听者。此外，作为一个明智的领导者会为自己的观点寻找合适的论证材料，尽量使自己的观点令人信服。

20世纪30年代，郁达夫曾经受邀到福州作一次学术性演讲。当时学术界弥漫着一股官僚学究气，到处都充满了冗长空洞的演讲。郁达夫对此十分反感，认为这是一种空耗时间和生命的做法。他本来不打算接受邀请，但是主办方一再要求，郁达夫盛情难却还是去参加演讲。轮到他讲话的时候，他迅速走上讲台，在黑板上快速地写下“快、短、命”3个大字，随后开始了他的演讲：

“我今天讲的是文艺创作的基本概念，‘快、短、命’就是这3个要诀。‘快’，就是痛快，‘短’就是简明扼要，‘命’就是不离题。说话和作文都是一样，不能说得天花乱坠，离题万里。完了！”

郁达夫的演讲前后不到2分钟的时间。听众反应过来后，立即爆发了热烈的掌声。

郁达夫这篇简短的演讲，内容绝不亚于那些滔滔不绝的长篇大论。他先是把自己的观点简单地概括成3个字，突出了中心，并加强在听众心目中的印象；而紧随其后那些简明扼要的说明，以及就地取材，现身说法的正面论证，可以说是令人回味无穷。

不论是讲话还是演讲，如果太长多半往往都空洞无物，不仅无法使听众受益，还浪费了许多宝贵的时间；有时即便有内容，但因为过于冗长，让人抓不住重点，也会在情绪上感到烦闷。因此，领导者在说话或演讲的时候，一定要注意时间和内容的配合，该少说尽量少说，而且一定要有实质性的内容，这样才能收到很好的效果。另外，听话者都希望谈话的内容是具体而生动的，因为那些枯燥无味的说辞容易让他们感到厌倦。

领导者讲话要做到“言之有物”，就要让自己的语言内容充实。领导者必须记住并灵活运用“5W”公式，这样才能让自己的语言充满生气和活力。所谓的5W就是指When（时间）、Where（地点）、Who（人物）、What（事件）、Why（原因）。这原本是最基本的概念，但却能产生神奇的功效：

首先，它能使内容本身更显真实，观点更显得具有说服力。

其次，构成完整的叙事、丰富的情节，以及生动的形象，更能吸引听众。

再次，有利于领导者整理思绪，讲话就会有条理，不零乱，不颠三倒四，内容会完整，不丢三落四。

最后，让听众容易记住，又能回味无穷。

除了这5个“W”之外，领导者还应该尽量做到精简，否则就有冗长的嫌疑。

用适时的停顿吸引他人的注意

欲说还休，往往更能刺激人听的欲望。所以撩动人心的话通常都不是一气呵成的那种，而是适当地停顿、静默，然后多转折、多变化地引人入胜的那种。所以，领导者讲话，如果不懂得适度的沉默，就无法真正了解说话的艺术。

有些领导者，能在讲话中适时停顿，使自己的演讲更生动、形象。例如奥巴马在一次演讲中说：“这样的政策对美国不好（停顿），麦凯恩明明看到布什把我们带到这步田地（加重语气）。”这句话就体现出奥巴马很好地运用了停顿和语气的控制，从而为他的辩论增加了色彩。

前美国总统林肯也经常在谈话途中停顿。当他说到一项要点，而且希望他的听众在脑中留下极为深刻的印象时，他总会倾身向前，直接望着对方的眼睛，有时足足有一分钟之久，也不说一句话。

这种突然而来的沉默，和突然而来的嘈杂声能起到相同的效果：能够吸引人们的注意力。这样做，可以使每个人提高注意力，警觉起来，注意倾听对方下一句将说些什么。

例如林肯在和名法官道格拉斯的那场著名辩论中就很好地利用了停顿。当时辩论接近尾声，所有的迹象都表明林肯会失败，林肯本人也因此感到很沮丧，他那痛苦的老病不时地折磨着他，为他的演说增添了不少感人的气氛。在最后一次辩说词中，林肯突然停顿下来，默默站了一分钟，望着他面前那些半是朋友，半是旁观者的群众，他那深陷下去的忧郁的眼睛似乎满含着未曾流下来的眼泪。林肯把自己的双手紧紧握在一起，那样子好像在说明它们已经太疲劳了，已经无力应付眼前这场无助的战斗。然后，林肯又以他那独特的单调声音说道："朋友们，不管是道格拉斯法官或我自己被选入美国参议院，都是无关紧要的，一点关系也没有；但是我们今天向你提出的这个重大问题才是最重要的，远胜过任何个人的利益和任何人的政治前途。朋友们，"说到这，他又停了下来，听众们屏息等待，唯恐漏掉了一个字，"即使在道格拉斯法官和我自己的那根可怜、脆弱、无用的舌头已经安息在坟墓中时，这个问题仍将继续存在、呼吸及燃烧。"

后来替他写传记的一位作者指出："这些简单的话，以及他当时的演说态度，深深打动了每个人的内心。"

说话时适时的"停顿"，是一种需要掌握好的技巧。适时的停顿不仅使讲话层次分明，还能重点突出，吸引听话人的注意力。适当的停顿，能前后互相照应。只有条理清楚的讲话，才具有说服力并表现出较强的逻辑性，使别人佩服领导者讲话的老练和娴熟。如果不懂得适时的停顿，滔滔不绝地一直讲下去，就会让人产生急促感，显不出说话者的感情和力度。

那么，到底什么时候适合停顿呢？

（1）在转换语言，承上启下，或提出重点，总结中心思想，概括主要内容时，就需要适时的停顿，而静默的时间一般不超出10秒。特别需要停顿的地方，也以不超出一分钟为宜。

（2）在想表达出蕴藏在内心的激情时，这时候讲话还应有抑扬顿挫，所以停顿不只是声音的静止，而且还是一种无声的心灵之语，它往往配合动作手势。如：低头沉思；双手握拳，做激动状；说到关键处，双目凝视；深深叹息；皱紧双眉做痛苦状；抬头仰望天空等。

领导者在做以上动作手势时，注意一定要自然、逼真，切莫让人以为你故作惊人之状，故此反而失去了“停顿”所特有的效果。

总之，领导者在谈话过程中，如果停顿适宜，就能给予对方压力，甚至能在不利时起到扭转乾坤的作用。

酒桌如战场，说话更要注意分寸

在酒桌上说话，要想让人对领导者产生好感，要想让人感到领导者素质高尚，要想让人感到领导者说话的分量，就必须要学会驾驭语言。巧妙的语言可以帮助领导者抬高身价，实现想要达到的目的。不恰当的语言则会带来灾祸。历史上有酒后丑态百出、丧尽廉耻者；有因贪酒而一生碌碌无为者；也有酒后吐真言而招惹祸事者；还有酒后失言泄密而被杀者。酒喝得恰到好处能让人与人之间感情加深，一旦过量，好事就变成坏事了，小到会误事，大能误国。

汉朝的灌夫为人刚直，喝酒爱贪杯，他从不攀附权贵，更不会阿谀奉承，曾多次因醉酒而得罪丞相。一次，丞相娶燕王刘嘉的女儿做夫人。王太后诏令，让所有的列侯宗室都去祝贺。

宴席上，大家正饮得高兴。丞相起身敬酒，客人都恭敬地伏在地上，过了一会儿，魏其侯起身敬酒，只有几个老朋友离开席位，很恭敬，其余人只稍微欠身，跪在席上。灌夫非常生气，也起身敬酒。他借着酒劲来到临汝侯面前敬酒，临汝侯正和程不识说悄悄话，没离开席位。灌夫正一肚子火，就把临汝侯臭骂了一顿。客人见宴席上闹了起来，都借口走了。

丞相非常气愤，召来长史说："今天召请客人，是奉太后诏令，灌夫在席上骂人，犯大不敬罪。"于是将灌夫关了起来。王太后听说了这件事很恼怒，于是有人就借机诬陷灌夫。魏其侯为灌夫求情也被拘禁，大臣们不敢再给灌夫求情，最后灌夫和家人全都被处决了。

这可真是酒能成事，亦能坏事。一杯酒最后竟害死了一家人的性命。俗话说"酒逢知己千杯少"，朋友相聚，觥筹交错之际，切莫忘记美酒虽好，不宜贪杯。

其实，只要方法得当，酒桌上照样可以显示一个人的才华、修养和风度。有时候，一句诙谐幽默的话，就会给客人留下非常深刻的印象，无形中就会博得他人的好感。如果你是一位领导者，肯定少不了各种应酬，掌握一些酒桌上的口才技巧，可以助你在交际上无往而不胜，并且还会保护自己的健康。

在酒桌上如何说话才能既不失分寸，又能够给人留下好印象呢？不妨参考以下几个方面：

1. 谈论的话题要适合在座的大多数人

说话的时候，选择好话题是非常重要的。好话题就是指在座宾客大都了解或

愿意参与的话题。有了好话题，在座宾客就能畅所欲言，各抒己见，气氛自然会活跃起来。否则，如果选择一个非大众化的话题，能够参与其中的宾客只有三两个，其他人无疑会变成心中有怨言的听众。要知道，大多数人都有在公共场合想要说话的欲望，因为这样能够表现自己。领导者往往是话题的发起者，因此，提出一个好的话题就能体现领导者的才华。

2. 谦虚稳重

领导者在酒桌上要保持一种谦虚稳重的态度，既不要提及自己扬扬得意的事情，也不要提及令某位宾客感到难堪的事情。如果有人提及自己的得意事情时，可以轻描淡写，也可以顺水推舟，将话题转移到下个人身上。不过，也不要过度谦虚。因为过度谦虚会让别人对你产生其他看法，了解你的人会认为你是矫揉造作，而不了解你的人则会觉得你一无是处。

3. 不要窃窃私语

在酒桌上说话的时候，领导者一定不要和身边的人窃窃私语，因为这样将会严重影响到你的形象。一方面，这是不尊重他人的表现。当领导者和身边关系亲密的人小声说话时，无疑会冷落了在座的其他宾客。另一方面，这会给人留下“不会做人”的印象。当领导者和某人窃窃私语时，有些人或许会毫不在意，因为他们从你的表现中可以看出你不会做人，从而会在以后的交往中不会把你作为他们人脉网中重要的一员。

因此，领导者即便在酒桌上遇到了关系比较好的人，也不要因而厚此薄彼。如果真有很多的话要说，可以在应酬后单独聊聊。

4. 察言观色，及时交流

酒桌上是交朋友的好机会，如果能够察言观色，无疑为交朋友作好铺垫。比如，当你发现某些人受到冷落后，立即与他交流。这个人便会从中感受到你对他的重视，从而乐于和你交流。

辩论时要紧抓对方的漏洞

领导者也常常需要面对辩论的情境。众所周知，在辩论过程中，论辩双方往往是唇枪舌剑，互不相让，力求在观点和语气上都不亚于对手。这时，如果领导者能够及时抓住对方话语中的漏洞，即我们通常说的抓住别人的小辫子，便可以据此夺取到主动权，从而制服对手。

林肯做律师的时候，有一次担任一个被指控为谋财害命的青年的辩护律师。在法庭上，证人一口咬定10月18日晚上11点在月光下看清了被告的脸，并且断言被告人就是罪犯。林肯分析道："10月18日那天是上弦月，11点时月亮已下山，又哪里来的月光呢？退一步说，就算提前一些时间，月亮还没下山，但月光只能从西向东照射，证人所在的草堆在东，被告所在的大树在西，如果被告面向草堆，脸上是不会被月光照射的，证人怎么能在二三十米外看清被告的脸呢？"林肯的辩护丝丝入扣，无懈可击，全场爆发了掌声和欢呼声，被告当庭被判无罪释放。

很显然，这一案例中，林肯为之辩护的青年之所以胜诉，全在于林肯机敏地抓住了证人证言中的破绽，并给以无情的揭露和驳斥。由此我们不难看出，在辩论双方激烈的论战中，善于捕捉对手破绽，具有非凡的意义。

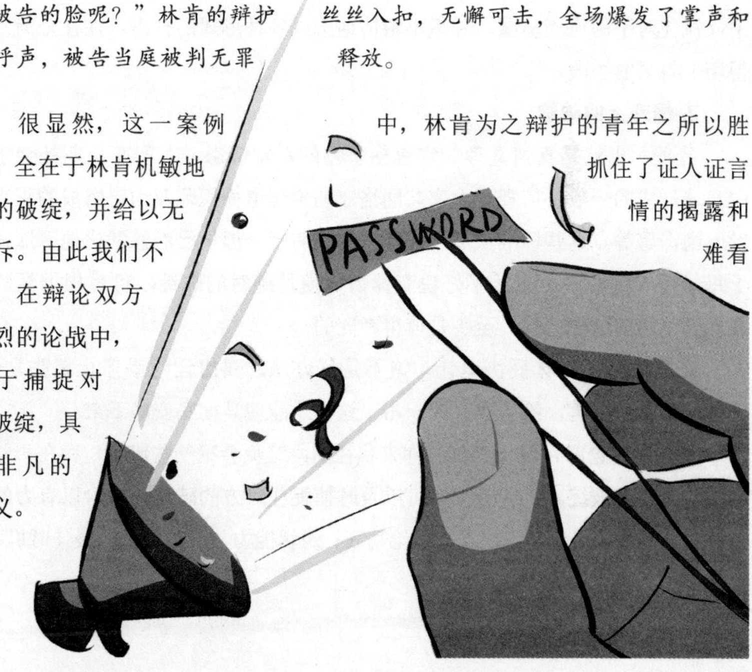

“金无足赤”，世上绝对优劣的事物几乎不存在，辩论亦是如此。两方对垒中，不管一方准备多么充分，论题对其多么有利，一旦进入辩论程序，其立论的指导思想及具体辩词都难免暴露出根据不实、难以自圆其说甚至自相矛盾的地方，这就是所谓的漏洞。如果领导者能抓住它，并给以彻底的揭露，再加上猛烈回击，也就离胜利不远了。

领导者在运用此法时，首要的一点就是必须明确：大凡搜寻破绽，都需要有一个衡量标准，它可以是自然规律，可以是法律法规，可以是毋庸置疑的事实，也可以是社会普遍遵守的道德准则。

一般而言，其破绽多表现在以下两个方面：

1. 语言上的破绽

所谓语言上的破绽指的是口误、语无伦次、前言不搭后语等在语言表达上出现的漏洞，这种破绽一般都较为浅显，往往能一目了然，只是它的出现具有很大随机性，难以预见，因此领导者在捕捉它时需要反应机敏和及时回击。众所周知，辩论在很大程度上都带有表演色彩，因此在双方你来我往的论战中，抓住对手的点滴疏漏，并毫不留情地给以各种形式的打击，往往是最易赢得场上效果的手段。

2. 情理上的破绽

情理，也就是真情真理。它包括事物的真实情态、人们在长期社会生活中普遍形成的一般价值观、大家共同恪守的伦理道德规范及约定俗成的正当处世原则，等等。这些标准虽然没有什么公文明示，但早已潜移默化地深深植根于每一个人的心中。虽然不好说有悖情理便是绝对的破绽，可是根据经验来看，大凡出现这种情况，至少是值得考究的。

在辩论时，一味妥协退让，绝不是好办法。要想让对手停止嚣张之焰，只有抓住他的要害，给予致命的一击，这样才能使其彻底安静下来。

总之，辩论时，唇枪舌剑、你来我往间，难免会犯一些错误，存在一些纰漏，产生一些破绽。机智者常常可以及时捕捉住对方的破绽，并给以有力的回击，这是展示领导者知识水平、理论功底、逻辑能力与语言技巧的最佳时机。

顺毛摸永远强过逆鳞捋

生活中常听到说某个人是“顺毛驴”，意思也就是说，在和别人说话时如果能顺着他的意思去说，他就会很顺从，这样事情往往更容易得到解决，如果逆着他的意思去干，那最终结果就不会理想。《韩非子》中说：“夫龙之为虫也柔，可狎而骑也；就其喉下有逆鳞径尺，若人有婴之者，则必杀人，人主亦有逆鳞，说者能无婴人主之逆鳞则庶几矣。”意思也就是说君王一般都是十分厌恶大臣直言进谏的，假如要触犯了他们，他们就会恼怒，所以说在跟他们讲话时要顺着他们去说，不要违背他们的意愿，否则自己也就会因此而处于水深火热之中。

在历史上，汉武帝刘彻也可称得上是功勋卓著的君王，但是他就是一个听不得逆耳忠言的人。撰写《史记》的太史令司马迁是一个直言善谏的人，因他进谏时说了汉武帝不爱听的话而犯上。当时他对汉武帝谏言：“陛下不可视匈奴为外族，因为匈奴也是中国人。只不过他们是少数民族而已，并不是什么异族。还有就是您应以一颗宽容的心对待李陵投降匈奴一事，他这样做也是不得已而为之的。假如您能够宽容匈奴和李陵投匈奴一事，那么您将会受到人们的尊敬和爱戴。”虽然李陵将军不是司马迁的好朋友，但是他却为李陵向汉武帝求情，司马迁对朝廷的忠心可想而知。

司马迁说了一肚子的肺腑之言，可谓是大快人心，但是汉武帝听后却大发雷霆，因为他最不愿意听到的就是把匈奴也划入到中华民族大家庭中这类的话，他的大汉族主义早已侵蚀了他浑身的每一个细胞，因此听司马迁这样一说他龙颜大怒，司马迁因此也遭受到“宫刑”。

其实不只是君王、领导者不愿意听不顺心意的话，现代企业中，下属也同样不喜欢听不顺心意的话。任何人要想让对方顺着自己的心意做事，说话时也要拣好听的来说，事情拣顺耳的提。否则，很容易产生副作用。

领导者通常都希望下属能够按照自己的意愿去做某些事，但是要让下属乐意照着领导者的意愿去做，领导者就必须明白，不论你的意图是什么样的，任何强硬的手段都会让他们产生抵触情绪。所以这时候，我们不妨也来个“顺毛抚驴”。有人以为自己厌恶听到别人的赞美，实际上他只是讨厌赞美的方式，或者说没有拍到点子上的马屁罢了。因此可以断言，大部分人表现谦虚的时候，仍然期待能获得赞美和认可。如果别人信以为真，为这种谦虚所感动，把真正的意见说出来的时候，他却未必能够接受。既然对方喜欢顺毛摸，那么领导者从他的角度出发，无疑是最佳的一种接触方式。从对方的角度出发，最重要的前提是对对方有一定的了解，这样才能有的放矢。

学会留后路，不把话说死

“滋味浓时，减三分让人尝；路径窄处，退一步与人行”，“留人宽绰，于己宽绰；与人方便，于己方便”，这是古人总结出来的处世秘诀。做人凡事都要留余地，尤其是要给自己留后路，不可把话说死，把事情做绝，更不能把人逼急。不把话说死，也是言辞上低调做人的一个重要品质，与人谈话切不可把话说绝、说死，当你非要说明一些问题时，说话也要留三分。

许多领导者常凭一时冲动，就说出让自己后悔的话。尤其在与人斗智、竞技的过程中，受到人的思想情绪、谈判内容、周围环境等诸多因素的影响，领导者最容易因一时冲动说出不留后路的话。所以，在谈话中特别是谈话刚开始的时候，说话必须注意分寸，并要留有余地。就是说，领导者在谈话中所使用的语言应具有弹性，要尽量避免把话说死，更不能说“满口话”，不然会很容易使自己处在被动的地位。

一家电器公司最新设计的电器功能新颖，式样别致，一上市就十分抢手。因此，公司决定再购进一批原料批量生产。这个消息不胫而走，很快本市和外地的几家电器公司的推销员便来到该公司洽谈业务。该公司首先派出采购科的一般人员跟他们接触。在洽谈过程中，一方面可以大致上了解一下各家公司的情况，暂时不做出决定，而以“贵方的意思我一定转告给公司领导，只要提供的原料质量可靠、价格合理，我想应该会被考虑的”这样的话来回答。通过洽谈，在摸清情况、反复权衡的基础上最终确定了其中的一家，原料质优价廉，单就这一项就使公司获得了很大的利润。

上面的例子就是在说话时给自己留有余地的重要方法。不把话说死，具有很高的灵活性和适应性强的特点。在谈话中对某些比较复杂的问题或者出乎意料的状况，如果不可能一下做出准确的判断，这时便应避其锋芒，留有余地，以争取时间进行必要的研究并制定出相关的对策。如果是一些很难一下做出回答的要求和问题，可以这样说：“我会尽快告诉你我的决定”“我需要再考虑一下”“最近几天会告诉你我的决策”。这里所用的“尽快”“最近几天”都具有灵活性，并留有余地，可避免自己盲目地做出反应而陷入被动局面。

在商品经济日益发展的今天，在产品销售、原料购置的过程中，企业之间相互竞争的情况早已司空见惯。因而，每一个领导者都需要综合考虑多方面的因素。在这个过程中，领导者说话留有余地就显得更加重要了，它能够使企业进退自如，从而获得更大的利益。

学会利用模糊语言

模糊语言也叫模糊词语，是自然语言的重要属性之一。对什么是模糊语言，《辞海》这样解释：“指表达模糊概念的语言。”沈卢旭先生在《模糊语言新界说》则认为：“模糊语言是指在意义上不明确，在表述形态上不清晰，内涵伸缩性大，解释或理解可变性大的这一类社会交际使用的语言。”总的来说，模糊语言的语义内涵一般是明确的，但其外延界限却不太明确，具有不明确性、不精确性、相对性的特点。

一般情况下，当领导者不想让对方知道自己的真实意图、对自己的表述没有肯定的把握和信心时，常会说出一些模棱两可的话来。如果评论完某个人或某件事，阐述一个观点以后，就会加上“不过，有时也会”一类的话，以便防止自己的看法一旦不符合事实时有个台阶可下。

政治家们几乎都是善用模糊语言的能手，他们会把事物的两面性巧妙地融进自己的语言，因而，我们经常能在电视或新闻中听到这样的外交辞令：“这个问题非常重要，应慎重考虑，我们愿意为此做出积极的努力。”这样的回答，在你弄不清楚他选择到底考虑得怎样又作得怎样的时候，他已经作了“圆满”的答复了。这就是模糊语言的妙用。

经验总结，人们在日常交际过程中，几乎随处可以见到运用模糊语言的例子。例如：有人托王五帮忙办件事，即使王五认为办好这件事很有把握，一般也不说“您放心，这事包在我身上”之类的话，而是说“您放心，我将尽力而为”之类的话。因为前者虽然精确干脆，然而事物是不断发展变化而又错综复杂的，如果由于某种意外的原因而使得王五办不好这件事，那么他这种“拍胸脯”式的回答则可能使他陷入难堪的境地，也可能使朋友大失所望而误认为王五是牛皮大王；后一种回答所产生的效果则不一样，这“将尽力而为”就具有模糊性。如果事情办好了，我当然是“尽力”了；如果没办好，我也“尽力”了，只是客观原因所致。

商场上亦是如此。领导者在做报告时也时常运用模糊语言。例如：“经初步了解”“一般说来”“基本上”“谈一些不成熟的看法”等；“我们绝大多数的管理者是好的和比较好的”，这“绝大多数”究竟是个什么比例？到底有多少人？这恐怕很难说清；“我们的工作取得了很大的成绩”，这“成绩”有多大？多大的成绩才可以叫“很大的成绩”？这很难有一个严格的标准，但是这样的表达具有较大的灵活性和适应性，往往容易被人接受。

还有，当领导者因某种原因不便或不愿把自己的真实思想暴露给别人时，使用模糊语言，就能既不伤害别人，又不使自己难堪。特别在以下场合，模糊语言会有奇效。

1. 拒绝对方的意见

用模糊语言，表示不同意见，既不致使对方难堪，又可以达到拒绝对方的目的。比如当对方陈述完毕之后，领导者可以这样说：“也许你这样做是对的，不过我们仍然无法最终肯定。”这种表达，既给对方以一定的肯定，不至于破坏谈话的氛围，又否定了对方的提议，还给他以合作的、建设性的、抱有诚意的姿态，这种效果不是简单的反驳或拒绝所能达到的。

2. 对方要求你表态，而你认为时机未到

你可以这样回答：“可以，待我向董事会通报一下情况后，我将以最快速度转告你。”表面上是答应了，而事实上是否定了，虽然“以最快速度”给人以率直、爽快的感觉，实际上那时说不定又有若干以董事会名义提出的意见反馈回来，这全看自己的实际需要。

3. 试探对方，激发对手的情绪

对方越是想知道你的态度，你就越用模糊不清地回答或故意曲解他的意思，迫使他不厌其烦或不胜其烦地申述他的原意，使他的情绪波动，暴露出更多的真实意图。

4. 保护自己不受对方牵制或驾驭

领导者为了防止对方限定己方的答话范围，常常得跳出圈外，也可以采用模糊语言加以应付。比如，面对选择时，可以这样回答：“这两套方案各有优劣，我将认真比较，研究对待，争取尽早给你答复。”这种用积极的态度和模糊语言相结合的表达方式所构成的防线，一般很难让对方打开缺口。

虽然模糊语言有许多妙处，但要注意，模糊语言虽然运用广泛，但并不是任何场合、任何时候、任何情景都可以使用，有些场合只能用精确语言，如下达执行命令，那就非用精确语言不可，如果用“稍后”“不久”之类的模糊词语，那就可能贻误时机。总之，领导者在讲话时，是用精确语言还是模糊语言一定要根据当时的语境、交际目的，从使交际更有效的角度做出选择。

第十章

敢于担责，让你的下属心生崇拜

领导者又叫负责人，处于权力中心。主意是负责人出的，干部是负责人用的，落实是负责人抓的。从决策到实施，整个过程体现的都是领导者的意志：在现行体制下，不管是什么原因造成的差错，也不论有什么差错，追根溯源，都与领导者有关。领导者如果缺乏担责的勇气，必定难以立足、难有作为。因此，是否敢于担责也是领导者大智慧的表现。

责任，成就好领导的基石

一个民族需要有责任感，否则这个民族就是可悲的；一个企业需要有责任意识，否则这个企业就是可怜的；一个领导者也需要有责任心，否则这个领导者就是可耻的，是没有办法干好任何事情的。因为责任是成就一个好领导的基石。

在社会上生活，我们每个人都在扮演着不同的角色，而每一个角色又含有不同的人生意义，肩负着不同的责任。领导也好，下属也罢，只有能充分承担责任的人才能演绎好自己的人生角色。对一个人而言，责任是可以让人在成功的兴奋中冷静下来的镇静剂，也是可以让人在困难面前不屈服的兴奋剂；责任让人懂得面对绝望时不放弃，面对机遇时也不自满；责任是人一生中最重要的朋友，是每一个希望获得成功的人的人生基点。对一个好的领导者而言，责任就是他成就和完善自己的翅膀。

修正药业股份公司董事长修涞贵就是一个敢于承担责任的好领导。这一点从他做药业的口号“做良心药，做放心药”中就能看出一二来。

1954年出生，毕业于吉林大学法律系的修涞贵，于1995年承包了一个固定资产25万元、负债却高达400万元的制药厂，经过近10年的努力，“修正药业”成为吉林省最大的制药企业及中国著名的中药生产商之一，总资产达到了16.7亿元，并形成了非处方药、保健品、医疗服务和国际贸易的经营平台。2000年2月在吉林省同行业中率先通过GMP认证。企业已发展成为集科研、生产、营销于一体的大型现代化股份制制药企业，是吉林省制药行业的龙头。修涞贵在“2007年胡润百富榜”中，以55亿元的资产成为吉林省首富；“2009年胡润百富榜”上修涞贵排名第98位。

修涞贵的领导格言是：“药要有良心，人更要有良心；做药要负起对患者的责任，管企业要负起领导者的责任。我取得的成绩越大，我的责任就越多，这是社会发展的必然要求，所以在修正，不需要没有责任感的人！”

领导这个职位本身就意味着责任，地位越高，权力越大，责任也就越重。如果把领导的工作比喻成一座建筑，那么责任对于领导者而言就是这座建筑物的基石，没有了它，领导者成功的高楼大厦就不可能建成。卡内基说过：“这个世界上有两种人绝对不会成功，一种是除非别人要求他，否则他绝对不会主动做事的人；另一种就是思想里没有责任观念的人。”

海信集团的周厚健也是这样的一个领导。

他曾不止一次地说过:“对于企业管理人员而言,责任心比事业心更重要……当干部就没有休息日,想有休息日就别当干部。”为了那份当领导的责任,周厚健放弃了所有的节假日,每天累得一挨枕头就睡着了。

现代社会,谁没有责任感,谁就没有将来的发展,因为责任才是发展的基础,是做人的必备条件,是领导者顺利领导下属工作的基石。没有了它,下属就没有安全感,所有的理想都只能是空中楼阁——可望而不可即。由此可见,一个领导者要在工作中得到更高的提升,那么他首先就应该是一个有责任感的人。

对领导者而言,无论何时何事,责任都是保证追求更高发展、走得更久更远的基点。只有自己先具有强烈的责任感,才能一级抓一级,在下属的面前树立好的榜样,才能将整个团队的责任感层层落实到位,也才能让每个下属都具有责任心。

自己的责任不能推给下属

作为领导者,有些人极少向下属承认自己的错误,甚至有的错误连公司高层都清楚了,还不肯承认。如某人犯了错,使公司蒙受了损失,高层追究起来,就将责任推到下层不受重视的员工身上,在未经调查的情况下将其开除;员工无辜背上黑锅是小事,但因此而成为日后找工作的污点却是无法挽回的损失。出现如此情形,真正犯错及不问情由的高层难辞其咎。

当事情错到无可挽救的地步时,还想方设法推卸自己的责任,是领导最要不得的行为。这样做,只能使下属进一步看清你的嘴脸,彻底丧失你在下属中的威信。

其实推己及人,领导者身在领导之位,就应该有承担责任的勇气。不仅让下属有安全感,而且也通过自己的勇于负责,使下属进行反思,进而发现自己的问题,并勇敢地承担起他所应承担的那部分责任,这样才能让问题解决起来更加迅速与清楚。因此,当问题出现的时候,无论问题有多严重,领导者都应该有勇气站起来对大家说：这件事情是我的责任。

春秋时晋国有一名叫李离的狱官，他在审理一件案子时，由于听从了下属的一面之词，致使一个人冤死。真相大白后，李离要以死赎罪，晋文公说："官有贵贱，罚有轻重，况且这件案子主要错在下面的办事人员，又不是你的罪过。"李离说："我平常没有跟下面的人说我们一起来当这个官，拿的俸禄也没有与下面的人一起分享，现在犯了错误，如果将责任推到下面那些办事的人员身上，我又怎么做得出来"。他拒绝听从晋文公的劝说，伏剑而死。

"金无足赤，人无完人。"每个人一生中或多或少地都有这样或者那样的缺点或错误，关键是要诚实正直地面对这些缺点与错误。作为一名领导，面对错误坦率承认，不仅不会丢面子，反而能赢得下属的信任与爱戴。也只有这样敢于承担责任的领导者，才真正可以称得上是下属的保护伞。

在第二次世界大战中，任美国总参谋长的乔治·马歇尔将军则是承担责任的领袖楷模。当战斗失败后，马歇尔将军总是先反省自身的错误，勇敢地承担责任，不把错误推给下属，也因此而得到下属的爱戴。

领导者千万不要利用自己的功绩或手中的权力来掩饰错误，从而忘却自己应承担的责任。人们习惯于为自己的过失找种种借口，以为这样就可以逃脱惩罚。伊甸园中的亚当被发现偷吃禁果之后，把责任推给了夏娃，这是不成熟的表现。夏娃随之又开罪于骗人的毒蛇，这也是欠成熟之举。当兄弟或伙伴们被叫到一起承认错误时，“是他叫我干的”就成为亘古不变的托词。领导者正确的做法应该是，承认它们，解释它们，并为它们道歉。最重要的是利用它们，让人们看到你如何承担责任和如何从错误中吸取教训。这些并不会影响你的形象，反而会让人们更加敬重你，愿意为你赴汤蹈火。

敢于担责的领导手握永恒的财富

工作中敢于担责是一种具有巨大力量的精神，它可以改变工作的一切。敢于担责的精神，可以改变一切平庸的工作状态，让一个人从平凡变得优秀，可以帮助一个人赢得别人的信任和尊重；敢于担责的精神，可以使人获得好机会的眷顾，从而使自己的工作和事业走向更高的阶段。对于领导者而言，敢于担责就拥有了永恒的财富。

刘延是一家大公司的主管。一天午餐时间，公司的一位董事走进来，想找一些文件。尽管这并不是刘延分内的工作，但是他依然说：“我对这些文件并不了解，不过我会尽快帮您找到它们，然后把文件放在您的办公室里。”结果，刘延牺牲了午饭时间才找到那份文件，这位董事为此很感谢他。

两个月后，公司有一个高一些的职位空缺。在公司的管理会议上，总裁征求这位董事的意见，这时，董事推荐了勇于负责的刘延。

工作总会对每个真心付出的人给予合理的回报，荣誉也好，财富也罢，条件就是你首先要是一个敢于担责的人。一个人具备了敢于担责的精神之后，就会产生改变一切的力量。领导者要有敢于担责的勇气，对自己的行为负责。

有人说，对工作敢于担责，工作就会变成一种乐趣。还有人说，证明自己杰出的最好证据就是敢于担责。而事实上，许多人对责任都有一种畏惧的心理。他们希望工作环境宽松，出了问题也有大家一起来帮他承担，这样的人充其量也就是工作机器而已。

地处山城重庆的力帆实业股份有限公司从1992年的只有20万元资产的小企业，成为拥有上万名员工、年销售收入121.6亿元人民币的全新的力帆。这些都与董事长尹明善有着直接的关系。

作为力帆的最高领导人，尹明善始终抱着“致富思源，富而思进”的理念，对力帆的各项工作真抓实干。在尹明善看来，领导者敢于担责是企业最重要的财富之一，他说：“一个人的责任感，在一定意义上，就是财富的积累。财富积累越多，责任也就越大。”“当我挣一个亿的时候，我觉得欠别人的实在太多了，我自己哪有能力挣这么多钱？是社会帮了我，是政府帮了我，是工程技术人员帮了我，是我所有的员工帮了我。我要还员工的钱，要竭尽全力把他们的饭碗保住，还要尽可能地给他们增加收入；我要还政府的钱，依法自觉纳税，保证税收年年增加；我要还社会的钱，尽可能多地参与公益事业。”“我警告我们公司里的人，如果有谁做错了事，而不敢承担责任，我就开除他。因为这样做的人，显然对我们公司没有足够的兴趣，也说明了他这个人缺乏责任心，根本不够资格成为我们公司里的一员。”

这就是领导者的大家风范。领导者敢于担责，是其一生中最大、最永恒的财富。因为对于下属而言，没有哪个下属希望自己的领导在面对问题时胆小怕事，没有担当，他们需要的是一个敢于担责的领导；因为领导者敢于担责，能出色地完成工作，会为企业创造更多的发展机会，在创造物质利益的同时，更达到了精神上的自我实现，这是人的最高要求，而这种要求一旦得到满足，就会获得最大的快乐，是人生永恒的财富。

做事有始有终

许多人之所以无法取得成功，不是因为他们能力不够、热情不足，而是少了一份责任感，缺乏一种坚持不懈的精神。他们工作时往往虎头蛇尾、有始无终，做事东拼西凑、草草了事。他们对自己的目标容易产生怀疑，行动也始终处于犹豫不决之中。比如，他们看准了一项工作，往往开始的时候充满了热情，却在刚做到一半时就觉得另一份工作更有前途。结果只能是一事无成，变成个失败者。因为在这个世界上，没有一个做事虎头蛇尾、缺乏责任心的人能够获得真正的成功。

贾金斯就是一个只会空想、缺乏责任感、做事情不能有始有终的人。在很多年前，有一个人正要将一块木板钉在树上当隔板，贾金斯便走过去管闲事，说要帮那人一把。他说："你应该先把木板头子锯掉再钉上去。"于是，他跑去找锯子，锯子找来之后，还没有锯到两三下又撒手了，说要把锯子磨快些。

于是他又去找锉刀。接着又发现必须先在锉刀上安一个顺手的手柄。于是，他又去灌木丛中寻找小树，可砍树又得先磨快斧头。

磨快斧头需将磨石固定好，而这又要先制作支撑磨石的木条。制作木条少不了木匠用的长凳，可这没有一套齐全的工具是不行的。于是，贾金斯跑到村里去找他所需要的工具，然而这一走，就再也没回来了。

贾金斯无论学什么做什么都有始无终、半途而废。他曾经废寝忘食地攻读法语，但要真正掌握法语，必须首先对古法语有透彻的了解，而没有对拉丁语的全面掌握和理解，又不可能学好古法语。贾金斯又发现，掌握拉丁语的唯一途径是学习梵文，因此便一头扑进梵文的学习之中，可这就更加旷日废时了。

贾金斯从未获得过什么学位，他所受过的教育也始终没有用武之地。但是他继承了一些遗产。他拿出 10 万美元投资办了一家煤气厂，可是煤气所需的煤炭价钱昂贵，这使他大为亏本。于是，他以 9 万美元的售价把煤气厂转让出去，接着又开办起煤矿来。可好运还是没有眷顾他，因为采矿机械的耗资大得吓人。因此，贾金斯把在矿里拥有的股份变卖成8万美元，转入了煤矿机器制造业。从那以后，他便像一个内行的滑冰者，在有关的各种工业部门中滑进滑出，没完没了……

企业中，有很多领导者就像故事中的贾金斯一样，做事虎头蛇尾、半途而废。如果目标确立以后，不能做到有始有终，而是虎头蛇尾，半途而废，那必然是前功尽弃。古人苏轼说过："利大事者，不唯有超世之才，亦有坚韧不拔的意志。"那些成功的领导者都是具备了持之以恒的处世能力，才有今天被世人瞩目的企业，成为众多企业的佼佼者。台湾巨富，塑料大王王永庆曾感慨地说："今天我能在事业上有一点成就，主要是我对所认定的目标全力以赴，认真学习先进的科学技术知识，绝不以任何理由退缩。人的生命和精力都有限，必须全神贯注，持之以恒，才有可能如愿以偿。"

责任体现在细节中

社会的不断发展和市场竞争的日趋激烈，要求企业具备越来越强的竞争力。要想在竞争中获胜，一个好的领导者必不可少。而一个好的领导者必备的条件就是要有责任感，责任不仅体现在大事上，更体现在每一个细节中。

现实中也有很多领导者对于细节很不以为然，认为领导者就应该从大处着眼，把大事放在第一位，而对那些不起眼的小事无须在意。其实，这是一种错误的想法。因为在日常工作中，很多事情都是小事、细节，而一个人的责任心也正是从这些小事、细节中体现出来的。

一个年轻人刚来到一家大公司上班，就发现一个问题，中午的时候，办公室的人都从别的部门把饭盒拿回来再去热饭，于是他就问同事："我们部门不是也有冰箱吗，为什么……"同事告诉他："半个月前冰箱就坏了，大家也是没办法，又没有人修。"于是，这个年轻人就利用中午的时间把冰箱里已经

微笑既是自己愉快心情的外露，也是纯真之情的奉送。